»Wer heut zu Tage die Thatsachen des animalischen
Magnetismus und seines Hellsehens bezweifelt,
ist nicht ungläubig, sondern unwissend zu nennen.«
                    Schopenhauer, Parerga I, 1850

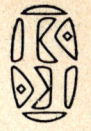

Sigmund Marg VII 76

Kindler
Taschenbücher

Geist und Psyche

Hans Driesch
Parapsychologie

Mit einem Nachwort von Hans Bender
3. Auflage

Kindler
Taschenbücher

GEIST UND PSYCHE
Herausgegeben von Nina Kindler

Mit Beiträgen von Dr. J. B. RHINE, Professor der Psychologie an der
Duke University, Durham, und
Dr. HANS BENDER, Professor der Psychologie an der Universität
Freiburg i. Br.

Kindler Verlag GmbH, München
Ungekürzte Ausgabe
Mit freundlicher Genehmigung von J. Tétaz-Driesch
Alle Rechte vorbehalten, auch das des teilweisen Abdrucks,
des öffentlichen Vortrags und der Übertragung durch
Rundfunk und Fernsehen
Redaktion: L. Beier
Korrekturen: H. Lochner
Druck u. Bindearbeiten: Friedrich Pustet, Regensburg
Printed in Germany 1975
ISBN 3 463 18030 8

ÜBER HANS DRIESCH

Mit warmer Zuneigung und hoher Achtung denke ich an Hans Driesch zurück. Er war eine der internationalen Leuchten der Wissenschaft und Philosophie, als er mir, der ich damals erst Student war, mit großzügiger Freundlichkeit begegnete.

Zum erstenmal traf ich Hans Driesch im Jahre 1926, und das war wegen einer recht heiklen Sache. Ich studierte damals an der Harvard-Universität, und Driesch war zum Internationalen Philosophenkongreß nach Harvard gekommen. Er war gerade mit einer der hauptsächlichen Abendvorlesungen fertig geworden. Einer meiner jungen Freunde und ich stürzten zum Katheder; wir wollten seine Aufmerksamkeit erregen, bevor dies einigen der anderen Wartenden gelänge, die dann mit ihm zu irgendeinem Vortrag oder einem Empfang verschwunden wären. Wir hatten eine sehr eilige Mitteilung für ihn und wußten keineswegs, wie er sie aufnehmen würde; wir kamen uns anmaßend, ja sogar ein wenig lächerlich vor.

Es lag uns daran, ihn vor der Falle zu warnen, die nach unserer Kenntnis ihm und anderen bedeutenden Philosophen gestellt worden war, und zwar durch das Medium Margery und seinen Mann, Dr. L. R. G. Crandon, gerade gegenüber in Lime Street 11 in Boston. Wir hatten keinen Ausweis, der uns bei Professor Driesch einwandfrei legitimiert hätte. So mögen wir ihm wohl als zwei ernsthafte, eher nervöse und ein wenig stotternde junge Männer erschienen sein, als wir ihm da hastig unsere Warnung auseinandersetzten. Ich entsinne mich, daß Professor Driesch uns nach unserem ersten Ausbruch antwortete, Schwindelmethoden im Mediumismus seien keineswegs unbekannt und er pflege in diesen Dingen auf der Hut zu sein. Wir versicherten ihm eilends, das wüßten wir, aber bei der Crandon-Technik liege ein besonderer Plan vor, der dazu bestimmt sei, auch aus einer völlig neutralen Haltung Kapital zu schlagen und sogar die bestüberwachte Haltung zu täuschen, die ein Teilnehmer nur haben könnte.

Ich brauchte nicht auf die Crandon-Technik einzugehen; vom Standpunkt des Geschäfts und der Publizität aus war sie sicher geschickt. Wir legten sie Dr. Driesch in kurzen Worten dar und baten ihn sehr ernsthaft, nichts zu unterschreiben, nicht einmal die harmloseste Feststellung, sondern darauf zu bestehen, daß sein Name nicht gebraucht werde. Er war ein gütiger Mensch, und wohl mehr aus Sympathie zu uns, als weil wir ihm mit unseren Warnungen Bedenken eingeflößt hätten, versprach er, unserer Bitte entsprechend vorsichtig zu sein.

Wir sprachen noch andere bedeutende europäische Besucher an und warnten sie auf die gleiche Weise, aber ich kann mich nicht entsinnen, daß einer von ihnen mit mehr Duldsamkeit und Zustimmung als Professor Driesch zugehört hätte. In späteren Jahren kamen wir nie mehr auf diese ein wenig anrüchige Angelegenheit des Mediums Margery zurück, doch ich bin sicher, daß Dr. Driesch für jede Sicherungsmaßnahme im Verkehr mit ihm dankbar sein mußte. Er ging zu Margerys Vorstellung und wurde nicht von ihr überzeugt.

Hans Drieschs Haltung gegen eine physikalische Interpretation von Leben und Entwicklung forderte mich heraus, der ich selbst Biologie studierte und lehrte. Ich war dazu erzogen, den lebendigen Organismus nur unter physikalischen und chemischen Gesichtspunkten zu betrachten, und so kämpfte ich hart mit dem Fall, den Professor Driesch darstellte. Mehr als einmal las ich seine Schriften und hörte seine Vorlesungen. Wenngleich ich bekennen muß, daß ich den Schlüssen, die er aus seinen biologischen Erkenntnissen (auf dem Gebiet der Embryologie des Seeigels) zog, nicht völlig zu folgen vermochte, so tat er mir doch den großen Dienst, in mir die Frage lebendig zu machen, und mich zur Suche anderer Beweise eines extraphysikalischen Faktors im Leben zu veranlassen.

Hans Driesch, ebenso wie William McDougall und Henri Bergson, mit dessen Name der seine in mancher Hinsicht verknüpft ist, haben viel dazu getan, daß ich aktive Forschungen auf dem Gebiet der Parapsychologie unternahm. Sein Buch über Parapsychologie machte es einigen von uns leichter, die Schritte zu unternehmen, welche nötig waren, um später den größten Teil unserer Energie und unserer Zeit eingehenden

Untersuchungen und einer Reihe von Versuchen auf diesem Gebiet zu widmen.

Als 1937 mein eigenes Buch, New Frontiers of the Mind, in den Vereinigten Staaten erschien und Professor Driesch sich anerbot, es ins Deutsche zu übersetzen und sogar eine Einleitung zu der deutschen Ausgabe (Neuland der Seele) zu schreiben, war ich tief dankbar und geehrt. Ich hätte nie mit diesem außerordentlichen Glücksfall gerechnet. Über Hans Drieschs großen Beitrag zur Wissenschaft zu urteilen, steht mir nicht zu, aber dessen bin ich sicher: Wäre seine Lebensanschauung zur beherrschenden unserer Zeit geworden und der wissenschaftliche Materialismus, gegen den er stand, völlig aus dem Feld geschlagen worden, die umfassende Desillusionierung der Worte durch die Nazibewegung in Deutschland wäre nie geschehen. Und ebenso hätte sich die geistige und seelische Verzweiflung nicht entwickelt, die in unseren Tagen, einer Fünften Kolonne gleich, die Türen des Geistes für die falsche Heilsbotschaft des Kommunismus öffnet.

Duke University, Durham (North Carolina)   J. B. Rhine

Diese Schrift soll nicht ein »Lehrbuch« der Parapsychologie sein. Für ein eigentliches Lehrbuch, das in systematischer Form und Strenge ein gesichertes Wissensgut, den Tatsachen und den Erklärungsversuchen nach, zusammenfaßt, ist auf dem Gebiet, mit dem diese Schrift sich abgibt, die Zeit noch nicht gekommen. Außerdem haben wir an guten vorläufigen Zusammenfassungen der einigermaßen gesicherten Dinge – leider freilich bisweilen ohne hinreichend scharfe Abgrenzung gegen die nicht gesicherten, sondern nur behaupteten – eine ganze Menge.

Ein Wegweiser für solche zu sein, die selbst mit Aussicht auf Erfolg auf dem Gebiet der Parapsychologie arbeiten wollen, das allein ist die bescheidene Absicht dieser Schrift, und zwar sowohl nach der Seite der eigentlichen Tatsachenforschung wie nach der der Theorienbildung. Wie kann man entscheiden über die Sicherung des Tatsächlichen einerseits, andererseits aber über die Annahme einer bestimmten unter den vielen möglichen theoretischen Deutungen? Das zu untersuchen ist die Aufgabe. Mit anderen Worten also: Zum ersten, wie vermeidet man absichtliche oder unabsichtliche Täuschung, zum anderen, was wäre wohl ein *experimentum crucis* für theoretische Festlegung?

Der theoretische Teil untersucht also Möglichkeiten für künftige Festlegung, ohne sich selbst festzulegen; allenfalls äußert er sich im Sinn eines verschiedenen Grades von Wahrscheinlichkeit. Er selbst zerfällt wieder in zwei Teile, deren erster die Frage nach der Zahl der »Urphänomene«, und damit die Möglichkeit der Reduktion mehrerer auf den ersten Blick verschiedener Erscheinungen auf nur eine, behandelt, während der zweite die eigentliche letzte Theorie angeht. Für beides wird die Frage des *experimentum crucis,* d. h. des entscheidenden Sachverhaltes, aufgeworfen.

Das eigentlich Tatsächliche, das als gesichert anzusehen ist, spielt, wie gesagt, als solches in dieser Schrift eine Nebenrolle, obwohl es natürlich erwähnt wird: Es ergibt sich stets aus der Behandlung der Frage nach der »Sicherung«. Wenn in bezug auf irgendein Phänomen alle sehr streng aufgezählten und behandelten Sicherungen erfüllt waren und sich dieses Phänomen dann doch einstellte, dann ist es eben »gesichert« und kann als Tatsache gebucht werden.

Würde ich nicht überzeugt sein, daß es Gewisses, wenn auch nicht eben Zahlreiches, an solchem ganz gesicherten Gute gibt, so hätte ich diese Schrift nicht geschrieben, sondern die »Okkultisten« sich selbst und ihrem Schicksal überlassen.

Die Stellung der »offiziellen« Wissenschaft den parapsychischen Dingen gegenüber ist noch immer, leider ganz besonders in Deutschland, so, daß sie einer künftigen Zeit als ganz unverantwortlich erscheinen wird.

Man verwechselt fortwährend Parapsychologie mit »Spiritismus« und sieht nicht, daß der erste Name ein nach seinen Untersuchungsgegenständen gegen andere abgegrenztes Forschungsgebiet bezeichnet, der zweite eine besondere auf diesem Gebiet erwachsene Hypothese, deren Richtigkeit oder Falschheit die Ergebnisse der eigentlichen Sachforschung gar nicht berührt. Man darf aber doch auch die allgemeine Deszendenzlehre nicht mit der besonderen Form, die ihr Darwin in seiner Lehre von der zufälligen Variabilität mit nachfolgender »Zuchtwahl« gab, verwechseln!

Man glaubt stets sehr »aufgeklärt« zu sein und ist gerade das Gegenteil, nämlich dogmatisch festgelegt. Man glaubt zu wissen, »was es geben und nicht geben kann«. Dabei haben meist die, welche am schärfsten absprechen, ihr Wissen aus irgendeinem Zeitungsartikel. Das aber genügt doch wahrlich nicht, selbst wenn der Artikel in seiner Art gut war. Was würde man von einem sagen, der über Chemie so ein bißchen aus Zeitungen weiß und nun den Chemikern in ihre Arbeit hineinreden will? So aber, wahrlich, ist es auf unserem Gebiet. Man ahnt gar nicht, was es an gediegener Literatur gibt. Wer unter den Absprechenden kennt denn auch nur die Schriften der britischen *Society for Psychical Research;* ja, wer von ihnen weiß auch nur von der Existenz dieser Schriftenreihen und der großen wissenschaftlichen Gesellschaft, die sie herausgibt? Von anderem gar nicht zu reden.

Des äußersten bedenklich für das Ansehen deutscher Wissenschaft ist dieser Zustand, denn er hat eben sehr bedauerliche praktische Folgen: Unter der Jugend gibt es heute viele, die offenen Geistes dem neu erschlossenen Wissensgebiet entgegentreten und sich auf ihm betätigen möchten. Was soll man so einem jungen Mann, der begabt, kritisch und voll ehrlichen Strebens ist, sagen? Die allein mögliche Antwort muß leider lauten: Folge deiner Berufung, wenn du geistige Kraft in dir fühlst, aber wisse, daß du dir deine »Karriere« damit verdirbst!

Diese unerträgliche Sachlage mußte wirklich einmal mit klaren, dürren Worten gekennzeichnet werden. Universitäten sollen gewiß kritisch eingestellt sein allem Neuen gegenüber; aber sie sind doch nicht bloße Konservierungsanstalten, die tun dürfen, als wisse man alles »Wesentliche« eigentlich schon und habe sich nur mit Kleinausführungen abzugeben.

Daß man sich gegen neue »Wesentlichkeiten« sperrt, das gerade ist das Unerträgliche an dem heutigen Zustand. Umlernen, sein Weltbild ganz grundlegend umgestalten, das will man nicht.

Und, freilich, angesichts der Parapsychologie steht man vor einer möglichen Weltbildungsgestaltung, die überhaupt nicht ihresgleichen hat oder je gehabt hat. Hier ist wirklich ein Schatz zu finden – und nicht nur Regenwürmer.

Eine besondere Schwierigkeit für den kritischen Parapsychologen besteht darin, daß er stets gegen zwei Fronten geistig zu kämpfen hat: gegen die negativen Dogmatiker und gegen die allzu Gläubigen. Wohl verstanden: Ich habe nicht den gesunden Skeptiker zu den Gegnern gezählt. Ein solcher glaube ich selbst zu sein, denn ich selbst lasse mich sehr schwer und immer nur Schritt für Schritt, das heißt immer nur jeweils im Hinblick auf eine bestimmte Tatsachengruppe, die da behauptet wurde, überzeugen. Nehme ich eine solche Gruppe als echt an, so ist damit über meine Annahme anderer Gruppen noch nicht das mindeste ausgemacht. Denn wahrlich: Die Vorsicht kann auf einem so mit Täuschungsmöglichkeiten durchsetzten Gebiet wie dem unseren gar nicht weit genug getrieben werden. Doch davon wird ja der Text zu reden haben.

Denen, die ich die »Gläubigen« nenne, möchte ich aber doch auch in dieser Vorrede – der Text wird ebenfalls davon reden – besonders ans Herz legen, die Rolle des »Beleidigten« ein für allemal zu verabschieden und erst recht Beleidigungsprozesse!

Es ist nämlich *kein* Vorwurf gegen jemanden, ein moralischer schon gar nicht, aber auch kein intellektueller, wenn der Verdacht ausgesprochen wird, er sei »hineingefallen«. Die Dinge liegen so fabelhaft schwierig, zumal auf dem »physischen« Gebiet, daß wohl jeder Forscher hier gelegentlich getäuscht werden wird. Ideale Sicherungsbedingungen herzustellen ist eben, da ja Menschen die Untersuchungsobjekte sind, eine Aufgabe, die fast über die Kraft des Forschers geht. Angesichts des ganz Neuen, um das es sich handelt, müssen aber die Bedingungen »ideal« sein, wenn wirklich eine Tatsache soll registriert werden können.

Auch ein »Medium« sollte sich nie beleidigt fühlen; selbst dann nicht, wenn der Verdacht bewußten und nicht nur somnambulen, also unterbewußten Betrugs geäußert wurde. Der Ernst der Sache erfordert es, auch diesen Verdacht aussprechen zu dürfen. Ich meine, gerade ein subjektiv ehrliches Medium, dem an der Sache gelegen ist, wird das ja auch nicht tun. Als Märtyrer mag es sich fühlen; Märtyrer sein und sein Martyrium geduldig tragen, ist etwas sehr Hohes! Die Aufgabe sowohl der Versuchsleiter wie der Medien aber sollte darin bestehen, gerade die schärfsten Skeptiker, ja gerade solche, die den Verdacht des Betrugs aussprachen, zu überzeugen, indem man sie immer und immer wieder zu Versuchen einlädt. Denn eben die müssen ja überzeugt werden. Leider ist neuerdings das Gegenteil üblich geworden – man schließt solche, die sich ablehnend oder auch nur zweifelnd äußerten, für die Zukunft als »störend« aus, nicht ahnend, wie sehr man die Sache selbst dadurch schädigt!

Voraussetzung für einen stetigen Fortschritt gediegener parapsychologischer Arbeit in Deutschland ist erstens die Gründung einer großen »Gesellschaft für psychische Forschung« nach dem Muster der entsprechenden britischen und zweitens die einer Forschungsstätte, wie sie heute in Frankreich, seit einigen Jahren als Staatsinstitut, besteht.

Die Gesellschaft muß theoretisch neutral sein, sie muß ernste Skeptiker und Überzeugte, Animisten, Spiritisten, Mechanisten und wen sonst aufnehmen. Ernstes Arbeiten im

Dienst der Wahrheit, gegründet auf Erziehung zu wissenschaftlicher Methodik, muß die einzige Bedingung für diese Aufnahme sein; »von Klinckowström bis Mattiesen« hat man wohl, und mit Recht, gesagt.

Vor der Gründung einer Forschungsstätte, die wir fordern, braucht man nicht etwa Angst wegen der Kosten zu haben. Ein teures Laboratorium, ja überhaupt ein eigentliches Laboratorium mit Apparaten braucht sie, zunächst wenigstens, nicht zu besitzen; ein solches wird sich wohl langsam, stets angesichts der besonderen Fälle, entwickeln, was ökonomisch zu tragen wäre. Zunächst sind nur gewisse Räume erforderlich; besonders erforderlich ist, was wieder mit der so sehr erwünschten »Gesellschaft« zusammenhängt, ein gewisser Stab von Forschern, die zur Untersuchung von Spukhäusern, von auswärtigen Medien usw. zur Verfügung stehen, also das, was die Angelsachsen als »research officers« bezeichnen. Zu vermeiden wäre die Herausgabe einer Zeitschrift, die an feste Termine gebunden ist. Die kommt zu leicht in die Lage, Gleichgültiges, Phantastisches oder Bedenkliches aufnehmen zu müssen, bloß um das Monats- oder Vierteljahresheft gefüllt zu bekommen. Ganz frei, nur wenn Gutes da ist, müssen die Hefte erscheinen, etwa wie die »Bulletins« der Bostoner Gesellschaft. Und als Hauptwahlspruch für alles muß gelten: Zuerst die Tatsachen; und in ihrer Erforschung ein Gang, von dem es heißt: »Langsam, aber sicher«.

An letzter Stelle sei in diesen einleitenden Worten noch eines betont: Mit den »mystischen«, »irrationalen« Neigungen der Gegenwart hat die Parapsychologie gar nichts zu tun. Sie ist Wissenschaft, ganz ebenso, wie Chemie und Geologie Wissenschaften sind. Unmittelbar »schauen« tut sie gar nichts, sie arbeitet positivistisch und induktiv. Sie findet Typen oder Formen des Weltgeschehens wie jede andere Wissenschaft; ihre Arbeit ist durchaus »rational«, wenn anders man das Auffinden solcher Typen rationales Arbeiten nennt. Parapsychologie steht somit im Dienst echter Aufklärung, denn rational arbeiten heißt »aufklärend« arbeiten.

Eben weil die Parapsychologie echte Aufklärungsarbeit leistet, sollte man aufhören, sie »Okkultismus« zu nennen.

Leipzig, den 10. Juli 1932. *Hans Driesch*

ERSTER TEIL
DIE METHODIK DER PARAPSYCHOLOGIE

I. DIE MÖGLICHKEIT DER TÄUSCHUNG AUF DEM BODEN DER PARAPSYCHOLOGIE

Es gibt keine Wissenschaft, die nicht den Gefahren der Täuschung, ja des bewußten Betruges ausgesetzt wäre. Auf dem Boden der Biologie haben wir es im Lauf der letzten zwanzig Jahre ein paarmal erlebt, daß sehr bedeutsam erscheinende Forschungsergebnisse über die sogenannte »Vererbung erworbener Eigenschaften« dadurch völlig wertlos wurden, daß sich an bestimmten Stellen begründeter Verdacht eines Betrugs einstellte. Vielleicht betraf dieser Betrug nur diese Stellen; abgelehnt werden mußte, aus Gründen wissenschaftlicher Sauberkeit, vielleicht zu Unrecht, das Ganze. Es ist nicht gesagt, daß der eigentliche Autor der in Rede stehenden Arbeiten betrog, vielleicht tat es ein Assistent oder ein Diener. Genug, es wurde betrogen; und das kann auf jedem Gebiet der Wissenschaft geschehen. Denn »der Mensch« ist leider ein der unbewußten und der bewußten Täuschung fähiges Wesen.

Aber auf dem Boden der eigentlichen Naturwissenschaft ist die Möglichkeit einer Täuschung doch immer nur einseitig, mag sie auch auf der einen allein in Frage kommenden Seite mehrere Personen, den eigentlichen Autor und die, welche ihn bei der Arbeit unterstützen, angeben können. Das Gebiet, von dem wir hier reden, die Parapsychologie, ist dagegen in der wenig erfreulichen Lage, mit einer *zweiseitigen* Täuschungsmöglichkeit, sei sie bewußt oder unbewußt, rechnen zu müssen: Der Autor der Untersuchung und seine Helfer können, wie bei jeder wissenschaftlichen Arbeit, täuschen; täuschen kann aber auch das Untersuchungsobjekt, also der Sensitive, das »Medium«, der »Metagnom« oder wie wir dieses Objekt nennen wollen. Täuschung seitens des Autors, zumal bewußte, wird ebenso selten sein wie auf naturwissenschaftlichem Gebiet engeren Sinnes; jedenfalls muß es ethisches Prinzip sein, jeden Autor für ehrlich zu halten bis zum ausdrücklichen Beweis des Gegenteils. Täuschung beider Art, bewußte und unbewußte, seitens des Untersuchungsobjekts ist aber leider schon häufig dagewesen, und sich gegen sie mit allergrößter Strenge zu schützen, muß eine der Hauptaufgaben einer Parapsychologie sein, die sich »Wissenschaft« will nennen dürfen.

Gewiß ist es für einen Untersuchungsleiter unangenehm, wenn ihm ein Getäuscht-, wohl gar ein echtes Betrogensein seitens seines Untersuchungsobjektes nachgewiesen, ja, wenn auch nur der Verdacht dieser Dinge ausgesprochen wird. Er fühlt sich dann ein wenig »blamiert«. Zu Unrecht, meine ich, tut er das. Sein guter Glaube wird ja doch nicht angezweifelt; nur daß er eben ein des Getäuschtwerdens fähiger Mensch ist, wird behauptet. Welcher Mensch aber wäre trotz größter subjektiver Gewissenhaftigkeit nicht fähig, getäuscht zu werden? Selbst die größten Forscher haben gelegentlich geirrt, was doch heißt, daß sie eben trotz ihrer Gewissenhaftigkeit einer Täuschung, im allgemeinsten Sinn des Wortes, zum Opfer fielen. Auf para-psychischem Gebiet aber, wo das Untersuchungsobjekt selbst aktiv zur Täuschung beitragen kann, wo nicht, wie in den normalen Naturwissenschaften, ein schlichter »Sachverhalt« zur Untersuchung steht, der der aktiven Täuschung unfähig ist, ist alles so unendlich viel schwieriger, daß es wahrlich kein schwerer Vorwurf ist, wenn einem Autor gegenüber der Verdacht des Getäuscht-, ja des Betrogenwordenseins laut wird. Unangenehm bleibt es, das gebe ich gern zu; die Selbstgefälligkeit wird ein wenig verletzt. Aber sollte die Wahrheitsliebe nicht mehr gelten?

Von einigen Seiten ist jüngst die Ansicht ausgesprochen worden, alle »Medien« sollten sich zusammentun und scharf gegen alle, wohl gar mit Prozessen, vorgehen, die es sich erlauben, Verdachtsmomente zu äußern. Das wäre der Tod einer wissenschaftlichen Parapsychologie. Die wahrhaft streng wissenschaftlich Denkenden würden ein Mitglied des Medien-»Verbandes« einfach ausschalten, seine Leistungen, mögen sie echt sein oder nicht, grundsätzlich nicht weiter beachten. Und für »Beleidigungs«-prozesse ist hier wahrlich nicht der Ort, zumal die Äußerung eines Verdachtes ja doch nie ohne weiteres die Vermutung bewußten Betrugs bedeutet. Wissen wir doch, wieviel in dem unterbewußten, halb somnambulen Zustand, in dem sich die »Medien« während ihrer Leistungen meist befinden, getäuscht werden kann; gewissenhafte Medien haben oft selbst darum gebeten, normale »Nachhilfen« unterbewußter Art, für die ihr bewußtes Ich ja verantwortungsfrei ist, nach Kräften unmöglich zu machen. Aber freilich muß, wenn die Verdachtsmomente sehr stark sind, auch die Möglichkeit bewußten Betrugs, ohne die Gefahr eines Prozesses zu laufen, ausgesprochen werden dürfen. Das wirklich ethisch reine Medium wird sich gar nicht getroffen fühlen dadurch; es wird sein Kreuz zu tragen wissen in der Überzeugung, daß ja die Wahrheit doch einmal an den Tag kommen werde.

Freilich richte ich nun an die andere Seite die ebenso dringende Aufforderung, maßvoll zu sein in »skeptischen« Angriffen und von bewußtem Betrug nur zu reden, wenn gar keine andere Möglichkeit, nach gewissenhafter Selbstprüfung, für den Angreifer übrigbleibt. Und auch dann sollten höhnische Äußerungen über den Versuchsleiter streng unterbleiben.

Vorbildlich im »Stil« ist hier alle Polemik seitens der Briten. In Deutschland ist aber, sowohl auf seiten der »Gläubigen« wie auf seiten der Skeptiker, eine Verwilderung des Stils eingetreten, die beinahe der auf politischem Gebiet leider bei uns üblichen gleicht und nicht gerade dazu beiträgt, das Ansehen der deutschen Parapsychologie besonders zu heben.

Das Wort »fortiter in re, suaviter in modo« sollte, wenn irgendwo, dann auf diesem schwierigsten aller Forschungsgebiete gelten.

Ich dachte bisher an die Möglichkeit von Täuschung oder gar Betrug im Rahmen der eigentlichen Tatsachenforschung. Daß auf theoretischem Gebiet, wo nur der reine Irrtum in Frage steht, die Forderung gegenseitigen Anstandes erst recht gilt, sollte eigentlich keiner Worte bedürfen. Wenn »Animisten« und »Spiritisten« auf einem ganz und gar in den Kinderschuhen steckenden Wissensgebiet einander grob oder höhnisch anfahren, so wirkt das einfach lächerlich!

Viel könnte auf dem gesamten Gebiet der Parapsychologie die Presse zur Wahrung des polemischen Anstandes beitragen. Leider tut sie es nicht immer; gibt es doch Blätter, welche ganze Kübel des Spottes ausgießen, sobald von Parapsychologie – die sie meist mit der spezifischen spiritistischen Hypothese verwechseln – auch nur die Rede ist, häufig ohne sich mit der ernsten Literatur des Gebietes beschäftigt zu haben, und bisweilen sogar aus »politischen« Gründen.

II. DIE FORMEN MÖGLICHER TÄUSCHUNG

Ich komme zum eigentlichen Gegenstand des ersten Abschnittes dieser Schrift, der Darlegung der mannigfachen Täuschungsmöglichkeiten, gegen die sich der strenge Parapsychologe zu sichern hat. Sehr streng werde ich hier vorzugehen haben: selbst die kleinste Lücke, durch die ein Getäuschtwerden sich einschleichen könnte, gilt es zu verstopfen.

An erster Stelle werde ich von Täuschungsmöglichkeiten im Rahmen der Tatsachenforschung, an zweiter von theoretischen Irrtumsmöglichkeiten reden. Der erste Abschnitt ist bei weitem der wichtigste.

Britische Forscher haben gelegentlich gesagt, der Parapsychologe habe über die Eigenschaften des Naturforschers, des Psychologen, des Psychiaters, des Untersuchungsrichters und des Taschenspielers gleichermaßen zu verfügen. Das ist richtig. Es zeigt aber auch, wie schwierig unsere Aufgabe ist; und ich brauche wohl nicht zu bemerken, daß alles Folgende nur gleichsam eine Abschlagszahlung, ein »Minimum« an Sicherung darstellen kann, aber absolut nicht auf Vollständigkeit Anspruch erhebt. Für jede Art von Ergänzung zu meinem Täuschungskatalog werde ich aufrichtig dankbar sein.

1. ALLGEMEINES

a) Experiment und Beobachtung

Alle Tatsachenforschung hat zwei Quellen des Wissenserwerbes: die bloße Beobachtung und das Experiment, d. h. die Beobachtung unter, wenigstens dem Wesentlichsten nach, »willkürlich« und absichtlich gesetzten bestimmten Bedingungen.

Bei Erörterungen der Sicherungsmöglichkeiten gegen Täuschung müssen nun, wie stets in der Wissenschaft, zunächst einmal Beobachtung und Experiment gesondert behandelt werden. Des weiteren aber kann eine ergebnisreiche Untersuchung auf unserem Gebiet überhaupt erst einsetzen, nachdem gerade über das parapsychologische Experiment und die parapsychologische Beobachtung einiges Allgemeine gesagt worden ist. Denn die Dinge liegen hier etwas anders als in den normalen Naturwissenschaften.

Wenn der Naturforscher auf normalem Boden experimentiert, sei es im Bereich des Unbelebten oder in dem des Belebten, so geht er an die Untersuchung heran mit der bestimmten Erwartung, daß sich »etwas« ereignen wird, und will wissen, was. Das »Etwas« kann, seltsam zu sagen, in einem ganz bestimmten Sinn »Nichts« sein, ist aber deshalb doch »Etwas«, weil es eben Nichts in bestimmtem Sinn ist: wenn also z. B. bei Regenerationsversuchen ein Organismus nach Amputation einer Gliedmaße »nicht« regeneriert, so überhäutet er entweder immerhin die Wunde oder er »stirbt«. Und das ist etwas, obschon es »nicht« das Erwartete ist. Daß er, etwa wenn er ein Säugetier ist, »nicht« regeneriert, ist bedeutsam. Und, was die Hauptsache ist, das »Nicht«-Ergebnis wird immer neu unter identischen Bedingungen geprüft und immer wieder bestätigt; es ist »Gesetz«.

Parapsychisch aber kann, und zwar unter identischen Bedingungen, soweit sie in der Hand des Experimentators liegen, »gelegentlich« etwas geschehen, »gelegentlich« aber restlos gar nichts. Kurz gesagt: Die Sicherheit und die Eindeutigkeit der Erwartung fehlen dem parapsychischen Experiment. Man wird sagen, der Unterschied vom »normalen« wissenschaftlichen Experiment sei nicht scharf, schon biologisch, seltener wohl auf anorganischem Boden, könne auch einmal in einer langen Versuchsreihe ein »bestimmtes Nichts« geschehen sein und dann plötzlich, trotz »identischer« Bedingungen, »soweit« der Experimentator sie in der Hand hat, doch etwas Positives, oder aber in langer Versuchsreihe ein bestimmtes Positives und dann etwas anderes Positives[1]). Gewiß ist sol-

1) Beispiel: Meine Arbeiten über die Restitution der Tubularien und Aszidien. Archiv für Entwicklungsmechanik. Band 5 und 14.

cher Einwand berechtigt. Man pflegt in diesen Fällen zu sagen, es habe eben eine große variable Fülle »innerer« Bedingungen des Organismus gegeben, die der Experimentator gar nicht in der Hand haben konnte – die er nun freilich allmählich »in die Hand« bekommt. Könnte nicht auch ein Säugetier »plötzlich einmal« doch regenerieren? Wir würden uns wundern – und dann weiterforschen. Ist nicht der Satz, daß Steinwände »nie« für elektromagnetische Strahlen durchlässig seien, durch die Röntgenstrahlen erschüttert worden?

Aber es bleibt dabei, daß parapsychisch, z. B. bei Versuchen über Gedankenübertragung, dieser Umstand viel schwerer wiegt. Negative Fälle – im Sinn des Ausbleibens eines bestimmten Erwarteten – sind also parapsychisch stets nur mit Vorbehalt als radikal negativ anzusehen, was später noch für kritische Betrachtungen von Bedeutung werden wird; sie sind es jedenfalls mit viel größerem Vorbehalt als auf biologischem oder, erst recht, anorganischem Gebiet, denn der »inneren Bedingungen« können wir parapsychisch noch weniger Herr werden als sonst.

b) Spontane und erwartende Beobachtung

Das bloß beobachtende Forschen müssen wir nun parapsychisch noch weiter sondern, nämlich in *spontane* und in *erwartende* Beobachtung; die zweite Art ist schon eine gewisse freilich sehr primitive Art des Experiments.

Alle echte Telepathie, etwa bei Todesgefahr, aller echte Spuk, wenn wir ihn zulassen, ist, im Anfang jedenfalls, durchaus nur spontan zu beobachten. Das heißt: Diese Dinge sind nach den Aussagen gewisser Personen einfach da und werden schlicht registriert; ebenso, wenn wir sie für tatsächlich halten, »Apporte«.

Gibt es nun aber einmal ein angebliches »Spukhaus«, gibt es einen Menschen, in dessen Gegenwart sich Apporte ereignet haben sollen, oder einen, der einmal telepathische Meldungen ausgesandt haben soll, so wird die Sache anders: erwartende Beobachtung stellt sich ein, man »experimentiert« wohl gar schon in rohester Form, in der Hoffnung, daß sich etwas ereignen »möchte«.

Hier haben denn in hohem Maße die zu erörternden Sicherungsmaßnahmen einzusetzen, während die Sicherung post factum, d. h. die nachträgliche Erwägung, ob wohl alles mit rechten Dingen vor sich gegangen sein »möchte«, wie sie bei Spontanphänomenen allein möglicht ist, den Namen echter Sicherung natürlich überhaupt nicht verdient: nur »ob wohl« die Phänomene »echt« gewesen sein könnten, ist hier ja, bald mit mehr, bald mit weniger Wahrscheinlichkeit festzustellen – bei Spontantelepathie, wie sich zeigen wird, immerhin mit recht großer.

Es sollte keines Hinweises darauf bedürfen, daß das echte Experiment das vollendetste Mittel bei der Erforschung der Gesetze der empirischen Wirklichkeit ist: es erlaubt die größte Sicherung gegen Täuschung und es ist eben, seinem Wesen nach, beliebig wiederholbar: theoretisch stehen »unendlich viele« Fälle zur Untersuchung. Die erwartende Beobachtung ist daher um so wertvoller, je mehr sie sich dem Experiment zu nähern imstande ist; von ihr wird im folgenden viel zu reden sein. Die spontane Beobachtung kann nur in seltenen Fällen und dann aus ganz bestimmten, später darzulegenden Gründen, endgültige wissenschaftliche Bedeutung für sich beanspruchen. Führt sie zu erwartender Beobachtung und wohl gar zum Experiment, so liegt die Sache natürlich anders; aber dann ist sie nicht mehr »spontane« Beobachtung.

Es ist in manchen parapsychologischen Kreisen heute üblich, Experimente, ja wohl gar sorgfältig gesicherte erwartende Beobachtung als »übertrieben kritisch« beiseite zu stellen und alles Heil von der Mitteilung recht vieler spontaner Beobachtungsfälle zu erwarten.

Ich habe nun gar nichts gegen die Mitteilung solcher Fälle, falls sie nicht gar zu sehr auf bloßem Hörensagen beruhen. Ihre Mitteilung mag zu kritischen Untersuchungen anregen. Aber an und für sich bedeuten – von Spontantelepathie, wie sich zeigen wird, abgesehen – solche Fälle sehr wenig; sie bleiben Behauptungen, bis kritische Arbeit eingesetzt hat.

Und »übertriebene Kritik« – kann es die überhaupt geben? Andere Wissenschaften kennen sie jedenfalls nicht!

Ich stelle jetzt – strenge Definitionen einem späteren Abschnitt vorbehaltend – in vorläufiger Weise kurz zusammen, wie sich alles das, was parapsychologisch behauptet wurde, zu spontaner Beobachtung, erwartender Beobachtung und Experiment verhält. Ich fälle damit noch kein Urteil über die Tatsächlichkeit des Behauptens. Voraussetzen glaube ich zu dürfen, daß der Leser mit den in Frage kommenden Worten bestimmte Vorstellungen verbindet.

Aufgrund spontaner Beobachtung sind behauptet worden: alle Fälle echter Telepathie, viele Fälle von Gedankenerfassung, Hellsehen und Prophetie; ferner Spuk, Materialisationen, Apporte, Telekinesen, Phantome in erster Instanz, d. h. beim erstmaligen, unerwarteten Vorkommen.

Erwartender Beobachtung wurden unterzogen in sogenannten »Séancen«, oder auch, bei manchen physischen Phänomenen, zumal Spuk, durch »Kommissionen«: viele Fälle von Gedankenübertragung, Hellsehen und Prophetie, sehr oft unter »psychometrischer« Vermittlung; ferner Telekinesen, Materialisationen, Apporte, Spuk in zweiter Instanz, d. h. nachdem sie bei bestimmten Personen oder an bestimmten Örtlichkeiten spontan beobachtet waren, also der Vermutung Raum gaben, es »werde wohl« etwas eintreten.

Dem eigentlichen Experiment im engen Sinn des Wortes wurden nur bewußte (nicht spontane) Telepathie und Gedankenübertragung bis jetzt, in nicht gerade zahlreichen Fällen, unterzogen; allerneuestens auch, durch Osty, die Telekinese.

2. Täuschungsmöglichkeiten im Bereich spontaner Beobachtung

Wir beschäftigen uns an erster Stelle mit den Sicherungen gegen bewußte und unterbewußte Täuschung bei spontaner Beobachtung von Geschehnissen, die für parapsychisch ausgegeben werden.

Wie schon gesagt wurde, handelt es sich hier nicht um »Sicherung« im eigentlichen Sinn des Wortes; denn man kann sich nicht »sichern« in bezug auf etwas, von dem man nicht weiß, ja nicht einmal vermutet, daß es geschehen wird. Nur nachträglich könnte vielleicht die Echtheit des Ereignisses oder, besser gesagt, die Überzeugung von dieser Echtheit durch gewisse Erwägungen über die Bedingungen, unter denen das Ereignis stattfand, in höherem oder geringerem Grad gesichert werden. Es handelt sich ja eben nur um Beobachtung, das Experimentelle tritt nicht einmal in der schwachen Form der »erwartenden« Beobachtung ins Spiel.

a) Physische Phänomene

Bei spontanen, angeblich paranormalen physischen Geschehnissen, wie Telekinese, Materialisation, Phantom, Spuk, Apport, wird stets die nachträgliche Sicherungsmöglichkeit sehr gering sein. Es ist etwas berichtet worden, oder man hat es selbst gesehen oder gehört; das ist alles. Denn, wohlverstanden, es handelt sich in diesem Abschnitt ja um das, was wir »Phänomene in erster Instanz« genannt haben, es handelt sich um Geschehnisse bei ihrem erstmaligen, völlig unerwarteten Vorkommen. Wie die Dinge liegen, wenn nun aufgrund des Wissens um dieses erstmalige Vorkommen eine Wiederholung der Ereignisse »erwartet« wird, werden wir später sehen.

Man wird natürlich, wenn es sich um Berichte handelt, zunächst über die Vertrauenswürdigkeit des Berichterstatters reflektieren. Ist er ein Phantast oder ein nüchterner Mensch? Leidet er etwa an häufigen Halluzinationen? Würde das feststehen oder wäre er als Phantast, wohl gar als chronischer Lügner, allgemein bekannt, so würde man den Bericht gleich beiseite schieben. Sonst würde man wohl »erwarten« und weiter prüfen.

Hat man selber derartiges gesehen oder gehört – und hat selbst noch nie Halluzinationen gehabt –, so wird man den eigenen Seelenzustand prüfen: war man etwa erregt oder, weil es vielleicht dunkel war, ein wenig in Angst; oder war man ermüdet und in einem beinahe traumartigen Zustand?

Ist diese Art der Prüfung zugunsten der Echtheit des Phänomens oder wenigstens zugunsten der Möglichkeiten seiner Echtheit ausgefallen, wobei immer eine völlige »erkenntnistheoretische« Neutralität, eine »positivistische«, alles logisch als »möglich« zulassende Einstellung vorausgesetzt wird[1]), so geht man an objektive Prüfungen.

Beherbergt das Spukhaus etwa Ratten? Oder ist es möglich, daß da »grober Unfug« verübt wurde, um Leute zu erschrecken, indem etwa Steine geworfen wurden? Sind, bei Telekinesen, verdächtige Drähte oder Fäden im Zimmer zu finden? War starker Wind? Konnte sich etwa aus diesem Grund ein Vorhang, eine Gardine lebhaft und seltsam bewegen?

Sind alle diese Prüfungen ohne die Erregung von Verdachtsmomenten geblieben, so wird zu erwartender Beobachtung übergegangen. Denn klar ist, daß diese Prüfungen auch bei gutem Ausfall nur eine sehr vorläufige Überzeugung von der Echtheit der Phänomene bei einer auch nur einigermaßen »kritischen« Person hervorrufen können. Sehr seltsam wären sie ja doch angesichts unseres allgemeinen Wissens um die empirische Wirklichkeit und ihre Gesetze. Das darf, ja das muß sich auch der durchaus neutral und »positivistisch« eingestellte Beobachter sagen.

b) Mentale Phänomene

Bei mentalen Geschehnissen liegen schon für die spontane Beobachtung die Dinge etwas günstiger, weil die Reflexion über die Bedingungen, unter denen sie statthatten, viel mehr ins besondere Einzelne gehen kann.

Echte Telepathie

Wir reden zunächst von der echten Telepathie.

Es handelt sich bei echter Spontantelepathie bekanntlich darum, daß eine Person, die sonst nicht irgendwie als »Medium« bekannt ist, eines Tages aussagt oder aufschreibt, sie habe, wachend oder träumend, ein seltsames Erlebnis betreffs des Schicksals oder des seelischen Zustandes eines anderen, oft

[1]) Darüber später.

weit entfernten Menschen gehabt, habe ihn etwa, ohne von seiner Krankheit oder seiner gefährlichen Lage etwas zu ahnen[1]), »gesehen« oder »gehört«, als er sich in Todesangst befand, oder habe auch bloß eine dumpfe, aber sehr starke »Ahnung« davon gehabt, daß ihm etwas passiere.

Solche spontanen Erlebnisse können mit hoher Wahrscheinlichkeit unter Erfüllung der folgenden Bedingungen als echte Telepathie, das heißt als nicht auf »normalem« sinnesphysiologischem Weg erfolgte Erwerbungen eines Wissens um fremdseelische Zustände, gelten:

Erstens, wenn das Erlebnis *vor* seiner Bewahrheitung schriftlich niedergelegt oder vertrauenswürdigen anderen Personen mitgeteilt war, so daß eine Erinnerungstäuschung zum Positiven hin im Gefolge einer später erhaltenen Nachricht über das in Rede stehende Faktum, etwa einen Todesfall, ausgeschlossen ist. Dieser Punkt ist von den Forschern der Englischen *Society for Psychical Research* stets mit besonderer Sorgfalt beachtet worden[2]).

Zweitens, wenn die Person, welche die seltsame Vision oder Audition oder Ahnung erlebte, das Einzigartige, besonders Eindringliche ihres Erlebnisses betont und etwa sagt, es sei »ganz anders« gewesen als sonst irgendein Traum oder eine Ahnung während ihres bisherigen Lebens.

Drittens, wenn es der Fall wäre, daß das Erlebnis neben einer großen Zahl ähnlicher Erlebnisse seitens anderer Personen steht.

Viertens, wenn Koinzidenz besteht, und zwar sowohl *Terminkoinzidenz* wie *Inhaltskoinzidenz*, d. h., wenn das Erlebnis zeitlich, mehr oder weniger genau, mit dem Faktum, das seinen Inhalt bildete, zusammenfällt, und wenn das Faktum selbst inhaltlich, so wie es war, paranormal erfaßt wurde.

Fünftens, was selbstverständlich ist, wenn die Entfernung zwischen dem »Sender« (Agenten) und dem »Empfänger« (Perzipienten) wirklich so groß ist, daß alles normale Sehen und Hören, auch bei vorhandener Überempfindlichkeit (»Hyperästhesie«) der Sinne, radikal ausgeschlossen ist.

---

[1]) In bezug auf diesen Punkt sind die britischen Forscher besonders streng.

[2]) Vgl. Phantasms of the Living, I., S. 134 ff.

Sind alle diese Bedingungen erfüllt, so darf das in Rede stehende Erlebnis als echt spontantelepathisch gelten. Ist auch nur eine der Bedingungen nicht erfüllt, so bleibt seine paranormale Tatsächlichkeit zweifelhaft.

Es gibt nun Geschehnisse, in denen alle von uns genannten Bedingungen erfüllt sind, und zwar gibt es sie, wie ein Blick in das Werk *Phantasms of the Living* und in seine Ergänzungen in den *Proceedings of the S.P.R.* zeigt, in großer Zahl.

Durch diesen letzten Umstand ist sofort die dritte unserer Bedingungen erfüllt: es gibt »eine große Zahl ähnlicher« Erlebnisse.

Die Mitteilung an andere vor der Verifikation, unsere erste Bedingung, hat, wie schon gesagt wurde, bei allen den Fällen, welche die britische Gesellschaft überhaupt der Aufzeichnung für wert hielt, stattgefunden. Auch betonte gemäß unserer zweiten Bedingung der telepathisch Betroffene (Perzipient) stets das Einzigartige des Erlebnisses. Auf sehr weite Distanz hin ferner ereignete sich weitaus das meiste und erfüllt so unsere fünfte Sicherungsart: Hyperästhesie zwischen England und Indien, zum Beispiel, ist unbekannt.

Bleibt die vierte Bedingung, die wichtigste, die *Koinzidenz von Termin und Inhalt:*

Was die Koinzidenz des Inhaltes angeht, d. h. die Abbildung des objektiven Geschehnisses im Erlebnis des telepathisch Beeinflußten, so geht diese in vielen Fällen bis in intimste Einzelheiten hinein, ja oft in solche, die dem entgegengesetzt sind, was der Perzipient aufgrund seiner Erfahrung über den Agenten wußte. Von diesem sehr bedeutsamen Faktum wird später zu reden sein.

Betreffs der Terminkoinzidenz sind wir in der glücklichen Lage, falls es sich um Todesmeldungen handelt, exakte Wahrscheinlichkeitsuntersuchungen anstellen zu können, die den »Zufall« praktisch ausschließen. Die britischen Forscher haben es getan[1]), ausgehend von zwei gesicherten Tatsachen: erstens von dem Faktum, daß jeder Mensch nur einmal stirbt, und zweitens von dem Sachverhalt, daß das Verhältnis der in einer bestimmten Stunde sterbenden Menschen zur Gesamt-

1) Phantasms of the Living Vol. II, S. 1 ff. Ferner Proc. S. P. R., Vol. X.

zahl der Menschen nur innerhalb sehr geringer Grenzen variabel ist. Sie fanden, daß die Zahl der für telepathisch ausgegebenen Terminkoinzidenzen bei Todesfällen die Wahrscheinlichkeit solcher Koinzidenzen um das 465fache übersteigt[1]). Damit können die für telepathisch ausgegebenen Fälle als echt paranormal gelten.

Gewisse Bedenken mögen noch insofern bestehen, als oft die Zeitkoinzidenz nicht absolut exakt ist (unter Berücksichtigung der verschiedenen »Zeiten« auf der Erde selbstredend). Aber das aufgrund der übrigen Indizien als telepathisch ausgegebene Erlebnis hinkt doch fast stets, wenn überhaupt, dem Termin des Faktums um so wenig nach – würde es »vor-hinken«, so wäre das keine »Telepathie«, so wie wir den Begriff definiert haben! –, daß diese Abweichung die Echtheit des Paranormalen nicht beeinträchtigen kann, zumal, wenn man erwägt, daß wir über den Gang telepathischer Übertragung doch positiv so gut wie nichts wissen. Die übliche Ansicht ist hier, daß das Unterbewußtsein des Perzipienten stets synchron beeinflußt wird, daß aber das Ergebnis dieser Beeinflussung verspätet ins Wachbewußtsein treten kann.

Gedankenlesen, Hellsehen, Prophetie

Wir scheiden begrifflich echte Spontantelepathie von Gedankenlesen, Hellsehen und Prophetie. Scharfe Begriffsformulierungen werden an späterer Stelle gegeben werden. Zunächst genügt das Folgende:

Bei Spontantelepathie »gibt« der Sender (Agent) aktiv, sei es bewußt oder unterbewußt, und empfängt der, welcher das Erlebnis hat, also der Perzipient, in reiner schlichter Passivität. Gegeben und empfangen werden seelische Erlebnisinhalte.

Beim Gedankenlesen ist umgekehrt der Perzipient, meist ein ausgesprochener Metagnom, um das in Frankreich übliche Wort anstelle des bedenklichen Ausdrucks »Medium« zu set-

---

1) Gute Zusammenfassung bei Tischner, Geschichte der okkulten Forschung, 1924, S. 159 ff.

zen, aktiv, wenn auch meist nur unterbewußt aktiv; er »will« lesen, d. h. Wissensinhalte erwerben. Der Agent läßt rein passiv in sich lesen, gibt in reiner Passivität seine Seeleninhalte her. Denn gegebene und empfangene seelische Erlebnisinhalte stehen auch hier in Frage.

Bei Hellsehen erfaßt der Perzipient objektive Tatbestände der Natur, seien sie auch weit entfernt oder liegen sie in der Vergangenheit. Hellsehen in die Zukunft heißt Prophetie.

Die Spontantelepathie wurde im Rahmen der schlichten Beobachtung, die für sie allein in Frage kommt, unter dem Gesichtspunkt der Sicherung erörtert. Mit Gedankenlesen, Hellsehen und Prophetie haben wir es also jetzt zu tun, wobei wir zunächst nur davon ausgehen wollen, daß diese drei Tatsachengruppen als existierend behauptet werden und daß es anscheinend drei verschiedene Gruppen von Tatsachen sind. Über den zweiten Punkt wird freilich später des näheren zu reden sein.

Auch alle diese Dinge erörtern wir zunächst nur, insofern sie spontan gelegentlich beobachtet sind, was etwa dadurch geschieht, daß man plötzlich, ohne es erwartet zu haben, jemanden eine Äußerung über fremde Gedanken oder über Situationen gegenständlicher Art machen hört, welche richtig ist, ohne daß anscheinend ihr Inhalt auf normale Weise zur Kenntnis des Aussagenden gelangen konnte.

Welches könnten die Kriterien der Echtheit solcher Geschehnisse sein, und inwiefern können wir uns dagegen sichern, Normales oder Zufälliges fälschlich als echt paranormal anzusehen?

Mir scheint, es handelt sich, von der Prophetie abgesehen, um die Erfüllung derselben »Bedingungen« wie bei der Spontantelepathie, also um Mitteilung vor der Verifikation, um die Einzigartigkeit des Erlebens, diesmal beim aktiven, nicht beim passiven Perzipienten, um Einreihung des Geschehens in eine große Zahl ähnlicher Fälle, um Koinzidenz, um Ausschluß normaler Übertragungswege.

Aber wie steht es damit im einzelnen?

Wenn wir alles Theoretische, alles Deutende, zunächst außer acht lassen, also besonders die Möglichkeit, daß Hellsehen vielleicht auf Gedankenlesen »zurückführbar« sei, indem ja objektive Situationen in den meisten Fällen auch von jemandem erlebt werden, so daß also dieses Erleben, nicht aber die objektive Situation als solche paranormal erfaßt werden könnte, wenn wir also vorläufig Gedankenlesen und Hellsehen als zwei begrifflich voneinander gesonderte Geschehensgruppen zulassen, so können wir hier wohl folgendes im Hinblick auf die Sicherungsfrage sagen:

Über die drei ersten Bedingungen, also Mitteilung vor der Bewahrheitung, Einzigartigkeit des Erlebens und Einreihung in eine große Zahl ähnlicher Fälle, erübrigt es sich, besonderes Neues beizubringen.

Was den Ausschluß normaler Übertragungswege, unsere fünfte Bedingung, angeht, so ist hier größere Vorsicht geboten als bei der Spontantelepathie, da praktisch oft nur geringe Distanzen zwischen Perzipient (Metagnom) und dem von ihm Erfaßten, sei es beim Gedankenlesen, des Wissens eines anderen oder, beim Hellsehen, einer objektiven Situation in Frage kommen.

Hier könnte Überempfindlichkeit der Sinne in Frage kommen; vielleicht spricht auch der Agent, ohne es zu wissen, seine Gedanken ganz leise »so vor sich hin«. Nur Spontanfälle bei nicht zu kleiner Distanz können also zählen und zur weiteren Prüfung »erwartender« Art hinführen.

Was aber die Koinzidenz angeht, unsere vierte Bedingung, so tritt hier die Terminkoinzidenz begreiflicherweise zurück, die *Inhaltskoinzidenz* dagegen gewinnt an Bedeutung. Sie wird zur *Genauigkeitskoinzidenz,* d. h., der Grad der Bestimmtheit, mit dem eine angeblich paranormale Äußerung getan wird, tritt in den Vordergrund. »Längliche Gegenstände« zum Beispiel gibt es doch recht viele! Auch sind recht viele Leute verlobt, verheiratet, haben Kinder usw. Der »Charakterarten« andererseits gibt es nur wenige, so daß erfolgreiches Raten nicht unwahrscheinlich ist.

Doch da wir anläßlich der erwartenden Beobachtungen und der Experimente auf mentalem parapsychischem Gebiet auf alle diese Dinge eingehend zurückkommen werden, sei es genug mit dem hier Gesagten. Spontane Beobachtung kann, sollte wenigstens, nie als Definitivum angesehen werden, sondern stets, wenn sie immerhin eindrucksvoll erschien, zu erwartender Beobachtung, wenn nicht gar zum Experiment echter Art führen. Was wir über Sicherungen bei spontanen Beobachtungen sagten, soll also nur dazu dienen, vor gröbsten Enttäuschungen und verlorener Zeit und Mühe zu bewahren. Takt und »Interesse« werden hier entscheiden, ob eine strenge Untersuchung einsetzen soll oder besser als aussichtslos unterbleibt.

Von spontan beobachteter Prophetie werden wir, wie von Prophetie überhaupt, in einem besonderen Abschnitt reden.

3. TÄUSCHUNGSMÖGLICHKEITEN IM BEREICH ERWARTENDER BEOBACHTUNG

Eigentlich wissenschaftlich bedeutsam wird die Sicherungsfrage erst im Rahmen bewußt erwartender Beobachtung, um vom echten Experiment zunächst noch abzusehen. Dem »Erwarten« gegenüber war alles Spontane, abgesehen von echter Telepathie, vorläufig und ziemlich bedeutungslos im streng wissenschaftlichen Sinn.

a) Physische Phänomene

Wir beginnen wiederum mit den physischen Phänomenen, fragen also, wie man sich gegen bewußte oder unbewußte Betrügereien sichern könne, wenn es gilt, sogenannte Telekinesen, Materialisationen, Apporte und Spukphänomene erwartend zu beobachten, nachdem man aufgrund spontaner Beobachtung den Eindruck gewonnen hat, daß es sich wohl lohne, den mitgeteilten oder selbst erlebten Dingen, die in Frage stehen, weiter nachzugehen.

Falls nicht besondere »Spukorte« in Frage stehen, wird die erwartende Beobachtung meist in sogenannten Sitzungen (Séancen) stattfinden. Daß hier mehrere gleichzeitig erwartend beobachten, ist jedenfalls zu loben, schon allein, um alles rein

Subjektive auszuschalten. Daß sich die Sitzungsteilnehmer den Forderungen der meist spiritistisch eingestellten, wissenschaftlich wenig gebildeten »Medien« fügen, »Kette bilden«, singen, Instrumente spielen lassen, »Geister« anrufen usw., schadet im Anfang nichts; ebenso mag im Anfang Dunkelheit erlaubt sein.

Aber dringendes Erfordernis ist, sich von diesen Forderungen sobald als möglich zu befreien, jedenfalls zu versuchen, ob es nicht auch ohne sie »geht«.

Dasselbe gilt von der Entfernung »störender« Personen aus dem Zirkel auf Befehl des Mediums.

Es mag ja sein, daß »Kette« und Gesang wirklich fördern, daß gewisse »skeptische« oder »negative« Personen wirklich schaden, daß Dunkelheit oder Rotlicht, wie bekanntlich bei der Photographie, wirklich unerläßlich sind. Angesichts unserer völligen Unwissenheit kann man nicht mit Sicherheit das Gegenteil a priori behaupten.

Aber bedenklich wird man hier doch gestimmt, und daher ist der Versuch, alle diese Beschränkungen mit der Zeit abzuschaffen, unbedingt anzuraten. Viele Sicherungshemmnisse mit Rücksicht auf Betrug würden damit von vornherein beseitigt.

Ich habe schon andernorts[1]) gesagt, daß man versuchen solle, die Medien nach der Suggestionsmethode Coués derart zu erziehen, daß man ihnen, etwa nach schwacher Hypnotisierung oder auch ohne sie, immer wieder eindringlich und überzeugend sagt: »Es wird auch bei sehr starkem Rotlicht, ja bei Normallicht gehen, auch ohne Gesang, ohne Kette usw.« Das zwanzig- bis dreißigmal und immer wieder.

Der Erfolg würde die Mühe lohnen, wenn auch nur gewisse sehr allgemeine Sicherungshemmnisse beseitigt wären, keineswegs aber völlige Sicherheit der Echtheit ohne weiteres erzielt wäre.

Die Beseitigung der Dunkelheit oder schwachen Lichts und ihr Ersatz durch völlige Helligkeit ist wirklich von ganz fundamentaler Bedeutung, und ich scheue mich nicht, es auszu-

---

1) Journ. Amer. Soc. Ps. Res. 21, 1927, S. 66. Dasselbe deutsch Zeitschr. f. Parapsych., Augustheft 1927.

sprechen, daß ich kein physisches Paraphänomen als ganz gesichert zulassen kann, das in mattem Rotlicht oder gar Dunkelheit stattfand – womit aber nicht gesagt sein soll, daß alles, was in völliger Helligkeit angeblich stattfand, gesichert sei!

Denn es gibt eben Taschenspieler, und das sind oft sehr geschickte Leute! Als ich nach China reiste, kam in Port Said ein Araber an Bord, der im Rauchzimmer des Schiffes, ohne einen Begleiter und ohne jede Vorbereitung, den Reisenden lebendige Hühnchen aus der Westentasche zog, die dann munter herumliefen. Keiner fand den Trick; und das sollte doch gar nicht mehr als ein Trick sein!

Was nun die Sicherungen im einzelnen angeht, so liegt eine große Schwierigkeit darin, daß sowohl das Medium als auch alle Teilnehmer an der Sitzung von vornherein als »verdächtig« gelten müssen.

Gutgläubige Redensarten sind hier, leider, wertlos. Denn der Mensch ist ein seltsames Geschöpf! Wer da also sagt: »Wie könnte diese Person wohl betrügen? Sie ist die Tochter eines Generals, eines Professors; es wäre beleidigend, Betrug auch nur zu vermuten« – wer so sagt, der vergißt, daß es sich erstens ja gar nicht um bewußten Betrug ohne weiteres zu handeln braucht, und zweitens, daß auch eine Generals- oder Professorstochter bisweilen ein seltsames Geschöpf sein kann, vielleicht besessen von einem etwas merkwürdigen Geltungsbedürfnis, wenn nicht gar von einer bloßen Lust am Ulk.

Gerade ein ehrliches Medium, das haben wir schon früher gesagt, sollte hier ganz »wissenschaftlich« denken, sollte eine Betrugsvermutung nicht als beleidigend, sondern als eine Annahme ansehen, die angesichts der ungeheuren Seltsamkeit der Dinge berechtigt ist, sollte auch wissen, daß sein »Ich« für sein Unterbewußtes nicht verantwortlich ist. Und wer kennt denn sein Unterbewußtes? Kennten wir es unmittelbar bewußt, so wäre es nicht »unter«bewußt; nur empirisch mittelbar, aus seinen Äußerungen können wir es, kann jeder es an sich selbst kennenlernen. Empirisches Wissen ist aber stets vorläufig und verbesserbar; also kann auch mein Unterbewußtes ganz anderen Wesens sein, als ich heute meine.

Wir gehen jetzt auf die einzelnen Sicherungen gegen Betrug

jeder Form der Reihe nach ein, welche angesichts der als tatsächlich behaupteten physischen Paraphänomene erforderlich sind. Gelegentlich werden wir die verschiedenen Phänomenformen gesondert zu betrachten haben; den Spuk lassen wir einstweilen überhaupt außer acht.

Für jede Art von angeblichen Tatsachen gilt, wie schon gesagt wurde, der Satz, daß, wenigstens bei der heute üblichen Art der »Sitzungen«, absolute Dunkelheit stets ein ganz endgültiges Votum zugunsten der Echtheit verhindern muß. Ich sage ausdrücklich: bei der heutigen Art der Sitzungen. Denn ich kann mir Bedingungen denken, bei denen wohl eine positive Aussage möglich wäre. Gesetzt, wovon unten zu reden sein wird, das Medium sei, nach strenger Leibesuntersuchung und unter strenger Kontrolle, mit taschenlosem Trikot bekleidet; es sei in einem Zimmer, in dem es nie zuvor war, oder das doch jedenfalls vor seinem Eintritt ganz gründlich untersucht wurde; das Zimmer sei von innen verschlossen und verriegelt, ebenso die Fenster, keiner sei in dem Zimmer außer mir selbst, allenfalls ein paar »zuverlässige« Leute, aber auch leibesuntersucht und in taschenlosem Trikot: wenn dann trotz völliger Dunkelheit etwas geschieht, eine Materialisation, ein Apport, so würde ich für Echtheit votieren.

Solche Versuchsbedingungen wurden bisher nie durchgeführt.

Was es bisher an Kontrolle gab, war dieses:

Erstens: Das »Kette«bilden, d. h. wechselseitiges Sich-an-der-Hand-Fassen seitens aller Teilnehmer. Wir haben oben die »Kette« als eigentlich sachlich vielleicht überflüssig erklärt. Ihre gute, der Kontrolle dienende Seite ist die, daß eben kein Teilnehmer die Hände frei hat. Das schließt Helfershelferdienste mit den Händen aus; es müßten schon zwei Helfershelfer da sein und ihre Hände loslassen. Freilich müssen die Hände fest ineinandergreifen und sich nicht etwa nur mit den Fingern berühren. Denn im Dunkeln ist es sonst mit der »geschlossenen« Kette insofern eine bedenkliche Sache, als es nicht allzu schwer (und ganz sicherlich oft praktiziert!) geworden ist, eine Hand frei zu bekommen, so daß beide Nachbarn schließlich verschiedene Finger derselben Hand berühren.

Zweitens: Die Entkleidung des Mediums – nicht der Teilnehmer – vor Zeugen und seine Bekleidung mit Trikot, wie sie bei Schrenck geschah.

Drittens: Leuchtnadeln in erheblicher Zahl an Ärmeln und Beinkleidern des Mediums, auch an den Stiefeln, wobei aber besonders betont sei, daß das Medium unbedingt keine niedrigen Schuhe tragen darf, aus denen der Fuß leicht herausschlüpfen kann, sondern hohe Schnür- oder Reitstiefel tragen muß, zu deren An- und Ausziehen die Hände nötig sind – die letzte Bedingung war meines Wissens nie erfüllt.

Viertens: Das Halten der Hände und Füße des Mediums durch eine zuverlässige Person.

Fünftens: Genaues Durchsuchen des Zimmers, einschließlich des sogenannten »Kabinetts«, falls das vorhanden ist, auf Drähte, Fäden, dünne Stäbe (das *»reaching rod«* der britischen Forscher).

Sechstens (bei Telekinesen): Eine solche Entfernung des voraussichtlich paranormal bewegten Gegenstandes, sowohl vom Medium wie von allen Beisitzern, daß keiner ihn mit seinen Gliedmaßen erreichen könnte.

Bei Schrenck waren diese Bedingungen zum Teil verwirklicht, und die in seinem Laboratorium ausgeführten Experimente sind sicherlich das Beste, was es hier bis jetzt gab, man möchte sagen, das einzige ganz ernst zu Nehmende und zu weiteren Untersuchungen Drängende. Es kam hinzu die von Krall erfundene elektrische Kontrolle der Hände und Füße des Mediums, die es gestattete, jeden Versuch, eine dieser vier Gliedmaßen zu bewegen, sofort wahrzunehmen – falls sie ganz exakt arbeitete.

Die Teilnehmer wurden, abgesehen von der »Kette«, die aber ihrerseits auch nicht kontrolliert wurde, nicht gesichert. Man »vertraute« ihnen – ich habe keinen Grund zu sagen: mit Unrecht; aber das ist natürlich nur eine »Überzeugung«.

Price hat dann die elektrische Kontrolle aller Teilnehmer, freilich mit Ausnahme der Protokollistin, die er aber auch in den letzten Versuchen »sicherte«, durchgeführt. Wie weit diese Kontrolle exakt arbeitete, entzieht sich meiner Kenntnis.

Mattes Rotlicht herrschte sowohl bei Schrenck wie bei Price.

Etwas ganz und gar Neues an Sicherungsmethodik ist

jüngst im französischen Institut für Metapsychologie durch Osty[1]), bei Versuchen mit Rudi Schneider, eingeführt worden: eine sehr komplizierte mit ultrarotem Licht arbeitende Apparatur. Sie erwies, daß eine gewisse unsichtbare und unphotographierbare, den Kegel ultraroten Lichts jedoch beeinflussende »Substanz« vom Medium ausgeht und, seinem (unterbewußten) Willen unterstehend, Telekinesen hervorbringt. Ein Arbeiten auf dieser Bahn, ebenso exakt weitergeführt, wie es begonnen wurde, könnte sich vielleicht als geeignet erweisen, endlich einen alle überzeugenden Aufschluß zu bringen.

Es muß eben dauernd an der Verbesserung der Kontrollen gearbeitet werden unter Heranziehen von Physikern und Ingenieuren. Es ist nicht daran zu zweifeln, daß sich völlig Befriedigendes erzielen lassen wird – erst dann wird man endgültig urteilen können.

Ganz besonders wichtig wäre es freilich, wie schon gesagt, könnte man dem Medium die Fähigkeit aufsuggerieren, bei hellem Licht zu »arbeiten«.

Wäre das da, säße das Medium zwei Meter von dem zu bewegenden Gegenstand, alle Teilnehmer ebenfalls, und bewegte sich dann, nachdem Fäden, Stäbe und Drähte als sicher nicht vorhanden erwiesen sind, der Gegenstand wirklich: dann wäre ein negatives Votum ganz unmöglich, selbst ohne komplizierte Apparatur.

Helles Licht allein genügt natürlich noch nicht, um die Echtheit von Telekinesen zweifelsfrei zu beweisen; als ich Mirabelli sah, war es vorhanden; aber eine peinliche Voruntersuchung der in Frage kommenden Räume auf Fäden und dergleichen hatte nicht stattgefunden, und so blieben seine Telekinesen zwar zum Teil sehr eindrucksvoll, waren aber nicht völlig als echt gesichert.

Von der »direkten Stimme« will ich, ihrer Fragwürdigkeit wegen, hier nicht reden. Was ich mit Valiantine in Berlin er-

---

1) E. et M. Osty: Les pouvoirs inconnus de l'esprit sur la matière, Paris, 1932; dasselbe in Rev. métaps. 1931/32, kurzes, sehr klares Referat von Bestermann in Proc. S. P. R. XL., 1932, S. 428.

lebte, war niederschmetternd[1]), und darüber, wie es heute mit »Margery« steht, habe ich kein auf Augenschein gegründetes Urteil. Verbesserungsvorschläge, die zugleich gewisse Bedenken einschlossen, habe ich betreffs des Status von 1926 anderenorts gemacht[2]). Seitdem scheint vieles verbessert; dunkel ist es aber wohl noch immer.

Die sogenannten »Raps« (Klopftöne), angeblich das einfachste physische Paraphänomen, tatsächlich, wenn es echt wäre, ein ungeheuer seltsames, pflegen unter Bedingungen vorzukommen, die jede Kontrolle gegen bewußten oder unbewußten Betrug ausschließen.

Das Tischklopfen seiner physischen Seite nach, also als »Klopfen«, ist höchstwahrscheinlich ein Produkt des Unterbewußten eines der Teilnehmer; der Inhalt der geklopften Meldung könnte paranormal sein, würde dann freilich zum Parapsychischen gehören.

Sagen wir nun noch ein Wort über »Apporte«, d. h. über das plötzliche Dasein von Gegenständen an einem bestimmten Ort, ohne daß diese Gegenstände »durch den freien Raum hindurch« von ihrem Ursprungsort her gelangt sein konnten. Oft sollen sie sogar materielle Körper, z. B. Wände, »durchdringen«. Wäre dieses Phänomen echt, dieses Allerseltsamste

---

1) Bradley, der Valiantine hinsichtlich der angeblichen Daumenabdrücke Verstorbener beim Betrug ertappt und das in rückhaltloser Klarheit der Öffentlichkeit mitgeteilt hat, hält gleichwohl an der Echtheit der »direkten Stimme« fest, namentlich wegen des Inhalts der angeblich durch sie gemachten Mitteilungen, die sicher paranormal seien. Nun war sicherlich in Berlin auch die »direkte Stimme« Betrug; daran zweifelte keiner, der dabei war (vgl. Kröner, Zeitschr. f. Parapsych., 1929), und was sie kundgab, war des äußersten flach und inhaltleer. Aber vielleicht könnte, in anderen als den Berliner Fällen, die Sache so gelegen haben: »direkte Stimme«, d. h., die unmittelbare sprachliche Äußerung eines »Geistes« ohne Vermittlung durch den Mund eines Mediums war als solche stets betrügerisch – aber unbewußt betrügerisch; das Medium war der Sprechende, war jedoch in Trance und gab dem Inhalt nach paranormal Erworbenes kund. Dann hätte man dasselbe wie bei den Metagnomen Piper, Leonard usw. – umhüllt von nebensächlichem, unbewußt betrügerischem Beiwerk. Diese Vermutung würde das retten, woran Bradley besonders gelegen ist: das Paranormale des Inhalts der Mitteilungen.

2) Zeitschr. f. Parapsych., Juniheft 1927.

des Seltsamen, dann würde es viel leichter fallen, andere Phänomene geringerer Seltsamkeit trotz nicht ganz befriedigender Kontrolle zuzulassen.

Ich selbst sah »Apporte« bei zwei Medien. Das eine Mal war die Sache recht eindrucksvoll (Veilchenregen bei elektrischem Licht); aber wissenschaftliche Kontrolle hatte es nicht gegeben.

Einwandfreie Bedingungen für die erwartende Beobachtung von Apporten wären die folgenden:

Alle Teilnehmer und das Medium sind unter scharfer Kontrolle entkleidet und mit taschenlosen Trikots bekleidet worden. Das Medium sitzt ganz isoliert auf einem Stuhl, vor dem kein Tisch steht. Das Zimmer ist gründlich untersucht: wenn dann plötzlich Blumen oder andere Gegenstände am Boden liegen, dann gibt es Apporte. (Kleine Steine freilich, die das Medium im Mund halten könnte, würden wenig bedeuten.)

Einigermaßen zufrieden wäre ich schon, wenn, bei hellem Licht, nur das Medium in Trikot wäre und ganz isoliert auf einem Stuhl ohne Tisch davor säße und wenn sich alsdann Apporte ereigneten.

Auch hier wäre man wohl nicht auf bloße Gutgläubigkeit angewiesen, wie sie zum Beispiel doch noch bestehen bleibt, wenn etwa erzählt wird, man habe ein Zimmer untersucht, es blumenleer gefunden und fest abgeschlossen, sei auch mit dem Medium ausgegangen, bei der Rückkehr seien Blumen dagewesen. Es gibt Helfershelfer und Nachschlüssel.

In einem reich dotierten Institut ließen sich einwandfreie Apportversuche ohne weiteres machen. Man müßte sich an solche Medien halten, welche behaupten, Apporte zu leisten, und müßte ihnen ehrenwörtlich zusichern, daß sie nicht gerichtlich verfolgt werden, sollte sich nichts ereignen.

Die Prozeßwirtschaft muß überhaupt von beiden Seiten her aufhören, von seiten der Skeptiker und von seiten der Gläubigen; es darf hier weder Betrugs- noch Beleidigungsprozesse mehr geben — jedenfalls im Rahmen rein wissenschaftlich angestellter Versuche nicht; bei Schaustellungen und namentlich bei Hellseh- und Prophetieaussagen für Geld liegt die Sache natürlich etwas anders, obschon mir auch hier Duldung als bestes erscheint.

Von sogenanntem »Spuk« müssen wir gesondert reden.

Alles beginnt hier mit spontaner Beobachtung und auf sie gegründeten Berichten oder Gerüchten. Dann setzt, falls überhaupt die Sache weiter verfolgt wird, erwartende Beobachtung ein, wie sich zeigen wird, entweder an das Studium einer bestimmten Person oder eines bestimmten Ortes gebunden; denn es soll ortsgebundenen und personengebundenen Spuk geben; Phantome, die dann »Gespenster« heißen, sind wohl nur für die erste Spukart behauptet worden. Eine »Kommission« pflegt hier in Tätigkeit zu treten, der meist auch Polizei- und Gerichtspersonen angehören.

Als echter Spuk sollten nur objektive Phänomene bezeichnet werden, also Bewegung von Gegenständen, Lärm, wohl gar Phantome. Subjektive, von einer Person erlebte Phantome sind, jedenfalls zunächst, als Halluzinationen anzusehen, vielleicht telepathischen Ursprungs; womit freilich nicht ohne weiteres gesagt ist, daß von mehreren Personen gesehene Phantome das nicht sein könnten. Hier kann nur die photographische Platte oder, bei akustischen Phänomenen ein entsprechender schallregistrierender Apparat entscheiden. Er ist meines Wissens nie angewandt worden. Wenn wirklich, worauf Mattiesen Wert legt, Fälle existieren, in denen viele Personen, jede in der gerade für sie wichtigen Perspektive, Phantome sehen, so würde das immerhin für Objektivität sprechen, obschon es auch nicht ganz entscheidend wäre.

Über die allgemeinsten Sicherungsmaßnahmen angesichts angeblicher Spukphänomene ist schon auf Seite 30 f., als von spontaner Beobachtung die Rede war, gehandelt worden. Hier konnte die Sicherung nur post factum erfolgen; erwartet man Spuk aus irgendeinem Grund, so läßt sich natürlich alles, und zwar ante factum, viel schärfer durchführen: gründliche Untersuchung des Raumes, Absperrung der Umgebung, bei personengebundenem Spuk Entkleidung der verdächtigen Person und Neubekleidung mit Trikot usw.

So seltsam es manchem klingen mag: Aufgrund der vorliegenden Berichte kann eine gewisse Wahrscheinlichkeit der Echtheit von Spukphänomenen heute von dem, der die Berichte wirklich kennt, nicht ohne weiteres geleugnet werden. Sie ist jedenfalls in sehr viel höherem Grad wahrscheinlich, als die von »direkter Stimme«, »Apporten« usw. Die Wissenschaft ist geradezu verpflichtet, diesen Dingen nachzugehen.

Die besten Berichte sind die des sehr vorsichtigen, bei manchen Unkritischen als »Negativist« verschrienen Walter Prince[1]); aber es gibt auch andere Berichte, z. B. von Schrenck-Notzing, die nicht ohne weiteres beiseite geschoben werden dürfen. Das gleiche gilt von den novellistisch niedergelegten Mitteilungen F. v. Gagerns.

Wir beschließen diesen Abschnitt mit einigen Allgemeinerwägungen.

Es ist gelegentlich die Ansicht geäußert worden, daß man sich bei der Prüfung der Echtheit physischer Paraphänomene auch gegen Massen-Halluzinationen sichern müsse, ja, daß alle hier positiv oder doch wohlwollend eingestellten Forscher »Gelehrte in Hypnose« seien.

Zugegeben, wie wir schon gesagt haben, daß ein einzelner bei solchen Prüfungen, zumal wenn Emotionales dazukommt, einer zu Halluzinationen führenden Autosuggestion verfallen kann; bei Beobachtung durch mehrere Personen scheint mir diese Annahme, wenigstens in den üblichen »Sitzungen«, ausgeschlossen zu sein.

Das Emotionale fällt fort; die Sache ist sogar ziemlich langweilig. Und der objektive Tatbestand, sei er nun echt oder unecht, ist einfach da – etwa ein Stab, der anfangs auf einem Tisch, dann auf der Erde liegt. Allenfalls bei Materialisationen könnte Suggestion in Frage kommen; diese müßte aber Massensuggestion sein. Massensuggestion bei nicht hypnotisierten Personen ist nun aber erstens eine, wenn überhaupt vorkommende, dann jedenfalls sehr seltene Sache[2]); sie erscheint, zweitens, in unserem Fall deshalb ausgeschlossen, weil

---

1) Literatur an späterer Stelle. – Bozzano ist einer unserer scharfsinnigsten Theoretiker, aber leider allzu rasch in Hinnahme angeblicher Tatsachen.

2) So auch Dessoir, Vom Jenseits der Seele, 6. Aufl., S. 347. – Massensuggestionen sind, wenn überhaupt verwirklicht, sicherlich äußerst selten; abgesehen natürlich von Fällen, in denen zu Heilzwecken ein Arzt einer Gruppe von Patienten gleichzeitig, nach Art Coués, bewußt Bestimmtes aufsuggeriert.

bei diesen Untersuchungen, gleichgültig ob echt oder unecht, alle Beobachter zugleich, also nicht etwa sozusagen kettenartig, zu sagen pflegen »da ist es« oder ähnliches. Drittens weiß ja keiner, was geschehen wird. Es müßte also schon angenommen werden, daß das Medium, aber ohne zu sprechen, allen zugleich eine Halluzination aufsuggeriert: dann aber bliebe das Phänomen ja immerhin ein »Para«-phänomen, zwar kein physisches, wohl aber ein mentales. Denn es müßte sich ja in diesem Fall um telepathische Massensuggestion, ein bisher unbekanntes Faktum, dessen Möglichkeit natürlich nicht bestritten werden soll, handeln. Aber auch dazu liegt nicht der geringste Grund vor.

Was die aus Indien stammenden Berichte (Mangobaum, Zerstückelung und Wiederganzwerden eines Menschen, Seilversuch, Feuerprobe usw.) angeht, so ist ein Urteil heute nicht möglich. Hier könnte ja Massensuggestion vorliegen, falls nicht Betrug vorliegt; es müßte aber in den meisten Fällen telepathische Suggestion sein. Stets dann wenigstens müßte sie es sein, wenn der »Fakir« entweder überhaupt nicht redet, oder wenn er sein von Europäern nicht verstandenes Hindustani spricht. Denn was geschehen wird in diesem bestimmten Augenblick, weiß keiner vorher, und alle sehen es a tempo.

Angesichts der in Europa ausgeführten Versuche können wir jedenfalls, um das noch einmal zu sagen, die »Suggestions«-hypothese ruhig auf sich beruhen lassen.

b) Mentale Phänomene

Wir kommen zu dem wichtigen Abschnitt, der von den Echtheitssicherungen bei der erwartenden Beobachtung mentaler Paraphänomene handeln soll. Hier wird unser Ergebnis sehr viel befriedigender im positiven Sinn sein als bei den soeben besprochenen physischen Geschehnissen, bei deren Erörterung das Endresultat doch eigentlich in einem einzigen Wort, nämlich dem Wort »abwarten« bestand.

Von sogenanntem Gedanken»lesen« und von Hellsehen haben wir zu reden. Denn echte Telepathie ist ja stets »spontan« oder aber experimental.

α) Allgemeines

Bei erwartender Beobachtung sind die Forscher (vielleicht nur ein einzelner) mit einem Metagnomen zusammen.

Der Metagnom ist entweder im sogenannten »Trance«-zustand, liegend oder sitzend, oder aber, jedenfalls dem Anschein nach, nicht in Trance. Er äußert dann, sprechend oder schreibend, Dinge, von denen es heißt, daß er sie auf normalem Weg nicht in den Bereich seines Wissens gebracht haben könne. Diese Dinge betreffen beim Gedankenlesen die Wissensinhalte anderer, beim Hellsehen objektive Situationen der empirischen Welt.

Das »Para«-normale ist in allen Fällen nicht der Umstand, daß der Metagnom überhaupt etwas weiß, sei es über die Wissensinhalte anderer oder über objektive Situationen. Das Paranormale ist lediglich die *Art* seines Wissens-*erwerbs*. Der Perzipient, also der Metagnom, ist, wie wir wissen, bei den jetzt zu erörternden Dingen, im Gegensatz zur Telepathie, der aktive Teil; er »will«, freilich wohl unterbewußt, Wissen erwerben, will es, wie Lehmann einmal treffend gesagt hat, falls es sich um Gedankenlesen handelt, anderen »abzapfen«. Diese anderen, also die Agenten, sind ebenso schlicht-passiv, wie es bei reiner Telepathie die Perzipienten waren.

Betrifft das vom Metagnom paranormal erworbene Wissen die Wissensinhalte anderer, steht also Gedankenlesen in Frage, so können diese aktuell, d. h. momentan, Gewußtes oder aber Gewußtgewesenes, aber nun »Vergessenes« sein, wobei es der Person, von der das Wissen stammt, dem »Agenten«, bisweilen möglich, bisweilen aber unmöglich ist, sich des Behaupteten, das sich aber aus anderen Quellen bei Nachforschung als »wahr« erweist, zu erinnern. Ferner kann das vom Metagnomen, also dem »Perzipienten«, »abgezapfte« Wissen im Besitz eines anwesenden oder auch eines abwesenden Menschen sein oder gewesen sein.

Wir hätten also eine große Fülle der möglichen Fälle, die sich aus der Kombination folgender Alternativen ergeben:

Der Metagnom ist in Trance oder nicht in Trance.

Das abgezapfte Wissen war im Agenten aktuell präsent oder nicht aktuell präsent.

Wenn nicht aktuell präsent, war es erinnerbar oder nicht erinnerbar.

Der Agent war anwesend oder abwesend.

Zu sichern haben sich nun die Beobachtungsleiter gegen zwei Gruppen von Fehlerquellen, je nachdem der Agent, also der, welcher sein Wissen (ohne das zu bemerken) hergibt, oder der Perzipient, also der, welcher Wissen paranormal erwirbt, d. h. der Metagnom, in Frage steht.

β) Sicherungen in bezug auf das Verhalten des Agenten

Unwillkürliche Zeichengebung

Zunächst wäre unwillkürliche Zeichengebung möglich.

Hier ist Sicherung natürlich nur notwendig, wenn Agent und Metagnom sich sehen können. Das wird nicht immer zu vermeiden sein; dann sollte man es jedenfalls so einrichten, daß der Metagnom die Mienen des Agenten nicht sehen kann. Überflüssig ist dieser Sicherungsakt von vornherein, wenn der Metagnom Dinge aussagt, die der Agent aktuell gar nicht weiß; denn ein Wissen, was dieser gar nicht aktuell hat, kann er ja nicht durch sein Mienenspiel unbewußt kundgeben.

In Krügers Institut und von Marbe sind gute Versuche über ein Pseudo-Gedankenlesen aufgrund unwillkürlicher Zeichengebung angestellt worden für Fälle, in denen sich scheinbare Telepathie und scheinbares Gedankenlesen durchdrangen[1]. Es kann sich da um echtes unbewußtes Flüstern handeln, aber auch um bloße Mund-, ja Nasen- und Augenbewegungen. Man kann sich üben in solchen Beobachtungen; vielleicht hat sich der Metagnom geübt. Also Vorsicht! Am besten so, daß man, wie schon gesagt, die bloße Möglichkeit einer normalen Übertragung des Mienenspiels in den Wissensbereich des Metagnomen von vornherein ausschaltet. Bei zahlreichen unter den Versuchen Upton Sinclairs[2] und der britischen Forscher

1) Der Agent »wollte« geben, der Perzipient »wollte« empfangen.

2) Mental Radio, 1930, von Mac Dougall mit Recht als eines der besten parapsychologischen Werke bezeichnet, von Walter Prince sehr eingehend nachgeprüft und bestätigt.

war durch die große Distanz zwischen Agenten und Perzipienten diese Möglichkeit der Natur der Sache nach ausgeschaltet, ebenso bei vielen Versuchen Wasielewskis: der Agent in Thüringen, die Perzipientin am Mittelmeer.

Die gröbste normale Übertragungsart, die »Führung« nach Art der Schaustellungen Cumberlands oder das »Hintennachgehen« erörtern wir hier überhaupt nicht. Da könnte ja gelegentlich auch etwas Paranormales mit vorliegen; das Wesentliche ist hier aber mit Sicherheit von vornherein dem Bereich des Paranormalen entrückt, ist also nichts anderes als »Gedanken«-übertragung durch Sprache und Schrift, nur daß die Übertragungszeichen raffinierter und weniger üblich sind.

Bevorzugte Reaktionen

Marbes Arbeiten über bevorzugte Reaktionen sind als Sicherungsmittel in gewissen Fällen sehr wertvoll, namentlich dann, wenn die Untersuchung eigentlich experimentalen Charakter annimmt. Auf die Aufforderung »Denken Sie sich eine Farbe« wird von den weitaus meisten Menschen »Rot«, sodann »Grün« gedacht. Von Zahlen wird die »5«, von Karten das »As« bevorzugt.

Wenn der Metagnom das weiß, hat er es leicht mit dem »Gedankenlesen«, er wird stets viele »Treffer« haben. Und es gibt noch sehr viele andere solcher Bevorzugungen.

Man kann sich am leichtesten gegen diese Fehlerquelle dadurch sichern, daß man Versuchsarten, bei denen sie sich einstellen könnte, überhaupt vermeidet. Bei dem, was nicht dem eigentlichen Experiment, sondern der erwartenden Beobachtung unterzogen wurde, also bei den Arbeiten mit Mrs. Piper, Mrs. Leonard, Pascal. Forthuny u. a., kommt »Bevorzugtes« ja überhaupt nicht in Frage; ebensowenig bei den Versuchen mit Kahn, Ossowiecki und vielen anderen.

Schwerer wiegt, schon bei bloßer erwartender Beobachtung, die Sicherung gegen Unbestimmtheiten und Vieldeutigkeiten der Aussage des Metagnomen.

Hellwig hat methodisch sehr bedeutsame Untersuchungen in dieser Richtung angestellt, Untersuchungen, die ihren Wert behalten, selbst wenn man seinen Gegnern zugibt, daß er aus einer Fülle der vorliegenden Untersuchungen gerade »schlechte« Fälle ausgewählt, die guten aber übergangen habe. Die schlechten Fälle waren doch eben auch da, und für die Sicherungsfrage, an deren strenger Behandlung jedem ernsten Parapsychologen liegen muß, sind gerade sie wichtig, mögen sie auch bei einigen großen Untersuchungsreihen durch die Fülle des daneben vorhandenen guten Materials praktisch bedeutungslos werden. Viele Untersuchungsreihen haben eben kein »gutes« Material daneben, so daß Hellwigs Erwägungen hinsichtlich der Echtheitsprüfung eines bestimmten Mediums auf alle Fälle ihre Bedeutung behalten.

Hellwig[1]) fragte viele unbefangene Menschen, was sie sagen würden, wenn ihnen mitgeteilt würde, es handle sich um einen Gegenstand, der gekennzeichnet wird durch die Worte »Länglich, dunkel. Ein Ende spitz, aber nicht ganz spitz. Das dunkle Ende ist flach.« Diese Aussage war nämlich von einem Gedankenleser gemacht worden. Hellwig erhielt 200 verschiedene Antworten; eine Person hatte richtig (»Schlüssel«) geantwortet. Es gibt doch eben viele Gegenstände, auf die jene sehr unbestimmte Kennzeichnung einigermaßen paßt.

Hellwig legte, weiter, Unbefangenen eine Schriftprobe aus dem Günther-Geffers-Prozeß vor. »Was ist das für ein Name?« Über 20 verschiedene Antworten, keine davon richtig. Der geschriebene Name hätte »von Reibnitz« heißen sollen; eine Person las ihn für – »Dora Behrens«!

Um was handelt es sich hier eigentlich?

Es handelt sich um die, schon bei unserer Erörterung der Spontantelepathie besprochene, *Koinzidenzfrage* in bezug auf Aussage und Faktum, eine Frage, die sich jetzt aber auf den

1) Kosmos, 1930, Heft 5.

Inhalt spezifiziert. Denn nicht die Einzigkeit des zeitlichen Zusammenfallens, wie etwa bei telepathischer Übertragung von Todesfällen, steht jetzt zur Erörterung, sondern eben Inhaltskoinzidenz. Anders gesagt: Deckt sich der Inhalt zwischen Aussage des Metagnomen und dem Faktum nur »zufällig« oder ist Zufall ausgeschlossen? Bei großer Unbestimmtheit der Aussage ist die Möglichkeit des zufälligen Treffers sehr groß, und es handelt sich eben deshalb nicht ohne weiteres um echte »Treffer«.

Fast alles, was ich an deutschen »Medien« erlebte, gehört in diese Gruppe des allzu Unbestimmten und daher Wertlosen. Wir sprachen ja schon davon auf Seite 29, daß unbestimmte Angaben über »Charakter« wertlos seien, daß andererseits Angaben über Verlobung, Heirat, Kinder und dergleichen oft eine Wahrscheinlichkeit von $1/2$ besitzen. Solche Aussagen sind also auch bedeutungslos.

Seltene, ausgefallene Einzelheiten müssen paranormal ausgesagt werden, auf daß der Fall, falls alle anderen notwendigen Bedingungen erfüllt sind, als echter »Fall« gelten kann.

Je strenger der Parapsychologe hier vorgeht, um so mehr zählen oder besser wiegen die echten Fälle, wenn die Zahl der »Fälle« überhaupt dadurch auch verringert wird.

Es bleibt natürlich immer eine Angelegenheit subjektiven persönlichen Ermessens, wie weit in einem bestimmten Fall von Inhaltskoinzidenz die Rede sein kann, aber praktisch gibt es hier doch wohl Fälle, in denen jeder zustimmt – (falls er die Literatur gut kennt, was leider nicht immer zutrifft!).

Zu Hellwigs kritischen Betrachtungen mag endlich noch gesagt sein, daß in dem Fall, wo die angeblich paranormale Aussage in den Worten »Länglich, dunkel usw.« bestand, immerhin ein echt paranormales Erfassen des wirklichen Gegenstandes, eines Schlüssels, in sehr unbestimmter Weise bestanden haben mag; was gesagt werden soll, ist nur, daß so ein Fall für sich genommen nichts bedeutet. In anscheinend guten Fällen paranormaler Betätigung haben wir ja auch oft, sozusagen, schematisch-anschauliche Aussagen – freilich zutreffendere als bei dem Schlüssel. Die Metagnomen sagen, daß sie etwas »sähen«, es aber nicht ohne weiteres »verstünden« und es dann mit dem »Intellekt« deuteten, wodurch Verfälschungen möglich seien. Anschaulicher unverstandener Schematismus allein ist also nicht ohne weiteres ein stichhaltiger Grund gegen Echtheit. Auch hier wird man abwägen müssen, darf natürlich auch nicht vergessen, daß selbst eine gute paranormale schematische Kennzeichnung nicht immer zutreffend rückgedeutet werden dürfte. Wenn z. B. in Wasielewskis Untersuchungen die Metagnomin sagt, sie sähe ihn vor einem Kasten sitzen, weiße und schwarze Striche liefen auf ihn zu; oder ein andermal, er sitze hoch, unten sei ein Licht, rechts und links etwas wie eine Mauer, und wenn sich dann herausstellt, daß er das erstemal vor einem Klavier saß, das zweitemal abends auf dem Rad mit Blendlaterne durch einen dichten Wald fuhr, so wird man hier, trotz der »bloß anschaulichen Schematik«, von guten Fällen reden, zumal der Agent absichtlich Handlungen ausführte, die nicht zu den bei ihm üblichen gehörten. In U. Sinclairs Versuchen geht der Befund meist sogar über Schematik weit hinaus, ebenso bei den Metagnomen Piper, Leonard, Forthuny, Ossowiecki usw. Beachtenswert sind hier die Pariser Versuche über das »Lesen« verschlossener Briefe ohne Berührung seitens des Metagnomen Kahn, die lauter Treffer ergaben; Versuche, die nicht die gebührende Beachtung gefunden haben[1]), womit ich freilich nicht sagen will, daß nicht erneute Prüfung sehr erwünscht wäre.

Gedächtnismängel

Gegen Täuschungen des eigenen Gedächtnisses hat sich ferner der Agent zu sichern, also, technisch gesprochen, gegen die *fausse reconnaissance* und das *déjà vu*. Zu oft kommt es ja auch im normalen Leben vor, daß wir bei einer Erzählung meinen, das hätten wir ja schon gewußt, erlebt, erfahren. Des weiteren ist zu beachten, daß die meisten Menschen sich ihrer früheren Jugenderlebnisse gar nicht erinnern, sie erfassen aber dann das, was ihnen darüber von Angehörigen oder Freunden erzählt wird, mit solcher Stärke, daß sie glauben, es er-

---

1) Revue métapsychique, 1925, S. 65.

lebt zu haben, und es als Selbsterlebtes, vielleicht gar noch ausgeschmückt, weitererzählen. So kann es dann auch kommen, daß beim Gedankenabzapfen ein Agent das, was der Metagnom ihm sagt, glaubt erlebt zu haben, wovon aber gar keine Rede war.

Man wird hier stets sorgfältig nachforschen müssen. Ein gutes Gegengewicht gegen diese Bedenklichkeiten sind natürlich jene Fälle, in denen der Metagnom dem Agenten, dem er sein (in diesem Fall »latentes«) Wissen abzapft, etwas sagt, was dieser vollständig vergessen hat, auch trotz aller Anstrengung erinnerungsmäßig nicht zu reproduzieren vermag, und das, wie Nachforschungen ergeben, doch ein echtes früheres Erlebnis des Agenten richtig darstellt. Wenn da alle anderen Bedingungen erfüllt sind, ist der Fall »echt«.

γ) Sicherungen in bezug auf den Perzipienten

Betrafen die bisher erörterten Sicherungen gegen Täuschung den Agenten, der gewissermaßen vor sich selbst auf der Hut sein mußte, so gehen die folgenden den Perzipienten, also den Metagnomen, das »Medium« an. Diese Gruppe notwendiger Sicherungen ist noch bedeutsamer als die soeben erörterte, und zwar deshalb, weil hier bewußter oder unbewußter Betrug vorhanden sein kann, nicht nur wie da, wo es sich um den Agenten handelt, Irrtum oder Unvorsichtigkeit.

Die erste allgemeinste Sicherungsart besteht darin, daß man nach Möglichkeit verhindert, daß der Metagnom sich Kenntnis über das vergangene Leben der Personen, mit denen er vermutlich in den Sitzungen zusammentreffen wird, auf normalem Weg vorher verschafft.

Der Metagnom könnte, da man gern etwas über Verstorbene hört, die Grabsteine auf Friedhöfen studieren, könnte Zeitungen durchstöbern, wohl gar Briefe, könnte Dienstboten ausfragen und dergleichen mehr.

Die britischen Forscher sichern sich gegen diese Fehlerquelle dadurch, daß sie die Medien wenig allein lassen, daß sie die Beisitzer unter falschem Namen einführen, ja daß sie, wie es bei der Frau Piper geschah, das Medium geradezu durch Detektive überwachen lassen. Nie ergab sich, gerade bei den guten Versuchen, etwas Verdächtiges. Auch hatte man in dem Haus, in dem die Sitzungen stattfanden, das Dienstpersonal vorher gewechselt.

Das »Angeln«

Eine weitere Sicherung ist nötig gegen das sogenannte Angeln (*»fishing«*) der Medien.

Oft raten sie herum, warten auf zustimmende oder ablehnende Äußerungen seitens der Beisitzer, auch wohl, wenn man sich nicht dagegen geschützt hat (Seite 42), auf unbewußte Zeichengebungen, und reden dann entweder in einer bestimmten, Erfolg versprechenden Richtung oder »angeln« auch weiter.

Man sei daher sehr vorsichtig mit zustimmenden oder ablehnenden Äußerungen bewußter Art (nachdem man die Möglichkeit unbewußter Zeichengebung ausschaltete). Nur wenn etwas ganz verblüffend Zutreffendes, in Einzelheiten geschildert, kommt, mag man »Ja« oder »Gut« sagen. Sonst eröffnet man eine starke Quelle der Täuschung auf seiten des Metagnomen. Auch mit Fragen an das Medium sei man vorsichtig; sie können gar zu leicht als »Suggestivfragen« wirken und das Medium auf Aussagen bringen, bei denen von Paranormalem ganz und gar nicht mehr die Rede ist.

Überempfindlichkeit (Hyperästhesie) der Sinne

Es ist denkbar, daß der Metagnom, auch wenn er den Agenten nicht sehen kann, sich sogar in einem von ihm entfernten Zimmer befindet, doch ein so überempfindliches Gehör hat, daß er unwillkürlich ganz leise gesprochene Worte des Agenten hört. Im hypnotischen Zustand, der ja der sogenannten Trance verwandt ist, gibt es bekanntlich diese »Hyperästhesie«.

Gegen diese Fehlerquelle muß man sich schützen, indem man eben einfach die Überempfindlichkeit des Metagnomen prüft – falls nicht ganz große Entfernung solche Sicherung überflüssig macht.

Wird vom Metagnomen ein Wissen »abgezapft«, das nicht aktuell im Agenten vorhanden war, so kommt die hier genannte Fehlerquelle natürlich überhaupt nicht in Frage.

Gedächtnismängel

Endlich gilt es, ebenso, wie es früher galt, kritisch gegen das eigene Gedächtnis zu sein. Vorsicht zu üben gegenüber gewissen Mängeln des Gedächtnisses des Metagnomen.

Es gibt bekanntlich das Phänomen des Vergessens, ja des völligen, jede Reproduktion ausschließenden Vergessens. Das Vergessen geht aber oft, vielleicht stets, nur das Oberbewußtsein, nicht das bei paranormalen Äußerungen höchstwahrscheinlich allein in Frage kommende Unterbewußtsein an. Wissen wir doch schon aus der Erforschung des hypnotischen Zustandes, der noch keineswegs zum paranormalen Gebiet gehört, wie vieles oberbewußt vergessen sein und doch in der Hypnose an die Oberfläche kommen kann.

Das Medium also kann in voller Ehrlichkeit sagen, es habe dieses oder jenes nie gewußt – es war aber doch, vielleicht in früher Jugend, der Fall gewesen und kommt nun zutage.

Ganz besonders gilt das von »nie gelernten« Sprachen, deren Hervortreten in parapsychischen Sitzungen so oft verblüfft. Sprach da zum Beispiel ein Medium »nie gelerntes« Hindustani – aber es war in Indien geboren und hatte eine Hindustanisch sprechende »Amah« gehabt.

Bei Mirabelli, der ja über ein Dutzend »nie gelernte« Sprachen sprechen soll, erlebte ich selbst nur Italienisch und Estnisch, angeblich durch »Geister« mit Hilfe seines Mundes gesprochen. Aber seine Eltern sind italienischer Abkunft, und er hatte ein junges Mädchen aus Reval in seiner Begleitung. Über das Aramäisch der Therese von Konnersreuth vergleiche man Bauer[1]).

Am gesichertsten scheint hier, im Sinn der Echtheit, das

1) Aufsatz in »Die Einkehr« (Münch. N. Nachr.), 14. Dez. 1927.

altertümliche Englisch des »Patience Worth« zu sein. Walter Prince[1]) ist ein sehr vorsichtiger, deshalb oft von »Gläubigen« getadelter Forscher; man findet, scheint mir, wirklich keine Lücke in seinen kritischen Sicherungen; und das Ergebnis war positiv.

4. Sicherungen beim Experiment

Betrachtungen über die Sicherung beim eigentlich echten paramentalen Experiment haben wir schon gelegentlich in die Erörterung der Sicherheitsmaßnahmen bei erwartender Beobachtung eingeflochten, so daß hier nur noch weniges zu ergänzen ist. Denn alle Arten der Vorsicht, welche bei bloßer erwartender Beobachtung gelten, gelten natürlich beim eigentlichen Experimentieren auch, können hier aber noch schärfer durchgeführt werden.

»Experimentieren« heißt hier, auf beiden Seiten, auf der des Agenten und des Perzipienten, bewußt zu einer bestimmten Zeit etwas Bestimmtes wollen, nämlich geben und empfangen. Beide Teile sind also »aktiv«, und zwar bewußt aktiv, wenn auch der Perzipient nur eben schlechthin perzipieren, empfangen »will«. Es kommen Telepathie und Gedankenlesen, beide »gewollt«, zusammen.

Wenige solcher Experimentalreihen gibt es, die wenigen aber sind gut; Tischners, Wasielewskis, Upton Sinclairs und andere Versuche gehören dazu. Die geringe Zahl der Versuche liegt wohl daran, daß gewollte Telepathie bei den meisten Menschen eben grundsätzlich »nicht geht«. Ist ja doch das eigentlich Leistende bei allem Parapsychischen höchstwahrscheinlich das Unterbewußtsein, so daß bewußtes Wollen eben nur ein Indizium der Fähigkeiten des Unterbewußten ist; und über paranormale Fähigkeiten in diesem, die dann in ihren Ergebnissen wieder ins Oberbewußtsein treten, verfügen wohl heute nur wenige.

Gegen tatsächlich normale, nur scheinbar paranormale Übertragung durch Zeichengebung oder wegen einer Hyper-

1) The Case of Patience Worth, Boston, 1927.

ästhesie des Metagnomen war in dem, was an Gutem experimental vorliegt, Sicherung schon allein durch die große Distanz gewährleistet; auch bewußte Richtunggebung für »Angeln« fehlte aus demselben Grund; ganz und gar auch die Möglichkeit, daß der perzipierende Metagnom Erkundigungen im geheimen einzog. Gedächtnistäuschungen fielen auf beiden Seiten fort, da es sich ja um Aktuelles handelte, es sei denn in den wenigen Fällen, wo der Perzipient Falsches angab, was aber der Agent, wie er später aussagte, ursprünglich hatte »geben« wollen, von dem er also ein Bild in seinem Bewußtsein hatte.

Das wichtige Kriterium der Inhaltskoinzidenz im einzelnen oder wenigstens ihres (»unverstandenen«) nur anschaulichen »Schemas« ist bei dem, was wir gute Fälle nennen, gegeben. Wenn freilich anstelle eines Christusbildes ein Fisch empfangen wird, so nennen wir das keinen »guten« Fall, mag auch der Fisch ein Symbol Christi sein; solcher Weg der »Deutung« erscheint uns unerlaubt. Je strenger, desto besser, ja: nur gut, denn streng ist ja unser Wahlspruch. Wir wollen damit nicht leugnen, daß beim Perzipienten ein unterbewußt Empfangenes sofort eine Assoziation hervorrufen mag, und daß dann diese allein ihm bewußt wird – aber sehr vorsichtig wird man mit dieser Auffassung sein müssen, weil eben die sogenannten »Assoziationsgesetze nach Ähnlichkeit und Kontrast« so sehr vage sind. Besser zuwenig zulassen als zuviel.

Daß eine große Fülle guter parapsychischer Übertragungen echt experimenteller Art sehr erwünscht wäre, bedarf keiner Erwähnung. Nur soll man nicht denken, man habe »parapsychische« Versuche gemacht und anderes gebe es nicht, wenn man im Laboratorium ausdrücklich »Gedankenübertragungen« durch Zeichengebung erzielt hat. Manche sind in diesen Fehler verfallen: ihre an und für sich als Sicherungsversuche für echt parapsychische Angelegenheiten bedeutsamen Experimente so zu deuten, als sei damit alles erledigt. Gar nichts ist damit erledigt, denn das, was wir für echt parapsychisch halten, geschah eben unter ganz anderen und trotzdem »gesicherten« Umständen.

Wir haben erörtert, was alles auf parapsychischem Gebiet an Sicherungsmaßnahmen geleistet sein muß, auf daß hier tatsächliche Echtheit überhaupt mit Recht behauptet werden könne. Der Nachdruck liegt hier auf dem Wort »überhaupt«. Ob überhaupt »Paranormales« vorliegt, das heißt: nicht auf den grundsätzlich bekannten Geschehenswegen Erreichtes, das allein stand zur Untersuchung. Noch nicht aber wurde in jene Fragen, die man Aufgaben höherer Ordnung nennen könnte, eingetreten, nämlich in die Probleme, ob nun immer dasselbe Paranormale vorliege oder ob es hier verschiedene Klassen von Geschehnissen gebe und welche; ob also, anders gesagt, verschiedene Klassen von Fakten vielleicht nur für den ersten Blick da seien, bei genauerem Zusehen aber verschwänden, so daß sich die eine Klasse »zurückführen« lasse auf die andere. Wir wissen also noch nicht, was als eigentliches »Urphänomen« im Sinn Goethes zu gelten hat, und ob es, was mit dem schon Gesagten zusammenliegt, mehrere solcher Urphänomene gibt oder nur eines.

Ehe wir aber in solche Untersuchungen höherer Art eintreten, muß unsere Prüfung der notwendigen Sicherungen für grundsätzliche Echtheit auf parapsychologischem Gebiet noch zwei Zusätze erhalten: es gilt unzureichende und übertriebene Sicherheitsforderungen ausdrücklich abzuweisen.

5. Unzureichende Sicherungen

Dieser Abschnitt richtet sich gegen die allzuleicht Überzeugten, wie sie zumal in den Kreisen der gläubigen Spiritisten zu finden sind.

Nur wenn ein Medium in flagranti, also beim Betrug nachweislich ertappt worden sei, dürfe Unechtheit des Phänomens behauptet werden, hört man da wohl sagen; das sei z. B. bei den Berliner Versuchen mit Valiantine nicht der Fall gewesen – weil nämlich ehrenwörtlich versprochen war, einen Versuch des Ertappens in flagranti, etwa durch plötzliche Belichtung, zu unterlassen.

Das Bestehen auf dem Ertappen in flagranti ist nun aber ganz offenkundig nicht notwendig, um Unechtheit zu behaupten. Es gibt das, was man Indizien nennt; jedes Gericht, jede wissenschaftliche Untersuchung auf normalem Gebiet arbeitet damit. Das aber heißt hier: es gilt der Satz, daß mit sehr hoher, praktisch zureichender Wahrscheinlichkeit auf Unehrlichkeit, bewußter oder unbewußter Art, geschlossen werden könne, wenn Umstände solcher Art beim Versuch vorliegen, welche gerade dann zu erwarten sind, wenn betrogen werden soll, und welche trotz ausdrücklichen Wunsches auf Abstellung nicht abgestellt werden. Solche Umstände heißen »Verdachtsmomente« und können sehr stark sein.

Natürlich gibt es hier sehr viele verschiedene Grade des »Verdachtes«, angefangen mit der bloßen Bedenklichkeit gegen Echtheit, weil eben doch eine Lücke in der Versuchsanordnung war, durch welche Betrug eingeschlüpft sein könnte, und endigend mit der Überzeugung: hier ist mit höchster Wahrscheinlichkeit betrogen worden.

Schon die Dunkelheit, das geforderte Singen bei physischen Beobachtungen gehören hierher; besser jedenfalls, es wäre anders. Viel schwerer wiegen aber bestimmte Einzelheiten: daß man die Füße »nicht vorstrecken dürfe«, daß das Anbringen von Leuchtnadeln oder -binden gerade an kritischen Stellen »verboten« wird und anderes mehr. Wenn solches »die Geister« verbieten, wird man mit Recht sehr mißtrauisch; häuft es sich, so wird man restlos negativ überzeugt. Und dasselbe wird sich mit Recht ereignen, falls ein »Medium« körperliche Untersuchungen bei sich nicht zuläßt.

Gewiß, wir kennen sehr wenig über die Bedingungen parapsychischer Geschehnisse. In manchem mögen die »Geister« recht haben, so z. B., wenn sie verlangen, daß das Medium ruhigen Gemüts sein müsse, nicht von vornherein als Betrüger angesehen, nicht höhnisch behandelt werden dürfe und dergleichen mehr. Ein Dichter könnte wohl auch nicht dichten bei Anwesenheit einer »Kommission«, die ihn dauernd überwacht und prüft, ob er nicht etwa alles aus einem wenig bekannten, schon vorhandenen Werk abschreibt; wenn er unter solchen Umständen nicht »dichten« kann, so heißt das gewiß nicht, daß er sonst abgeschrieben hat.

Aber solche Dinge haben ihre Grenzen, und man wird zumal dann mißtrauisch, wenn gewisse »Medien« als unerläßlich verlangen oder nicht zulassen, was bei anderen sehr erfolgreichen und ehrlichen nicht verlangt oder zugelassen wird.

Ferner ist, zumal in jüngster Zeit, von den Gläubigen gesagt worden, nur »erfahrene Parapsychologen« dürfen in Sitzungen zugelassen werden; wenn irgendein »unerfahrener junger Mann« sich negativ äußere, so besage das nichts. Ein »Medienverband« solle solche jungen Leute überhaupt ausschließen.

Was heißt denn hier »erfahrener Parapsychologe«? Praktisch steht, wie mir scheint, das Wort »erfahren« hier immer für »gläubig«. Es kommt nun aber doch im Grund sehr wenig auf »Erfahrung« an – ja, sie kann geradezu in gefährlicher Weise ein Gewöhntsein an das bei den »Medien« nun einmal Übliche bedeuten. Viel mehr bedeutet jedenfalls die Fähigkeit, Situationen rasch zu überblicken, und scharfe Kritik, und mir scheint, daß beides gerade in parapsychischen Dingen »unerfahrene junge Leute« oft besitzen. Wenn man da einem solchen »jungen Mann« gegenüber sagt, er wisse eben nicht, daß zum Beispiel gerade bei diesem Medium die Füße ja doch nicht vorgestreckt werden dürften, solle es »gute Phänomene« geben, so setzt man das als tatsächlich voraus, was ja gerade erwiesen werden soll, nämlich daß die Phänomene »gut« sind.

Die Überzeugten wenden sich auch gern gegen die sogenannte Überschätzung des Experiments.

Nun haben wir selbst gesagt, daß das Experiment im eigentlichen Sinn nicht immer notwendig, ja, daß es oft durch die Natur der Dinge ausgeschlossen sei. Erwartende Beobachtung unter sehr scharfen Sicherungen, bei Spontantelepathie sogar schlichte Beobachtung, kann sehr wohl Positives ergeben. Aber darum bleibt das eigentliche Experiment doch immer das höchste Forschungsmittel, und scharfe Polemik dagegen erweckt stets den, sicherlich wenig beabsichtigten, Eindruck, als fürchte der, welcher es angreift, unliebsame Enthüllungen, die seinen »Glauben« stören könnten.

Spontanbeobachtung bedeutet natürlich, von echter Telepathie abgesehen, stets nur ganz und gar Vorläufiges; wie wir das ja ausgeführt haben.

Ging es im vorigen Abschnitt gegen die »Gläubigen«, so geht es jetzt gegen eine gewisse Gruppe von »Skeptikern«, nämlich gegen die Skeptiker um jeden Preis – zu den kritischen Skeptikern rechnen wir uns selbst.

Man wird vielleicht fragen, weshalb es nicht auch gegen den radikalen Negativisten gehe, das heißt, gegen den Mann, der da sagt, daß es paranormale Phänomene »gar nicht geben könne«. Gegen den aber braucht es hier nicht zu gehen, da er ja, wenn wirklich radikal, eben alles für endgültig erledigt hält und sich, wenn er folgerichtig handelt, überhaupt in gar keine Diskussion einläßt. Ob es wirklich ganz überzeugte »Negativisten« gibt? Sie diskutieren, sie »widerlegen« eben doch gern! Die meisten dürften nur sehr scharfe Skeptiker sein, vielleicht weil sie den Gegenstand für so verwickelt und schwierig halten, daß sie praktisch an seiner Lösung verzweifeln; es sei doch immer noch ein unverstopftes Täuschungsloch da. Echte Negative sind solche Leute nicht.

Bei vielen Skeptikern und natürlich bei Radikal-negativen, falls es sie gibt, spielt die allgemein logische und erkenntnistheoretische Haltung eine Rolle. Sie sind entweder Materialisten echter Art oder »Mechanisten« im Sinn gewisser (nicht aller) neukantischer Schulen. Sie pflegen meist zugleich Gegner der vitalistischen Biologie und Freunde des sogenannten psychophysischen Parallelismus zu sein, der da die Existenz der »Seele« als eines selbständigen (empirischen) Wesens bestreitet und nur »seelische Phänomene« kennt, welche die Mechanik des Gehirns »von innen gesehen« sein sollen.

Diese logisch und erkenntnistheoretisch Beschränkten kann man grundsätzlich – falls sie unbefangenen Geistes sind – dadurch überzeugen, daß man ihre Einstellung als »dogmatisch«, das heißt als grundlos geglaubt nachweist. Das aber geschieht durch Klärung der Begriffe Natur und Kausalität[1]).

Übertriebene Sicherungserwägungen der Skeptiker in Dingen der Parapsychologie sind nun diese:

Man *könne* alle als echt behaupteten parapsychischen Phä-

[1]) Vgl. meine Ordnungslehre, 2. Aufl., 1923, S. 190 ff.

nomene betrügerisch imitieren, und deshalb *seien* sie alle betrügerisch; nur was grundsätzlich nicht imitiert werden könne, sei echt. Abgesehen von der formalen Falschheit dieses »Schlusses« muß hierzu gesagt werden, daß man in der Tat jedes Experiment, auch jedes chemische oder physikalische, imitieren kann, wenn einem volle Freiheit der Bedingungen gewährt ist. Aber unter vorgeschriebenen Bedingungen kann man durchaus nicht alles betrügerisch imitieren. Die gegebenen Bedingungen sind das Wesentliche; und auch unter ihnen muß, um Unechtheit wahrscheinlich zu machen, nachgemacht *werden*, nicht nur werden »*können*«. Berechtigterweise kann also nur gesagt werden: Man möchte wohl vieles, wenn die Bedingungen frei stehen, imitieren können, also sichere man sich hinsichtlich der Versuchsbedingungen so, daß Betrug wirklich objektiv unmöglich ist. Diesen Standpunkt vertreten wir selbst.

Dabei ist freilich bei parapsychologischen Versuchen eine zweifache Vorsicht nötig, weil eben mindestens zwei Menschen hier in Frage kommen, worüber schon früher (Seite 15 f.) gesprochen wurde: der Versuchsleiter und der Paranormale (und die Beisitzer). Ein Versuchsleiter nun »kann« bei jedem Versuch, auch auf dem Boden »normaler« Wissenschaft, etwa der Chemie oder Biologie, betrügen. Stets müssen wir ihm seine Ehrlichkeit »glauben« – nicht nur auf dem Boden der Parapsychologie. Wir sind ja bisher nicht schlecht bei diesem Glauben gefahren; Betrug seitens eines Versuchsleiters auf irgendeinem Gebiet der Wissenschaft hat es nur in ganz seltenen Fällen gegeben. Was aber den »zweiten«, den »Objekt«-menschen, also den Metagnom, angeht, so ist der eben durch die von uns angegebenen Sicherungen so zu kontrollieren, daß sein Betrug objektiv ausgeschlossen ist. Verwirklichen läßt sich das, wenn es auch, wenigstens auf paraphysischem Gebiet, heute in ganz restlos zufriedenstellender Weise noch nicht verwirklicht worden ist.

Sagt man weiter, normal naturwissenschaftliche Beobachtungen und Versuche seien doch im Gegensatz zu parapsychischen stets beliebig wiederholbar und daher überprüfbar, so stimmt das erstens gar nicht einmal immer; im Astronomischen, im Geophysikalischen zum Beispiel stimmt es nicht.

Und auch sonst sind, zum Beispiel im Biologischen, die Objekte oft nicht weniger »kapriziös« als die Medien.

Falsch ist ferner der Satz: Dieses Medium hat einmal betrogen, also wird es stets betrügen. Das ist wieder ein logisch falscher Schluß. Und ebenso falsch ist der »Schluß«: Dieses Medium hat heute nichts ergeben, »also« ist es betrügerisch.

Gewiß, sehr vorsichtig darf, ja muß uns ein einmal der Täuschung überführtes Medium machen, und auch ein gelegentlich versagendes zwingt, obschon in geringerem Grad, zu Behutsamkeit in der Deutung. Man wird sich eben in besonderer Strenge sichern, darf aber nicht, und hier hat die Gegenpartei der »Gläubigen« recht, so weit gehen, zu fordern, daß nun unter allen und jeden Bedingungen, zumal seelischer Art, die Sache gelingen müsse, zum Beispiel auch dann, wovon wir ja geredet haben, wenn man das Medium grob anfährt und von vornherein merken läßt, man halte es für betrügerisch.

Daß alle Verdachtsmomente, zu denen eben auch die Beleuchtungsfrage gehört, nach Möglichkeit beseitigt werden müssen, haben wir selbst gesagt. Freilich wissen wir leider nicht immer, was hier »Möglichkeit« ist.

Weiter wird die Seltenheit der Metagnomen von den Skeptikern ins Feld geführt. Aber gut Hypnotisierbare sind auch recht selten und, zum Glück, sind noch seltener solche, die an Bewußtseinsspaltungen, von Wahnsinn gar nicht zu reden, leiden. Aber diese Dinge »gibt es« darum, und zwar allgemein anerkanntermaßen, doch.

Natürlich wäre es sehr erwünscht, könnte man die Zahl der Metagnomen erhöhen, ja könnte man wohl gar jeden Menschen »medial« machen. Vielleicht gelingt das einmal, sei es durch Suggestion, sei es durch Anwendung von chemischen Stoffen[1]). Unmöglich a priori erscheint es nicht; im Gegenteil, es erscheint a priori als unwahrscheinlich, daß es, abgesehen von den bekannten psychologischen »Typen«-unterschieden, zwei ganz grundsätzlich verschiedene Menschenformen, Normale und Medien, geben sollte. Vielleicht liegt nur ein quantitativer Unterschied, nämlich ein solcher der Bewußtseins-

---

1) Dem mexikanischen Peyotl werden bekanntlich solche Eigenschaften zugeschrieben.

schwelle, zwischen Normalmenschen und Metagnomen vor. Und dieser wäre vielleicht auszugleichen.

Ganz allgemein sei endlich noch der Grundsatz hingesetzt, daß im gesamten Gebiet der Wissenschaft, also auch parapsychologisch, negative Fälle positive nie annullieren. Gerade wer, wie ich, selbst biologisch experimentell gearbeitet hat, weiß, daß es gelegentlich »nicht geht« und dann wieder »geht«.

Gewiß dürfen daher kritische Skeptiker auf Negatives hinweisen; aber sie dürfen nie das Positive übersehen und sollten daher, zumal in populären Darstellungen, nicht bloß Negatives oder sehr Unbestimmtes aus dem Gesamtmaterial herauspflücken, ohne die guten positiven Fälle zu erwähnen.

Andrerseits muß freilich ein gutes Protokoll auch alles Negative und Mäßige enthalten. Für die Erforschung der intimen Bedingungen des Geschehens kann das sogar von Bedeutung sein, so daß Negatives und Unsicheres hier geradezu zum wissenschaftlichen Fortschritt beitragen können – wie in »normalen« Wissenschaften auch.

Auf dem internationalen Kongreß für psychische Wissenschaften in Athen habe ich in einer Diskussion einmal gesagt:

»Besser neunundneunzig tatsächlich echte Phänomene wegen ungenügender, Betrug nicht absolut ausschließender Bedingungen ablehnen als ein einziges unechtes Phänomen zu Unrecht als echt annehmen.«

Dieser Satz ist oft entstellt zitiert worden – 99 Phänomene, nicht 99 Medien[1]) habe ich gesagt –, noch öfter wurde er nicht ganz in meinem Sinn verstanden:

»Ablehnen« heißt hier soviel wie »noch nicht als gesichert gelten lassen«; es heißt nicht ohne weiteres »als unecht brandmarken«. Und das ist ein gewaltiger Unterschied. Gewiß, das, was ich in Berlin bei der Valiantine-Sitzung sah, lehne ich im zweiten Sinn ab, und auch Besterman, Lambert, W. Prince haben mit guten Gründen, wie ich glaube, vieles, was sie sahen, in gleichem Sinn abgewiesen. Aber sehr vielem gegenüber, das ich selbst sah oder aus der Literatur kenne, nehme

---

1) Denn ich vertrete ja doch gerade die Ansicht, daß nicht von dem »gelegentlich Betrügen« auf das »immer Betrügen« geschlossen werden dürfe.

ich diesen rigorosen Standpunkt nicht ein. Hier sage ich nur: möglicherweise echt, aber versuchstechnisch nicht genug gesichert, um in das eigentliche Arsenal der Tatsachen aufgenommen und nun für die Theorienbildung verwertet zu werden. Leider muß ich heute diesen Standpunkt allem »Physischen« gegenüber einnehmen. Denn hier ist wirklich alles »nicht genug« gesichert; es sind überall noch Lücken in den Bedingungen, die Betrug möglich machten, auch bei dem Besten, was vorliegt: den Versuchen von Schrenck[1]) und Price. Also lehne ich einstweilen noch ab – in der ersten der Bedeutungen, die ich diesem Wort gab: Ich warte mit dem Endurteil, obwohl ich vielleicht subjektiv stark beeindruckt bin. Ostys neue, auf Seite 35 genannten Versuche, die ja weitergeführt werden, werden, wie ich hoffe, mein »Warten« stark abkürzen.

Der hier dargelegte Standpunkt scheint mir für den Wissenschaftler die einzig mögliche Haltung zu sein; angenehm ist sie für ihn selbst nicht. Aber der Wissenschaftler ist eben intellektueller Asket. Und die Wissenschaft ist bei dieser Askese bisher gut gefahren.

Um also ganz persönlich zu sprechen: Ich »glaube«, ich »vermute«, daß manches echt ist von dem, was mein wissenschaftliches Gewissen mir befiehlt, einstweilen noch »abzulehnen« als »nicht genug gesichert«. Mir scheint, jener verdiente, von den Gläubigen so wenig geliebte »unerfahrene junge Mann« in London, Herr Besterman, denkt hier ganz ähnlich wie ich selbst: ein Negativist ist der ganz gewiß nicht; aber er ist sehr kritisch.

Es gibt eben nicht nur zwei Einstellungen zur Parapsychologie, die »positive« und die »negative«, sondern es gibt noch eine dritte: die kritische. Und sie allein ist etwas wert.

---

1) Das Gesagte bezieht sich auf die Versuche mit den Gebrüdern Schneider; gegen Eva C. habe ich sehr starke Bedenken. – Über die Palladino habe ich kein Urteil, obwohl ich zugebe, daß der Bericht der Kommission der S. P. R. über die Versuche in Neapel sehr überzeugend klingt (Proc. S.P.R. 23).

III. PRÜFSTEINE FÜR PARAPSYCHISCHE AUS-SAGEN HÖHERER ORDNUNG

Wir treten ein in die Erörterung dessen, was wir »Fragen höherer Ordnung« genannt haben, und zwar mit der Absicht, die Aussagen über solche Fragen zu sichern. Damit betreten wir zwar noch nicht den eigentlichen Raum der parapsychologischen Theorie, wohl aber den Vorhof zu diesem Raum.

Es handelt sich nämlich zunächst noch um Tatsachenfragen, und zwar um die Frage, was für *Urphänomene* es eigentlich auf parapsychischem Boden gibt. Eben diese Frage soll auf dem Boden der durch Beobachtung und Experimente gewonnenen Ergebnisse entschieden werden. Es handelt sich also darum, zu prüfen, ob die Tatsachen dazu zwingen, nur wenige oder viele parapsychische Geschehnisse als wahrhaft elementare, nicht aufeinander zurückführbare Urphänomene zuzulassen, und welches denn diese Urphänomene sind.

1. ALLGEMEINES

Allem voran stellen wir einen Grundsatz und eine Definition. *Entia non sunt creanda praeter necessitatem* – diese scholastische Maxime übersetzen wir mit den Worten: Urphänomene sind stets im Minimum zuzulassen, oder auch: Es darf kein Geschehnis als Urphänomen zugelassen werden, wenn es irgendwie auf ein anderes zurückführbar sein möchte und nur eine durch besondere Umstände bedingte Variante desselben darstellen könnte. Dieser methodische Grundsatz, der die Aufgabe sehr strenger logischer Zergliederung der Tatsachen einschließt, ist eine Voraussetzung aller bis ins letzte Mögliche dringenden Wissenschaft überhaupt. Er gilt also überall, wo es Wissenschaft gibt. Überall in ihrem Bereich muß die Setzung von Urphänomenen dem Forscher durch die Tatsachen geradezu abgerungen werden.

Auf dem Boden normaler Naturwissenschaft also wäre es methodisch zu begrüßen, könnte man mit dem Mechanismus auch in der Biologie auskommen – aber es »geht nicht«.

Mental parapsychisch wäre alles am einfachsten erledigt, wenn das Beobachtete nur scheinbar »para«-psychisch – obschon nicht den Tatsachen nach betrügerisch, wogegen wir uns ja gesichert haben – wäre, wenn es sich also nur um eine »Variante« bekannter Übertragungsarten von Ding auf Mensch handelte, wie wir sie in der Wahrnehmung, oder von Mensch auf Mensch, wie wir sie als durch Sprache und Schrift vermittelt kennen. Die Strahlungs- und die Überempfindlichkeitstheorie, etwa wie Baerwald sie vertrat, wäre also das methodisch »Beste«, denn es würden ja nur neue »Varianten« von Bekannten auftreten. Auch sie ist freilich, wie sich zeigen wird, unmöglich.

Geht es mit dem methodisch Besten nicht, so muß also das methodisch im Sinn des Sparsamkeitsprinzips am wenigsten Schlechte angenommen werden; das aber ist echt »Para«-normales mit einem Minimum an Urphänomenen.

2. Der Begriff des Metagnomen

An zweiter Stelle wollen wir den Begriff des »Mediums« oder, wie das treffliche durch Osty eingeführte Wort lautet, des Metagnomen definitorisch festlegen.

Auf Worte kommt freilich nicht viel an; aber wir wollen doch den Ausdruck Metagnom bevorzugen, weil das Wort »Medium« nun einmal einen aus der spiritistischen Lehre stammenden Beigeschmack hat: sollte es ursprünglich den Menschen bezeichnen, der Geistermitteilungen »vermittelt«.

Wir definieren den Metagnomen ganz allgemein als einen Menschen, von dem aus oder in ausdrücklichem Bezug auf welchen parapsychologische Phänomene statthaben, welcher also unerläßlich für parapsychische Dinge ist.

Physische Phänomene geschehen eben, falls es nicht »reinen« Spuk gibt, wenn ein Metagnom[1]) anwesend ist – ganz gleichgültig zunächst, welche Rolle er dabei spielt.

1) Man wird sagen, das Wort Meta-»gnom« passe für Physisches nicht recht. Daran wollen wir uns aber nicht stoßen. Übrigens stoßen wir uns ja auch nicht daran, daß sprachlich das Wort »Metagnóme« im Griechischen – »Sinnesänderung« bedeutet!

Mentale Phänomene gehen stets auf Aussagen, mündliche oder schriftliche, eines Menschen zurück. Der paranormal aussagende Mensch heißt uns also Metagnom, ganz gleichgültig ob ein lebender Mensch oder, wie die Spiritisten wollen, gelegentlich ein abgeschiedener der Agent ist, von dem er den Inhalt seiner Aussage hat. Jedenfalls sagt hier ein Mensch paranormal aus – und der heißt uns »Metagnom«. Sein »Aussagen« besteht im letzten Grund, wenn es durch die Sprache geschieht, in bestimmten Mund- und Kehlkopfbewegungen, welche Luftwellen, die alsdann »gehört« werden, erzeugen; wenn es durch Schrift geschieht, in Handbewegungen, welche Buchstaben auf einem Papier erzeugen, die dann »gesehen« werden. Beide Arten von Bewegungen werden dann freilich analogienhaft psychisch gedeutet; wir sagen, daß der Metagnom über seinen (paranormal erworbenen) Wissensinhalt aussage. Auch auf normalem Boden kommen wir ja nur auf diesem indirekten Weg zum »Fremdseelischen«, zum »Anderen«, als einem bewußten Wesen. Unmittelbar kennt jeder, was bewußt Erleben und Wissen heißt, nur von und bei sich selbst.

Diese Betrachtungsart ist ganz objektiv und, um mit den Amerikanern zu reden, »behavioristisch«. Anderes aber kann es hier im Anfang gar nicht gehen; alles andere wäre schon »Theorie«, und zwar an zu früher Stelle.

Metagnom heißt uns eben der Mensch, an den, gleichgültig wie, parapsychische Phänomene empirisch gebunden sind, in bezug auf den sie allein empirisch festgestellt werden können.

3. Die einzelnen Probleme

Wir leiten, was folgen soll, noch mit einigen weiteren allgemeinen Worten ein:

Weder früher ging es uns um »Tatsächliches« als solches, noch wird es uns jetzt um Tatsächliches als solches gehen. Nur die Sicherungsmethodik von Tatsachen stand und steht zur Untersuchung. Wie muß eine Untersuchung beschaffen sein, um Echtheit von Paranormalem überhaupt zu erweisen? – so hieß es früher. Wie muß sie beschaffen sein, um mit Sicherheit die Frage höherer Ordnung, was als »Urphänomen« zu betrachten sei, eindeutig zu entscheiden? – so heißt es jetzt. Gewiß, wir haben Beispiele von Untersuchungen gebracht, die unseres Erachtens gesichert waren, und werden auch im folgenden solche Beispiele bringen. Man mag sagen, daß unser Votum für völlig gewährleistete Sicherheit in irgendeinem Fall zugleich ein Votum ist für die Tatsächlichkeit dessen, was durch ein Beispiel veranschaulicht wurde. Aber das zur Bejahung seiner Tatsächlichkeit führende Beispiel zeigt uns in erster Linie doch immer nur dieses an: So müßte eine gesicherte Untersuchung aussehen. Die gesicherten Tatsachen als solche hinzusetzen, bleibt immer noch eine Sache für sich, die erst nach Beendigung der nun zu erörternden Sicherungen für Fragen höheren Grades zu leisten sein wird.

a) Definitionen

Ehe wir aber an die Einzelarbeit gehen, erscheint es angebracht, diejenigen paranormalen Vorgänge, welche unseres Erachtens die Sicherheitsprüfung bestanden haben, also als Tatsachen gelten dürfen, ihrem Begriff nach scharf zu umgrenzen und gegeneinander abzusondern. Wir ergänzen und verschärfen dadurch vieles, das schon früher in mehr oder weniger vorläufiger Weise[1]) vorgebracht worden ist.

Begriffsbestimmung und Begriffsabgrenzung sollen sich nun aber in den jetzt gepflogenen Betrachtungen nur auf das gleichsam Äußerliche der Tatsachen beziehen, auf ihre »Phänomenologie«, wenn man so sagen will, auf das, was sie auf den ersten Blick zu besonderen, gegen andere abgegrenzten Tatsachen macht. Ob die sich so ergebenden Abgrenzungen im tiefsten Sinn als Abgrenzungen bestehen bleiben können, soll ja in den späteren Abschnitten dieses Kapitels gerade erst untersucht werden. In diesem Sinn bewegt sich dieser Abschnitt noch auf der ersten Stufe der Forschung.

1) Z. B. S. 21 f.

Psychisches und Physisches oder, besser, Reinpsychisches und Psychophysisches stehen sich zunächst einmal aufs klarste gegenüber. Wir haben also zwei Hauptgruppen von Tatsachen vor uns. Versuchen wir sie begrifflich festzulegen.

Bei der rein *psychischen* Gruppe der paranormalen Dinge handelt es sich stets darum, daß ein Mensch auf paranormalem Weg ein *Wissen erwirbt*. »Wissen« bleibt dabei jenes undefinierbare Etwas, das es auch im normalen Leben ist, und »Wissenserwerb« oder Wissensanreicherung ebenfalls. Die *Wege* des Erwerbs allein sind das Paranormale.

Wir nennen allgemein den paranormalen Erwerber von Wissen den Empfänger oder *Perzipienten*.

Erstreckt sich der paranormale Wissenserwerb des Perzipienten auf *objektive* Sachverhalte der Natur, so reden wir allgemein von *Hellsehen (clairvoyance)*. Wir sprechen von Raumhellsehen, wenn das paranormal Erfaßte nur räumlich vom Perzipienten getrennt ist, von Rückschau, wenn es vergangene, nicht mehr bestehende Situationen betrifft, von Vorschau oder Prophetie, wenn Zukünftiges erfaßt wird.

Dieser ersten Sondergruppe im Rahmen der ersten Großgruppe des Parapsychologischen, der psychischen, steht nun eine zweite Sondergruppe zur Seite. In ihrem Rahmen wird nicht ein Wissen um objektive Natursituationen in Gegenwart, Vergangenheit oder Zukunft erworben, sondern ein Wissen um die *Wissensinhalte anderer Personen*.

Jetzt erst tritt neben den Empfänger oder Perzipienten der Geber oder *Agent* als der, welcher Inhalte seines seelischen Erlebens paranormal an den Perzipienten hingibt. Und nun treffen wir zwei Sondergruppen und eine Mischgruppe des Geschehens an: bei *Telepathie* gibt der Agent seinen seelischen Inhalt aktiv her, sei es unterbewußt oder bewußt, während der Perzipient rein passiv »empfängt«. Bei »*Gedankenlesen*« ist umgekehrt der Perzipient aktiv, er »will«, wenn auch unterbewußt, empfangen; der Agent, der sein Wissen, seinen Seeleninhalt – ich sage absichtlich nicht Inhalt des »Bewußtseins« – Hergebende ist hier der schlicht passive Teil.

Im Experiment können aktiver Geber und aktiver Empfänger zusammenkommen: der erste »will« geben, der zweite »will« empfangen. Erfolgreiche Experimente, wie etwa die von Wasielewski und Sinclair, sind selten – vielleicht weil hier der bewußte Teil der Seele eine geradezu störende Rolle spielt.

Mit dem Hellsehen in seinen drei Formen, der Telepathie und dem Gedankenlesen sind die auf den ersten Blick vorliegenden Sonderarten rein psychischen paranormalen Geschehens, deren paranormale Seite also stets Wege des Wissenserwerbs angeht, erschöpft.

Die psychophysische Gruppe der paranormalen Erscheinungen ist, wie wir wissen, ihrer Tatsächlichkeit nach sehr viel weniger gesichert als die rein psychische.

Telekinesen, Materialisationen, Spuk, Apporte – soweit überhaupt von einer wenigstens »wahrscheinlichen« Echtheit dieser Dinge zu reden ist – müssen wohl als auf den ersten Blick verschiedene Geschehnisse gelten. Spuk wäre noch in orts- und personengebundenen zu sondern.

Ein besonderes psychophysisches Phänomen, und zwar diesmal ein gut gesichertes, ist nun aber doch auch die sogenannte Psychometrie, wenn sie auch stets im Dienst von Wissensübertragung, also von rein psychischen Erscheinungen steht. Wir nennen sie also als gesondertes Geschehnis in dieser, der psychophysischen Gruppe.

b) Telepathie und Gedankenlesen

Telepathie allein kann, wie wir wissen, schon durch »spontane« Beobachtung festgestellt werden und kann zugleich nur durch sie zur Evidenz kommen. Sie ist auch das Phänomen, das den Anlaß zur Schaffung einer wahrhaft wissenschaftlichen Parapsychologie gab, wie sie durch die britische *Society for Psychical Research* und ihr Standardwerk *Phantasms of the Living* begründet ward. Es gibt auch bewußt gewollte, experimentelle Telepathie.

Wenn nun, was wir in diesem Abschnitt voraussetzen und erst im Rahmen der eigentlichen Theorie begründen werden, Telepathie in der Tat ein empirisches Urphänomen und nicht durch »Strahlung« und dergleichen zu erklären ist, so entsteht die Frage, ob es neben diesem einen Urphänomen überhaupt noch andere parapsychische Urtatsachen rein psychischer Art gibt.

Vorläufig als irreduzibel behauptet ist ja, wenn wir von Paraphysischem zunächst absehen, mancherlei: Gedankenlesen, Raumhellsehen, Rückschau, Prophetie, und dazu, als eine besondere physisch gekoppelte Modifikation dieser Dinge, die sogenannte Psychometrie.

Gedankenlesen hat nun schon früh seine Verwandtschaft mit der Telepathie bekundet, wenn auch logische Sauberkeit erfordert, daß beide, wie wir es getan haben, begrifflich geschieden werden: bei Telepathie ein aktiver, freilich meist »unbewußter«, Sender und, jedenfalls in allen »spontanen« Fällen, ein schlicht nehmender Perzipient, bei dem nicht so etwas wie ein Empfangen-»wollen«, sei es auch unterbewußter Art, in Frage kommt. Beim Gedankenabzapfen ein durchaus passiver, um das Abgeben seiner Wissensinhalte in keiner Weise wissender Sender und ein Perzipient, der, wenn auch nur unterbewußt, abzapfen will. In echten Experimentalfällen freilich eine Aktivität auf beiden Seiten.

Gemeinsam aber ist nun doch allen diesen Geschehnissen, daß es sich eben um Übertragung seelischer Zustände von Seele zu Seele handelt, daß auf paranormalem Weg von einer Seele Wissen erworben wird um Inhalte einer anderen Seele, oft geradezu um deren aktuellen Wissensinhalt, in anderen Fällen um ihren latenten.

Wir können also, wenn wir das Wort »Wissen« weit nehmen, Telepathie und Gedankenabzapfen jetzt unter dem gemeinsamen Namen *Erwerb des Wissensinhaltes eines anderen ohne Vermittlung der Sinnesorgane* zusammenfassen.

c) Ist »Hellsehen« ein Urphänomen?

Es fragt sich nun zunächst, ob das sogenannte Hellsehen, d. h. die paranormale Wissenserfassung objektiver konkreter Natursituationen, also nicht fremdseelischer Zustände, zu Recht als Urtatsache zu gelten habe oder schließlich doch auf eine Wissensübertragung ohne Vermittlung der Sinne zurückzuführen, also nur scheinbar eine besondere Art des Geschehens sei. Wie könnte man sich, das ist ja unsere eigentliche Frage, dagegen sichern, hier fälschlich für eine Urtatsache zu halten, was keine ist; oder, umgekehrt, wie könnte man Hellsehen als Urphänomen durch Beobachtung oder Experiment sicherstellen?

Die Entscheidung ist hier aus dem Grund von vornherein so schwierig, weil offenbar sehr viele objektive Weltsituationen von irgend jemandem »gewußt« werden oder doch gewußt worden sind. Es könnte also, wo scheinbar unmittelbares Hellsehen vorliegt, das vom Metagnomen paranormal Erfaßte doch aus dem Wissensinhalt eines anderen wissenden Wesen stammen, also gar kein echtes Hellsehen sein, wobei die Möglichkeit, daß die ihr Wissen hergebenden Wesen nicht unter den lebendigen Personen zu finden seien, der späteren Theorienbildung wegen[1]) nicht von vornherein abgelehnt werden darf. Um Hellsehen wirklich als Urphänomen nachzuweisen, ist eben gegen jede irgendwie a priori denkbare Form der Wissensübertragung Sicherung nötig[2]), wobei natürlich nur Raumhellsehen und Rückschau, aber noch die gesondert zu behandelnde Vorschau in Frage kommt. Wir reden zunächst von Versuchen, durch die echtes Hellsehen experimentell nachgewiesen werden sollte.

»Lesen« verschlossener Briefe besagt offenbar dann nichts, wenn der Schreiber des Briefes seinen Inhalt kennt, wohl gar anwesend ist und es sich nur um einen bestimmten Brief handelt. Aber auch, wenn er abwesend ist, könnte psychometrisch, wovon wir noch reden werden, der Brief nichts weiter als ein

1) Man denke hier nicht nur an den sogenannten »Spiritismus«, denn es gibt, wie sich zeigen wird, noch andere parapsychologische Theorien, die mit »Wesen«, welche nicht lebende Personen sind, arbeiten.

2) Pagenstecher (Transactions IV, Intern. Congr. Psych. Res., Athen, London, 1930, S. 145) neigt, reine Gedankenübertragung zwar nicht ganz verwerfend, umgekehrt dazu, viele Fälle angeblicher Gedankenübertragung für Hellsehen zu erklären, namentlich solche, bei denen der Agent sich in den Anblick eines Objekts versenkt und dessen Vorstellungsbild übertragen will. Der Perzipient erfasse hier hellsehend das Retinabild des Agenten. Daß in manchen Fällen der Perzipient das vom Agenten übertragene Vorstellungsbild in umgekehrter Lage erfaßt, wird in diesem Sinn von Pagenstecher verwertet. Die in diesen Ausführungen liegende Anregung zur Behandlung von Fragen »zweiter Ordnung« ist sicherlich wertvoll.

Wissensübertragung vermittelndes Objekt sein. Dann käme zur bloßen Wissensübertragung zwar das neue Urphänomen der Psychometrie, aber nicht echtes Hellsehen dazu.

Solches könnte geschehen sein in dem berühmten Fall Ossowiecki: in London war ein Brief geschrieben, er war, mehrfach eingehüllt und versiegelt, durch einen Engländer, der den Inhalt nicht kannte, Schrenck übergeben worden, und Ossowiecki »las« ihn dann in Warschau richtig. Das Kriterium der Inhaltskoinzidenz (Seite 25 f.) war vorhanden, also das Geschehnis durfte als »paranormal überhaupt« gelten: eine »schlecht gezeichnete schief gestellte Weinflasche links unten« ist nichts, was man raten kann. Aber bloße psychometrisch vermittelte Wissensübertragung, vom ursprünglichen Schreiber aus, ist hier nicht ganz auszuschließen, wenn auch wohl sehr wenig wahrscheinlich.

Etwas anders liegt es bei den schon erwähnten, wenig beachteten und allerdings, wie wir schon sagten, einer Nachprüfung bedürftigen Pariser Leseversuchen mit dem Metagnomen Kahn, deren grundsätzliche paranormale Echtheit uns, vorausgesetzt, daß die Untersuchungsbedingungen wirklich ganz korrekt beschrieben wurden, immerhin wahrscheinlich ist. Es waren sechs Briefe da von allerdings anwesenden Schreibern; Kahn berührte aber nur einen davon und gab trotzdem den Inhalt aller, die in einer Schale durcheinander lagen, bis ins einzelne richtig an und auch jedesmal den dazugehörigen Urheber. Der Inhalt der Briefe war nichts Erratbares. Einer war deutsch geschrieben (»Gegen Dummheit kämpfen Götter selbst vergebens«), einer, was von Bedeutung ist, hebräisch mit lateinischen Lettern, worauf Kahn sagte, er »verstehe« den Inhalt nicht, die Buchstabenfolge aber richtig wiedergab. Das wäre ein Beispiel zu der so oft von »Hellsehern« getanen Äußerung, daß sie nur sinnlich anschaulich erfaßten, das so Erfaßte aber nicht ohne intellektuelle Deutung »verstünden«.

Hellsehen wird hier wohl wahrscheinlich, ist aber auch nicht absolut gesichert, da psychometrische Wissensübertragung immerhin noch denkbar ist.

Bei Wasielewskis Versuchen ist in manchen Fällen (Klavier, Fahrrad, vgl. Seite 46) echtes Hellsehen wohl als wahrscheinlich zuzulassen; wir werden von diesen Fällen noch gesondert reden, denn es liegt da eine gewisse seltsame Komplikation vor. Zweifelhaft bleibt die Sache angesichts der indischen Vase: hier »sieht« die Metagnomin den einstmaligen Besitzer, den früheren Kapitän, von dessen Beziehung zur Vase Wasielewski gar nichts weiß, und zwar »sieht« sie ihn in seiner seltsamen Kleidung. Psychometrisch ist die Angelegenheit sicher; was aber das psychometrische Objekt hier vermittelt, ob echtes Hellsehen in die Vergangenheit oder Fremdwissen – die Tante W.s weiß um die Beziehung des (verstorbenen) Kapitäns zur Vase – bleibt trotz der Seltsamkeit des Falles dahingestellt.

Swedenborgs bekannte Vision ist natürlich nicht eindeutig: viele Menschen sahen es ja doch in Stockholm brennen.

Mit Ostys paranormalen Krankheitsdiagnosen, die zum Teil vortrefflich sind, steht es auch nicht ganz einwandfrei, weil man sagen könnte, das Unterbewußtsein des Patienten habe um die Krankheit gewußt.

Werden farblose, nicht riechende, verschlossene Lösungen chemisch verschiedener Stoffe, dargeboten vom Versuchsleiter, ohne daß er weiß, um welche Lösung es sich jedesmal handelt, richtig vom Metagnomen erkannt, so liegen die Dinge wohl eindeutiger. Denn psychometrisch gehen diese Objekte ja immer auf denselben Menschen, nämlich den, der sie alle hergestellt hat, zurück, und doch wird jedesmal Verschiedenes, und zwar richtig, ausgesagt.

Pagenstechers[1]) berühmte psychometrische Versuche sind auch nicht ganz eindeutig. Es waren zwar die Personen, welche unmittelbar um die realen Beziehungen der dargebotenen Objekte »wissen« konnten, in vielen Fällen nicht mehr lebend. Es kann also, auch bei dem Versuch mit der im Meer aufgefundenen Flasche eines bei einem Schiffbruch Verunglückten, nicht wohl einem Lebenden sein unmittelbares Wissen um den Schiffsuntergang »abgezapft« worden sein; von den Versuchen, wo in graue Vorzeit hinein »geschaut« wird, ganz abgesehen. Aber immerhin wußten Lebende, daß jene

---

1) Außersinnliche Wahrnehmung, 1924; Die Geheimnisse der Psychometrie, 1928; ferner Zeitschr. f. Parapsych. 1928, S. 193 usw.

Flasche (bei den Azoren) aufgefischt worden sei, und kannten den Spanisch geschriebenen Brief in der Flasche. Es kann also immerhin deren Wissen, durch psychometrische Vermittlung, abgezapft und dann von der Metagnomin dramatisch ausgestaltet worden sein. Und ferner: Wir lassen ja nicht nur lebende wissende Subjekte als mögliche Vermittler angeblichen echten Hellsehens zu. Wir müssen das der späteren theoretischen Erwägungen wegen.

Hier mag trotz allem mit gewisser Wahrscheinlichkeit von Hellsehen geredet werden, wobei man freilich unsere neutrale »behavioristische« Definition des Metagnomen (Seite 61 f.) beachten muß und nicht gleich mit »Theorien«, etwa der spiritistischen oder einer anderen, kommen darf. Neutral definiert ist der »Hellseher« ein Mensch, welcher Aussagen macht, die sich richtig auf nicht durch die Sinne vermittelte objektive Weltsituationen beziehen, ohne daß Übertragung aus dem aktuellen oder latenten Wissensschatz anderer Wesen in Frage käme.

Angesichts dieser nüchternen objektiven Definition liegt bei Pagenstecher immerhin mit einiger Wahrscheinlichkeit »Hellsehen« vor; wie dessen »Mechanismus« – im sehr allgemeinen Sinn des Wortes, der natürlich mit »Mechanik« nichts zu tun hat – ist, das freilich ist eine ganz andere neue Frage, eine Frage dritter Ordnung, wenn wir so wollen, eine Frage, die uns hier noch nichts angeht.

Besterman[1]) hat jüngst über die Ergebnisse einer Trance-Sitzung berichtet, die auch die Zulassung echten Hellsehens zum mindesten weniger gekünstelt erscheinen läßt als eine Zurückführung auf Gedankenlesen und Telepathie: das Innere eines Hauses wurde vom Metagnomen in fast allen Einzelheiten richtig beschrieben, ohne daß sowohl der Metagnom als auch die bei der Sitzung anwesenden Personen je das Haus gesehen hatten; andrerseits hatten die Bewohner des Hauses nie Sitzungen mit dem Metagnomen gehabt. Läßt man hier Hellsehen als Grundphänomen nicht zu, so würden äußerst verwickelte Kombinationen von Wissensübertragung anzunehmen sein.

---

1) Proc. Soc. Res. 40, 1932.

Fragen wir uns nun also, wie denn eine Experimentalanordnung beschaffen sein müßte, die ein paranormales Geschehen mentaler Art, behavioristisch, d. h. aufgrund der Aussagen von Menschen, erfaßt, ohne jede Einschränkung mit Sicherheit als auf Wissensübertragung von anderen wissenden Subjekten her nicht zurückführbares Hellsehen erweisen würde:

Man müßte erstens sicher sein, daß wirklich kein lebender Mensch um den in der paranormalen Aussage mitgeteilten Sachverhalt aktuell oder latent weiß oder gewußt hat[1]), wobei freilich Voraussetzung ist – denn sonst ist ja die Richtigkeit der Aussage dem Nachweis entzogen –, daß hinterher durch irgendwelche Nachforschungen, die sich aber natürlich nicht an das Wissen von Menschen richten dürfen, die Wahrheit der Aussage erhärtet wird. Ob die Aussage psychometrisch vermittelt ist oder nicht, wäre dabei für ihre Bezeichnung als »Hellsehen« gleichgültig. Bei den bisher einigermaßen als echtes Hellsehen (im behavioristischen Sinn) gesicherten Fällen war stets psychometrische Vermittlung, wie wir gesehen haben, da. Man könnte ihnen noch die Vision des Unglücks im Hafen von Sydney beifügen – ein junger Mann verunglückte auf einer Bootsfahrt und wurde von einem Hai getötet und verzehrt; entsprechende Aussage des Metagnomen an der Hand eines Gegenstandes, der ihm gehört hatte; einige Zeit später wird ein Hai erlegt, in dessen Magen Reste der Kleidung des jungen Mannes waren – ein Fall, in dem das Abzapfen von einem Lebenden her sicher ausgeschlossen ist. Ob freilich von einem »Wissenden« überhaupt?

Nimmt man Psychometrie hinzu, so wären also Gegenstände, um deren Schicksal wirklich keiner weiß oder gewußt hat, dem Metagnomen zu übergeben und seine Aussage nachträglich indirekt auf ihre Wahrheit zu prüfen.

Briefe längst Verstorbener, die auf den ersten Blick als geeignet erscheinen könnten, wären freilich kein ganz einwandfreies Forschungsmittel. Denn hier »hat« ja einer um die darin beschriebene Situation gewußt.

---

1) Der Zusatz »oder gewußt hat« ist mit Hinblick auf die später zu behandelnde eigentliche »Theorie« notwendig.

Die oft gemeldeten paranormalen Ermittlungen des Ortes gestohlener Gegenstände oder ermordeter Personen können dann nicht eindeutig als Fälle echten Hellsehens gelten, wenn der Dieb oder Mörder den Ort kennt, oder, falls er inzwischen starb, gekannt hat. Anders, wenn etwa ein nach dem Glauben des Täters Getöteter doch noch eine Zeitlang gelebt und sich an einen anderen Platz geschleppt hat, wo er dann gestorben ist, und wenn alsdann der wirkliche Ort des Todes und der Lage der Leiche, die beide der Mörder weder kennen noch gekannt haben kann, in allen Einzelheiten richtig geschildert werden. Freilich selbst dann ist einer da, der gewußt »hat«. Man müßte noch die Zusatzforderung stellen, daß nach dem Tod mit der Leiche passive Veränderungen vorgingen.

Trotz all dieser, vielleicht übertriebenen, aber doch nicht zu beseitigenden Bedenken gegen die völlige Sicherheit der Fälle, in denen man unmittelbar im Weg des Experiments darauf aus war, echtes Hellsehen festzustellen, scheint es mir nun aber doch, als *gebe* es die Tatsache der »Clairvoyance« als Urphänomen.

Gewisse Fälle von »Telepathie« scheinen mir nämlich *mehr* zu sein, als dieser Name gemäß unserer Definition einschließt. Jene Fälle nämlich, in denen der Perzipient durch den, etwa in schwerer Gefahr oder Todesnot befindlichen, Agenten nur, sozusagen, »gerufen« wird, dann aber seinerseits die Situation des Rufers »sieht« – und zwar klar, deutlich und in allen Einzelheiten richtig, oft, z. B. in bezug auf Kleidung oder Barttracht des Rufers, ganz und gar gegen seine auf frühere Erfahrungen gegründete Erwartung.

Denn der in Todesnot befindliche Agent »denkt« hier doch sicherlich nicht an Kleidung, Bart und Umgebung, auch nicht unterbewußt; und andere Menschen haben, jedenfalls in vielen Fällen, zum mindesten von den Einzelheiten der Umgebung, etwa bei einer Verwundung oder einem Unglücksfall, auch nicht etwas wissen, also gleichsam telepathische Nebenagenten sein können.

Im Rahmen der Theorie werden solche Fälle uns noch sehr wichtig werden. Sie scheinen uns jedenfalls geeignet zu sein, neben der Telepathie im eigentlichen Sinn noch etwas anderes zuzulassen, was auf die paranormale Erfassung von Situationen geht, und nur sehr gekünstelt, wenn überhaupt, als Erfassung fremder Wissensinhalte gedeutet werden kann. Ich sehe nicht ein, weshalb man dieses »Andere« nicht Hellsehen nennen dürfte. Gibt es aber die an Telepathie gebundene Form des Hellsehens – weshalb soll es dann nicht auch andere Formen dieser Tatsache geben? Sind doch eine Menge Spontanfälle ohne Bindung an Telepathie berichtet worden.

Hierher gehört nun, unter den experimentellen Fällen, auch wohl einiges aus dem Material Wasielewskis (vgl. Seite 68 f.): Wenn sie ihn zu der verabredeten Stunde vor dem Klavier oder auf dem Rad – beides in schematischer Form! – sitzen sieht, so sieht das doch auch aus, als habe er nur gerufen, sie aber geschaut. Denn er »denkt« dort nicht an das von ihm repräsentierte anschauliche Bild!

Ich verdenke es keinem, wenn er die Ausführungen dieses Abschnittes gekünstelt findet. Warum sagen wir nicht einfach: Es gibt mit hoher Wahrscheinlichkeit Hellsehen als Urphänomen neben Wissensübertragung, auch abgesehen von den zuletzt erörterten seltsamen mit Telepathie verknüpften Tatsachen? Wir sagen das deshalb nicht, weil uns an größtmöglicher Strenge liegt in der Frage der Zulassung echter Urphänomene. Solange Zurückführung des einen auf das andere möglich ist, muß sie eben geschehen, wenn auch natürlich nur hypothetisch. Das erfordert das methodische Sparsamkeitsprinzip.

Mancher wird sich auch verwundert gefragt haben, weshalb wir die Möglichkeit einer Wissensübertragung von wissenden »Wesen« her, die keine lebenden Personen sind, in den Kreis der Erwägungen gezogen haben. Solche Subjekte gäbe es doch gar nicht. Nun – wir sind hier methodisch etwas vorsichtiger; wir sagen: Wir wissen, zunächst wenigstens, nicht, ob es sie »gibt« oder nicht gibt; es möchte sie doch vielleicht geben. Manche der später zu erörternden Theorien, nicht nur der sogenannte »Spiritismus«[1]), behaupten das jedenfalls in irgendeiner Form.

Hätten wir die uns von manchen vielleicht vorgeworfene Erweiterung der Möglichkeiten ausgeschaltet, so hätten wir

[1] Man denke schon hier an das »Kosmische Gedächtnis« von W. James.

sicherlich alles einfacher gehabt. Auf Wissensübertragung von *Lebenden* her läßt sich nämlich manches als hellseherisch Bezeichnete mit sehr hoher Wahrscheinlichkeit *nicht* zurückführen, ganz abgesehen von jenen zuletzt erörterten seltsamen Schauenserlebnissen in Verbindung mit telepathischem Ruf. Wer nur Wissensübertragung von Lebenden her als eine Möglichkeit ansieht, auf die angebliches Hellsehen vielleicht möchte zurückgeführt werden, wer also Hellsehen definiert als »paranormalen nicht auf Wissensübertragung von Lebenden her zurückführbaren Wissenserwerb«, der darf sagen: Es gibt mit hoher Wahrscheinlichkeit Hellsehen.

»Positivisten« werden diese Ansicht vertreten und sagen, in unserem Heranziehen möglicher wissender Subjekte, die keine lebenden Personen sind, stecke schon zu viel »Theorie«. Ich will nicht mit ihnen rechten, obschon ich selbst bloße Möglichkeitserwägungen noch nicht eigentlich als »Theorie« bezeichnen möchte. Denn eine Theorie führt eine Möglichkeit, wenn auch vielleicht nur hypothetisch, als Wirklichkeit, im empirischen Sinn des Wortes, ein; das aber taten wir in diesem Abschnitt nicht.

d) Die Prophetie

Hellsehen in die Zukunft heißt Prophetie.

Kann Prophetie als Urphänomen gelten? Auf Gedankenübertragung im Sinn der Abzapfung kann sie nicht wohl zurückgeführt werden, es sei denn aufgrund einer ganz spezifischen, später zu erörternden Hypothese. Ob aber nicht auf andere Formen der Übertragung von seelischen Zuständen zwischen lebenden Seelen?

Wir schließen es, als von uns ein für allemal erledigt, aus, daß Zufall oder ganz vage »Koinzidenz« zwischen Aussage und Faktum vorliege. Wir nehmen an, es gebe wirklich Fälle von Prophetie, d. h. von, vielleicht auf Träume gegründeten, Aussagen über Zukünftiges, die dann durch den Lauf der Tatsachen bewahrheitet werden. Könnte das etwa auf Geschehnisarten zurückgeführt werden, die schon im Gebiet der Parapsychologie bekannt sind? Daß der Inhalt der Prophetie vor der Bewahrheitung mitgeteilt sein muß und nicht etwa hinterher gesagt werden darf, das oder jenes habe man geträumt oder »fühlend erschaut« oder dergleichen, braucht deshalb nicht besonders betont zu werden, weil ja diese Sicherungsmaßnahme für das »Parapsychische überhaupt« gilt (Seite 25 f.).

Wenn einem Menschen unmittelbar persönlich »prophezeit« wird, er werde dieses oder jenes ganz Bestimmte – also nicht etwa seine Verheiratung oder ähnliches – erleben, wenn aber das der Zukunft Anheimgegebene und in ihr schon »Geschaute« von der Tätigkeit dessen, dem die Prophezeiung gilt, abhängt, so ist die Möglichkeit da, daß ihm aufsuggeriert wird, das zu tun, was vorausgesagt worden ist. Es würde also überhaupt nichts »Para«-normales vorliegen, sondern etwas, das aus der Lehre von der Suggestion bekannt ist. Bis zum Selbstmord, ja bis zur Fixierung der Stunde normalen Todes könnte hier die »Prophezeiung«, die keine wäre, gehen, da man ja doch vornehmlich mit unterbewußt Seelischem zu rechnen hat. Man kennt jenen Fall, wo ein Mensch starb, da ihm suggeriert ward, man habe seine Pulsader geöffnet: tatsächlich hatte man ihm einen ganz kleinen Schnitt in die Hand beigebracht und dann lauwarmes Wasser von »Blut«-temperatur über die Hand laufen lassen.

Nicht nur fremdsuggestiv, sondern auch autosuggestiv kann ähnliches vorliegen: jemand träumte etwa, er werde krank werden oder gar sterben. Ganz abgesehen davon, daß hier sein Unterbewußtes die ersten Keime der Krankheit erkannt haben könnte, möchte es auch sein, daß er sich, im Gefolge des Traumes, Krankheit oder gar Tod selbst aufsuggeriert.

Aber auch auf andere nicht-prophetische Weise könnten »Prophetien« zustande kommen, und auch gegen diese andere Möglichkeit, die, im Gegensatz zur vorhin erörterten, den paranormalen Charakter des Geschehnisses freilich unangetastet lassen würde, gilt es sich zu »sichern«. Es könnte der Wille dessen, dem die Prophezeiung gilt, erstens paranormal erfaßt, zweitens aber vielleicht auch telepathisch beeinflußt werden. Es scheint, nach den Untersuchungen von Richet und P. Janet, solche telepathische Willensbeeinflussung zu geben.

Wenn wir Hellsehen im echten Sinn als Urphänomen zulassen, möchte für gewisse Fälle, die freilich nicht zahlreich sind, angebliche Prophetie auch auf dieses zurückführbar sein: ein Eisenbahnzusammenstoß ist leicht zu »prophezeien«, wenn einer paranormal schaut, daß zwei Züge sich auf demselben Gleis, durch eine Kurve füreinander unsichtbar, aufeinander zu bewegen.

Tanagras »Psychobolie« arbeitet mit allzu hypothetischen Dingen, nämlich mit einem paranormalen Einfluß gewisser Personen auf objektive Geschehnisse – nicht im Sinn von Telekinesen, sondern eher in Analogie zum sogenannten »bösen Blick«. »Prophezeite« Ereignisse wären nach ihm in Wirklichkeit paranormal hervorgerufen, wären also von dem »Propheten« leicht vorauszusagen; echte Prophetie wären sie aber nicht. Gäbe es dieses Faktum, so wäre weitere Sicherung notwendig – die allerdings hiergegen kaum möglich wäre!

Lassen wir die Psychobolie als eine sehr problematische Angelegenheit beiseite, so wäre also offenbar echte Prophetie nur dann mit Sicherheit anzunehmen, wenn es Fälle gäbe, die nicht hellseherisch deutbar sind und nicht irgendwie von der bewußten oder unterbewußten Aktivität des von der Voraussage Betroffenen abhängen. Nur dann nämlich wären Hellsehen, suggestive Beeinflussung und telepathische Willenserfassung oder -beeinflussung mit Sicherheit auszuschließen. Es müßte sich aber um von außen kommende zur Zeit der prophetischen Aussage noch nicht in ihrer Kausalität überschaubare Dinge, etwa Unglücksfälle, also, kurz, um äußeres Schicksal handeln – aber selbst hier ist noch die Einschränkung zu machen, daß das »Schicksal« nicht von dem Willen, sei es dem bewußten oder dem unterbewußten, irgendeines Menschen abhängen darf. Wenn einem »prophezeit« wird, sein Haus werde abbrennen, er werde bestohlen, ermordet werden, so könnte der »Prophet« ja telepathisch den Willen des Brandstifters, Diebes oder Mörders erfaßt haben. Ob es heute Fälle echter Prophetie gibt, sei hier nicht untersucht.

Bei Richet[1]) findet man manches scheinbar gut Beglaubigte

1) L'avenir et la prémonition, Paris, 1932.

mitgeteilt; hingewiesen sei auch auf Dunnes[1]) in Deutschland wenig bekanntes geistvolles Werk, das uns sagt, jeder Mensch erlebe fast täglich echte prophetische auf die allernächste Zukunft, und zwar auf kleine zufällige Einzelheiten in ihr, gehende Träume. Hier wäre Überprüfung und Weiterarbeit sehr erwünscht.

Daß, um echte Prophetie zuzulassen, bei Erfüllung aller besonderen gerade hier gültigen Sicherungen auch jene allgemeine parapsychische Sicherung, die wir als *Inhaltskoinzidenz* zwischen Aussage und Faktum bezeichnet haben, erfüllt sein müßte, und zwar bis in sehr viele Einzelheiten hinein, bedarf keiner besonderen Erwähnung.

Echte Prophetie wäre natürlich gegenüber Telepathie, Gedankenlesen und Hellsehen ein neues Urphänomen.

e) Die Psychometrie

Als besondere Urtatsache im Bereich der mentalen Parapsychologie gilt endlich den meisten die Psychometrie. Wir behalten absichtlich den gänzlich unzutreffenden Namen – denn »gemessen« wird hier gar nichts – bei, weil er einmal eingebürgert ist. Denn wir wollen unsere junge Wissenschaft nicht mit neuen, im Grund doch überflüssigen Termini belasten. Gemeint ist der sehr oft glaubwürdig berichtete Sachverhalt, daß paranormale Aussagen seitens eines Metagnomen erst dann überhaupt stattfinden oder doch, wenn sie schon ohne ihn stattfinden, bedeutend an Reichtum gewinnen, wenn der Metagnom einen Gegenstand, der einer Person gehört oder, wenn sie verstorben ist, gehörte, berühren oder mindestens sehen kann. Ein solcher Gegenstand heißt psychometrisches Objekt.[2])

Daß die Tatsache bei unbefangener Beobachtung besteht,

---

1) An Experiment with Time, London, 1929.

2) Sogenannte »Graphologie« dürfte in manchen Fällen mehr sein als das, was ihr Name besagt. Ich selbst habe hier einiges an Äußerungen von »Graphologen« erlebt, das mir erheblich über den Rahmen bloßer »Schriftdeutung« hinauszugehen scheint.

ist außer Zweifel. Eine andere Frage ist die, ob sie bestehen muß. Das würde ein Urphänomen bedeuten; während andernfalls vielleicht nur Gewöhnung oder Autosuggestion des Metagnomen vorliegen mag, ohne wesentliche Bedeutung.

Bedenklich gegen die Annahme einer eigentlichen Wesensbedeutung der Psychometrie macht auf den ersten Blick die Tatsache, daß z. B. gerade bei den besten britischen Metagnomen und bei Forthuny die paranormalen gedankenleserischen Aussagen ohne psychometrisches Objekt erfolgten. Oder war doch vielleicht eines vorhanden, nur nicht im engsten Sinn des Wortes. Das könnte allerdings insofern der Fall gewesen sein, als ja Menschen in jenen Fällen anwesend waren, und zwar die, auf welche das paranormal Ausgesagte irgendwie bezogen war. Dann würden wir also sagen dürfen, daß zwar, wo es sich um paranormale Aussagen handelt, stets ein vermittelndes »psychometrisches« Objekt da sein müsse, daß dieses Objekt aber ein »Mensch« sein könne[1]).

Das trifft unseres Erachtens den Sachverhalt. Er aber würde nicht eigentlich ein ganz neues Urphänomen bedeuten, sondern nur fordern, den Begriff des von uns zugelassenen Urphänomens »paranormale Wissensübertragung« von vornherein, wenn auch nicht in einer für jede Form solcher Übertragung gültigen Weise[2]), mit einigen Beziehlichkeiten auszustatten: das eigentliche Urphänomen wäre »paranormale« Wissensübertragung im Anschluß an die normal-sinnliche Gegenwart irgendeines materiellen »Objektes«.

Gewiß bestehen auch jetzt noch Schwierigkeiten. Wird Wissen von Abwesenden abgezapft, so könnte man immerhin sagen, daß doch irgendein Anwesender zu ihnen in Beziehung steht und eben als psychometrisches Objekt dient. Anders, wenn das anhand eines Objekts »Abgezapfte« keinem Lebenden bewußt ist. Doch die Erörterung dieses Falles sei verschoben.

1) Diesen Gedanken äußerte schon J. A. Hill: New Evidences in Psych. Res., 1911.
2) Bei Spontantelepathie, im Unterschied zum Gedankenlesen, fehlt doch offenbar ein psychometrisches Objekt durchaus!

Damit sind auf mentalem Gebiet die Probleme höheren Grades, soweit sie »zweiter« Ordnung, d. h. Vorbereitungen für den Ausbau einer Theorie, sind, mit Rücksicht auf die Sicherungsfrage in Sachen der »Urphänomene« erörtert. Ehe wir zur Theorie weiterschreiten, muß die gleiche Arbeit für den physischen Teil der Parapsychologie geleistet werden.

f) Physische Phänomene

Hier haben wir es in einer Beziehung leichter, in der anderen schwerer.

Schwerer haben wir es, weil alles rein Tatsächliche hier viel weniger gesichert ist als auf mentalem parapsychischem Gebiet. Gibt es doch eine erhebliche Anzahl von Forschern, die fest von der Tatsächlichkeit der mentalen Phänomene, ja von der Wahrheit der spiritistischen Hypothese überzeugt sind, aber auf physischem Gebiet schlechterdings nichts oder doch nur ganz wenig als sichergestellt zulassen. Wie soll man »Urphänomene« ermitteln, wo das unmittelbar Festzustellende unsicher ist? Die ganze jetzt in Rede stehende Frage, die ja, wie wir wiederholt gesagt haben, in diesem Abschnitt nur eine Frage der Sicherung, wenn auch hinsichtlich der Begriffsbildung, nicht der Tatsachen als solcher, sein soll, kann offenbar nur unter dem Gesichtspunkt eines »wenn« behandelt werden. Das heißt, wir können nur fragen: Was sind hier Urphänomene und inwiefern läßt sich wohl eine Sicherung dafür angeben, daß es nicht soviel Urphänomene gibt, wie es angesichts des in seiner Unmittelbarkeit sicherlich Verschiedenen scheinen möchte, wenn es *alle* die unmittelbar beobachtbaren Dinge überhaupt gibt, welche behauptet worden sind. Zu diesen behaupteten Dingen gehören bekanntlich: Telekinesen, das sind Bewegungen von Gegenständen ohne mittelbare oder unmittelbare Berührung seitens eines Menschen, Levitationen, d. h. Erhebungen eines Menschen entgegen der Schwerkraftsrichtung, Materialisationen, das sind Formgebilde (Hände, Finger, wohl gar Köpfe) aus unbestimmbarem Material in der Nähe eines Menschen, Phantome, d. h. ganze Gestalten, die sich unabhängig von der Anwesenheit eines Menschen bilden,

Apporte, das sind Ortsveränderungen eines Gegenstandes ohne Durchlauf einer Raumbahn, »Direkte Stimme« und vielleicht noch einiges mehr (»Raps«, Kratzstellen auf Gegenständen usw.); endlich der sogenannte Spuk.

Über die Frage der grundsätzlichen, leider recht bedenklichen, Sicherheit dieser Dinge haben wir uns oben (Seite 29 f.) ausgesprochen.

Was die Bedeutung der einzelnen als tatsächlich behaupteten Tatsachengruppen im Sinn ihres Wertes als Urphänomene angeht, so ist an erster Stelle eine große Anzahl von berichteten Spukfällen hier auszuschalten, von den ausdrücklich als betrügerisch bereits nachgewiesenen, über die wir nicht weiter reden, ganz abgesehen.

Die bloß subjektiven Fälle von Spuk meinen wir. Sie gehören in den Rahmen der Halluzinationen[1]). Sind solche Visionen oder Auditionen als Halluzinationen nur von einem Menschen einmal erlebt, so sind sie vielleicht gelegentlich telepathisch zu deuten. Sind sie wiederholt an gleichem Ort von demselben Menschen oder, besser noch, von verschiedenen voneinander unabhängigen Menschen erlebt, das soll heißen von Menschen, die sich nicht irgendwie rational oder suggestiv beeinflußten, so wären sie wohl in das Gebiet des Psychometrischen abzuschieben, also auch kein neues Urphänomen. Ein Zimmer oder dergleichen müßte alsdann als »psychometrisches Objekt« gelten. Es ist übrigens sehr fraglich, ob subjektiver Spuk dieser ortsgebundenen Art vorkommt, und wir brauchen uns daher auch nicht weiter bei der von Mattiesen (in etwas anderem Zusammenhang) betonten Bedenklichkeit aufzuhalten, daß, wenn man hier die Hypothese der Psychometrie annimmt, es doch seltsam wäre, wenn Menschen, die es ihr ganzes Leben lang nicht gewesen sind, plötzlich an gewissen Orten hellsichtige Psychometriker werden würden.

Gewisse andere physische Paraphänomene können vielleicht an gewisse aus dem Normalen bekannte Suggestions-

1) J. A. Hill (New Evidences in Psych. Res., 1911, S. 135) schildert den Fall eines Menschen, der ohne Brille leibhaftige Gestalten sah und für objektiv hielt, aber – sonst nur mit sehr starker Brille sehen konnte, was die Objektivität des Phänomens ausschließt.

effekte angeschlossen werden, wobei sie freilich ihrer paranormalen Komponente überhaupt nicht verlustig gehen würden. Ich denke an die Befunde Bestermans, daß telepathisch gestellte Fragen durch Rötungen auf dem Körper des Mediums beantwortet wurden. Man kennt Entzündungen, Blutstillungen und vieles andere als physiologische Wirkungen der Fremd- oder Autosuggestion. Diese gehen bekanntlich oft sehr weit (Therese von Konnersreuth). Hier käme die telepathische Erregung der Suggestion als Paranormales, aber aus der mentalen Sphäre der Parapsychologie bereits Bekanntes, hinzu. Ein neues Urphänomen auf physischem Gebiet läge nicht vor.

Die übrigen als tatsächlich behaupteten Erscheinungen auf physischem Gebiet würden sich jedoch nicht auf die beiden von uns geschilderten Weisen als Urtatsachen fortschaffen lassen. Vielleicht aber ließen sie sich zu wenigen Gruppen solcher Urtatsachen zusammenfassen.

Ich denke hier an Telekinese, Levitation, Raps, Materialisation im Anschluß an den Körper eines Metagnomen, an photographierbaren Spuk bei Anwesenheit einer paranormalen Person und an Kratzer oder ähnliches auf Gegenständen unter der gleichen Bedingung.

Das alles könnte – die Tatsächlichkeit des Behaupteten angenommen! – auf das eine Urphänomen Materialisation im Anschluß an den Leib einer paraphysisch begabten Person zurückgeführt werden und ist ja in der Tat meist so aufgefaßt worden. Die paranormal begabte Person würde eben nicht nur, im Sinn echter Materialisationen, Gestalten »materialisieren« können, sondern auch gleichsam »starre« Gebilde zum Stoßen, Ziehen, Klopfen, Kratzen usw., und mit diesen (unsichtbaren) Gebilden die genannten Leistungen ausführen.

Das Wesentliche an den so in einen Urbestand zusammengefaßten Tatsachengruppen liegt darin, daß sie ausdrücklich auf die Anwesenheit einer bestimmten paraphysisch begabten Person bezogen sind, daß sie, wie wir gesagt haben, »im Anschluß an« sie stattfinden – ihre Tatsächlichkeit angenommen.

Könnte ein gleiches auch der Fall sein bei echten »Gespenstern« und bei spontanem objektivem photographierbarem[1])

1) Zeitschr. f. Parapsych., 1930.

Spuk – die recht fragwürdige Tatsächlichkeit dieser Dinge allemal zugelassen?

Oder müßte hier ganz Neues auf paraphysischem Gebiet als Grundtatsache angenommen werden?

Uns geht in diesem Abschnitt, wie man weiß, nur die Sicherungsfrage zweiter Ordnung, noch nicht aber die Theorie, etwas an. Unsere eigentliche Frage ist also die, ob man ganz sichere Mittel hätte, um sich für eine bestimmte unter den vorliegenden a priori denkbaren Möglichkeiten im einzelnen Fall zu entscheiden. Und das wäre ja wohl insofern denkbar, als sich ein Gebundensein oder Nichtgebundensein an die Anwesenheit einer bestimmten Person feststellen lassen würde.

Wäre eine solche Bindung vorhanden, so hätte man wohl nichts eigentlich Neues. Man würde nämlich sagen können, die in Rede stehende Person, von deren Anwesenheit der Spuk abhängt, sei eben »physikalisches Medium«, was freilich, wie Mattiesen mit Recht betont, dann seltsam wäre, wenn sie sich sonst nie als solches betätigt hat. Aber da könnte man immer noch annehmen, daß eben der Ort des Spuks »psychometrisch geladen« sei und daß jene Person eben doch eine gewisse mediale Anlage gehabt habe, die sich aber nur an »geladenem« Ort äußere. Gibt es eine Bindung der Phänomene an eine bestimmte Person nicht, so läge aber im Spuk wohl ein echtes Urphänomen vor. Denn, wie besonders wiederum Mattiesen[1]) betont, man müßte sonst annehmen, daß ein Spukort jeden beliebigen Menschen, solange er an ihm weilt, physikalisch-medial – nicht also, wie beim früher erörterten subjektiven Spuk, hellsichtig-medial – mache. Diese Hypothese wäre sehr gezwungen, und sie verdiente schwerlich den Vorzug vor der Zulassung des objektiven Spuks als eines Urphänomens. Käme doch noch hinzu, was Mattiesen »sukzessional-kollektiven« und »stereoskopisch-kollektiven« Spuk nennt, das heißt jenes Faktum – wenn wir es als erwiesen zulassen –, daß die Spukerscheinung von den Anwesenden jeweils in der für jeden einzelnen maßgebenden Perspektive, also von jedem anders, gesehen wird und, falls sie sich be-

---

1) Handelt es sich um Geräusche, so ist der photographische Apparat natürlich zum Nachweis der Objektivität durch eine Schallplatte zu ersetzen.

wegt, auch in den verschiedenen Zeitmomenten anders und jeweils »richtig«.

Die von Walter Prince wahrscheinlich gemachten Spukphänomene waren wohl nicht an die Anwesenheit oder auch nur Nähe einer bestimmten Person gebunden.

Freilich bleibt auf diesem ganzen Gebiet die Hauptsache heute noch durchaus die Sicherung erster Instanz, das heißt die Aufgabe, überhaupt in ganz strenger Weise festzustellen, unter Ausschluß aller Täuschungsmöglichkeiten, ob es die vielen behaupteten Dinge überhaupt gibt oder nicht. Davon ist an früherer Stelle geredet worden.

g) Nächste Aufgaben der Forschung

Schon an früherer Stelle haben wir gesagt, wie wichtig es wäre, könnte man die Zahl der Metagnomen erhöhen, etwa durch Suggestion oder durch chemische Mittel. Unmöglich erscheint das a priori nicht; denn es ist doch wohl wenig wahrscheinlich, daß »normaler« Mensch und Metagnom zwei ganz verschiedene Menschenspezies sind. Wahrscheinlicher ist, daß es sich nur um Unterschiede der sogenannten Bewußtseinsschwelle handelt, derart, daß beim normalen Menschen im tiefsten Unterbewußtsein bleibt, was beim Metagnomen ins Wachbewußtsein oder doch, wenn er nur im Trancezustand seine paranormalen Fähigkeiten kundgibt, ins hypnotische Oberbewußtsein tritt, so daß es der Wiedergabe durch Sprache oder Schrift fähig wird. Was im tiefen Unterbewußtsein bleibt, kann sich ja eben nicht in einer Äußerung sozusagen entladen.

Vermehrung der Zahl der Metagnomen wäre aber deshalb so bedeutungsvoll, weil wir durch sie ein größeres Untersuchungsmaterial erhalten würden. Das eben ist dringend notwendig; natürliche »Medien« sind sehr selten.

Und es harren, selbst wenn auch, wenigstens auf mentalem Gebiet, das Allergröbste gesichert ist, so viele Sonderfragen der Bearbeitung, deren Behandlung allein uns theoretisch weiterführen kann.

Ich denke hier gar nicht einmal an die ja schon im Vorstehenden behandelte Frage, was denn eigentlich »Urphänomen« ist und was nicht. Ich denke an das, was die britischen Forscher gern als *modus operandi* bezeichnen, und will die Frage an einigen Beispielen erörtern.

Es müssen zunächst die Bedingungen, innere und äußere, unter denen bisher paranormale Kundgebungen stattfanden, sorgfältig vergleichend erforscht werden, wobei die notwendigen und zugleich hinreichenden Bedingungen besonders zu betonen und von sozusagen akzessorischen Bedingungen, von vielleicht individuell verschiedenen Wesen, zu sondern wären.

Wir wissen hier eigentlich nur, daß spontane Telepathie meist, obschon auch nicht immer, eine emotionale Verkettung zwischen Agenten und Perzipienten voraussetzt und daß für das Gelingen gedankenleserischer Untersuchungen eine gewisse »seelische Ruhe« des Perzipienten, der ja hier den eigentlich aktiven Teil darstellt[1]), Vorbedingung ist, so daß überstarkes, sich wohl gar in Grobheit oder Hohn äußerndes Mißtrauen hier in der Tat stören kann.

Das sogenannte »Kettebilden« ist für Mentales sicherlich nicht erforderlich – ob für Physisches, soweit das echt ist? Gerade bei den erfolgreichsten Untersuchungen (Frau Piper, Frau Leonard usw.) fand es nicht statt.

Was den seelischen Gesamtzustand von Agent und Perzipient angeht, so müssen hier spontane Telepathie, bewußt gewollte (experimentelle) Telepathie und Gedankenabzapfen gesondert betrachtet werden.

Beim Gedankenabzapfen ist der hier aktive Perzipient, also der Metagnom, in Trance – oder nicht; braucht er ein psychometrisches Objekt – oder nicht; ist unmittelbare Nähe des (hier durchaus passiven) Agenten, dessen Leib dann vielleicht selbst das psychometrische Objekt ist, notwendig – oder nicht. Sieht man, in wie hohem Grad dieses »Oder nicht« unsere Unwissenheit kennzeichnet? Und weiter:

Der Agent andererseits kann bei Gedankenabzapfung hergeben: entweder Bestandteile seines aktuellen Bewußtseins, also das, »an was er denkt«, oder Vergessenes, aber der Erinnerung Fähiges, oder Vergessenes und in keiner Weise wie-

1) Vgl. S. 64.

der zur Erinnerung zu Bringendes. Er kann anwesend oder weit abwesend sein.

Was hier den Agenten angeht, so möchte man vielleicht eine Vereinfachung durch die Annahme erzielen, daß das paranormal erworbene Wissen des Metagnomen eben stets aus dem Unterbewußtsein des Agenten entnommen wird, und daß, was aktuell bewußt ist, ja auch in ihm seine Grundlage hat. Bezüglich des Perzipienten könnte man vermuten, daß er, obschon scheinbar völlig wach, doch in den Momenten paranormaler Kundgebung in Trance ist. Über das psychometrische Objekt ist an anderer Stelle geredet.

Bei spontaner Telepathie ist eindeutig nur die völlige Passivität des Perzipienten im Anfang des Geschehens. Der Agent hat meist eine bewußt emotionale Einstellung auf den Perzipienten im Moment der Sendung, d. h., er »denkt an ihn« – gelegentlich aber auch nicht. In manchen Fällen »möchte« er auch senden, tut es auch, weiß aber nicht, daß er es tut. Bei experimenteller Telepathie »möchte« er nicht nur, sondern ist sich auch der Sendung bewußt; aber bisweilen auch »nimmt er sich nur vor«, im Schlaf zu senden und tut es dann, also ohne waches Bewußtwerden der Sendung. Das sind ebenso viele Möglichkeiten wie Rätsel.

Die Haupträtsel aber bieten die Fragen:

Wie findet bei Telepathie der Agent gerade diesen bestimmten Perzipienten? Wie kommt, bei Gedankenabzapfung, der Perzipient gerade an diesen bestimmten Seeleninhalt des Agenten – diese Frage wird später für die Entscheidung zwischen den verschiedenen Theorien wichtig werden.

Wir kommen zu den Modifikationen der Perzeption.

Bei spontaner Telepathie kann der Perzipient eine bloße »Ahnung«, ein unbestimmtes »Wissen«, ein visuelles oder akustisches Traumerlebnis, ein ebenso zweifaches halluzinatorisches Erlebnis im Wachzustand haben – ob er auch gelegentlich objektive Phantome erlebt, lassen wir dahingestellt. Es gibt hier und ebenso bei gewollter Telepathie auch Kollektiverlebnisse; ob sie sich auf echte Phantome beziehen, könnte nur die photographische Platte entscheiden; tun sie das, was uns wahrscheinlicher dünkt, nicht, so könnte es sich um Massen- oder um Kettentelepathie handeln, d. h., es könnten alle

Perzipienten unmittelbar vom Agenten beeinflußt sein oder nur einer, der dann sein Wissen paranormal an den nächsten gibt und so fort.

Die Mannigfaltigkeit der Erlebnisart im einzelnen dürfte auf den Typus, dem der Perzipient zugehört, zu beziehen sein, wodurch ein gewisses Verständnis erzielt würde. Bekanntlich gibt es, was das normale Vorstellungsleben angeht, visuelle, akustische und motorische Personen.

Von besonderer Wichtigkeit wird später der schon erwähnte Umstand werden, daß der telepathische Perzipient den Agenten oft in der spezifischen Situation erblickte, in der er sich, bisweilen gegen das Erwarten des Perzipienten, wirklich befindet. Da würde also der anfangs schlicht passive Perzipient, der nur »gerufen« ist, aktiv werden.

Gedankenlesende Metagnome berichten, daß sie das, über was sie berichten, »sehen« oder »hören«. Die Berichte pflegen um so mehr der Wahrheit zu entsprechen, je weniger über sie seitens des Metagnomen »reflektiert« wurde.

Kombinieren sich, im Experiment echter Art, gewollte Telepathie und der Wille zum Empfangen, so »sieht« bisweilen der Agent den Ort und die Situation des Perzipienten und dieser ihn.

Die Wirkung eines Kristalls oder ähnlicher Dinge auf die Leistung eines metagnomen Perzipienten dürfte wohl nur dazu dienen, bei ihm einen leicht somnambulen Zustand zu erzeugen[1]).

h) Die gesicherten Tatsachen[2])

Nachdem, in dem jetzt abgeschlossenen Abschnitt, so vieles auf den Boden des bloßen »Wenn« gestellt worden war, erscheint es geboten, ehe wir zur Theorie übergehen, kurz, aber

---

1) So auch Dessoir, Vom Jenseits der Seele, 6. Aufl., S. 83.
2) Ich gebe Literatur in durchaus subjektiver Auswahl an. Eine sehr gute Übersicht des Wesentlichen bei Österreich in Saupes »Einführung in die neuere Psychologie«, S. 429 ff. — Wenn die vielen a priori absprechenden oder indolent beiseite stehenden Zeitgenossen doch wenigstens ein Zehntel der von Österreich angegebenen Literatur lesen möchten!

in systematischer, an unsere scharf definierten Begriffe (Seite 63 f.) angeschlossener Darstellung zu bekennen, was von allem, das parapsychologisch behauptet worden ist, wir für tatsächlich gesichert halten, was für einigermaßen wahrscheinlich, was für ungesichert, wobei, wie wir wiederum betonen wollen[1]), »ungesichert« nicht ohne weiteres soviel wie »sachlich mit Sicherheit ausgeschlossen« heißt.

Wir beginnen die kurze Darstellung mit den physischen Paraphänomenen, da wir es hier besonders leicht haben.

Restlos gesichert ist nämlich unseres Erachtens auf paraphysischem Boden zur Zeit schlechterdings nichts, weil in keinem einzigen Fall die Untersuchungsbedingungen eine taschenspielerische Täuschung seitens des Mediums oder eines Teilnehmers ausschließen konnten – mag es sich um bewußte oder um unterbewußt-somnambule Täuschung handeln.

Wahrscheinlich ist mir nach dem, was ich bei Schrenck an Willi und Rudi Schneider selbst erlebte und was über beide[2]) und über Eusapia Palladino[3]) in der Literatur niedergelegt ist, die Echtheit von Telekinesen und vielleicht auch – von mir selbst nicht gesehen – von fragmentarischer Materialisation. Jedenfalls sind mir diese Dinge in einem solchen Grad echtheitswahrscheinlich, daß ich mit gutem Gewissen sagen kann: Hier sollte weitergearbeitet werden unter Verbesserung der Bedingungen, wie sie ja (Seite 35) in besonders durchgreifender Weise von Osty vorgenommen worden ist.

Spontaner (ortsgebundener oder personengebundener?) Spuk scheint mir, zumal nach den Angaben von Walter Prince[4]), der ein sehr vorsichtiger Forscher ist, auch das Prä-

---

1) Vgl. S. 58 f.

2) Schrenck-Notzing, »Physikal. Phänomene des Mediumismus«, 1920.

3) Man lese zumal den Bericht in Proc. S.P.R., Vol. 23. Selbst der vorsichtige Dessoir gibt in seinem »Vom Jenseits der Seele«, 6. Aufl., 1931, S. 280 ff., zu, daß bei den Schneiders und bei Eusapia nicht alles durch Rückführung auf Betrug in unserem Sinn »weg-erklärt« ist.

4) Walter Prince, Carbon Monoxid or Carbon Monoxid Plus?, Bull, Boston S.P.R., Bulletin II und »The Psychic in the House«, Boston, 1926. Ferner: Schrenck-Notzing, Gesammelte Aufsätze, 1929, S. 240 ff. Man lese auch das Werk F. v. Gagerns, Geister, 1931, das trotz seiner novellistischen Form durchaus voll wissenschaftlichen Ernstes ist. Gutes Deutsch ist ja doch wohl kein Einwand gegen den wissenschaftlichen Wert eines Buches!

dikat »wahrscheinlich echt« zu verdienen; und es gibt auch noch eine Reihe anderer Fälle, über die der kritische Forscher nicht ohne weiteres mit gutem Gewissen hinweggehen kann.

Damit aber ist meiner Ansicht nach das, was, wenigstens mit Vorbehalt, auf die positive Seite gehört, erledigt.

Alles andere halte ich für nicht im wissenschaftlichen Sinn als echt oder auch nur als wahrscheinlich echt erwiesen.

Ich würde mich freuen, ergäbe sich dieser Nachweis einmal. Er würde eine Bereicherung unseres Weltbildes bedeuten. Ein »negatives a priori« als Gegeninstanz gibt es nicht.

Auf parapsychischem Gebiet im engeren Sinn, also auf mentalem, ist ganz gesichert das Urphänomen der *spontanen Telepathie.* Wer die *Phantasms of the Living* und ihre Ergänzungen[1]) sowie die übrige gute Literatur gründlich durchgearbeitet hat, der kann hier nicht mehr zweifeln. Das Faktum, das diesen Namen ursprünglich bekommen hat: Wissenserwerb fremdseelischer Zustände seitens eines passiven Perzipienten auf einem nicht normalen Weg, ist sicher. Ob es im tiefsten Sinn »Urphänomen« und nicht etwa doch irgendwie physikalisch auflösbar ist – etwa durch Annahme besonderer Strahlungsarten als Vermittler, hat erst die Theorie zu entscheiden. Ein im empirischen Sinn neues Faktum, obschon kein »Ur«-Faktum, bliebe Telepathie natürlich auch dann, also etwa unter den Gesichtspunkten Baerwalds[2]).

Ganz sichergestellt ist ferner das *Gedankenabzapfen.* Hier lese man in erster Linie die vielen großen Protokolle über die Sitzungen mit den Metagnomen Frau Piper, Frau Leonard[3])

---

1) Gurney, Myers and Podmore, Phantasms of the Living, 2 Bände, London 1886. Ergänzung von Mrs. Sidgwick in Proc. S. R. P. 33, S. 23 ff. (Die gekürzte deutsche Übersetzung der »Phantasms« ist mäßig.) Besonders eindrucksvolle Fälle finden sich in den »Phantasms« unter den Nummern 12, 13, 20, 146, 163, 166, 183, 191, 192, 198, 200, 223, 224, 229, 234, 284, 345.

2) Baerwald, »Die intellektuellen Phänomene«, 1925. Er gibt das Tatsächliche in, meiner Ansicht nach, sogar überreichlichem Maße zu, will aber alles durch »Strahlung« und Hyperästhesie erklären.

3) Viele Aufsätze in Proc. S.P.R., von Band 13 an besonders wichtig. Gute Zusammenfassungen in den bekannten Werken von Tischner und Lambert und in Mattiesen, Der jenseitige Mensch. Auch Dessoir (l. c.) ist hier durchaus nicht ablehnend.

und Forthuny[1]). Von wem eigentlich und auf welche Weise Wissen »abgezapft« wird, ist natürlich wieder eine theoretische Frage. Das Faktum bleibt: Der Metagnom hat Wissen über fremdseelisches Wissen, das er normaliter nicht erworben hat.

Ganz sicher sind auch die experimentellen Fakten[2]), in denen Telepathie und Gedankenlesen zusammenkommen. Ich nenne besonders die Namen Tischner, v. Wasielewski, Pagenstecher, Upton Sinclair.

Sehr gute Fälle sind ferner berichtet über spontanes Zusammengehen einer Aktivität von Agent und Perzipient bei sogenannter »Telepathie«, die dann mehr ist, als der Name ursprünglich besagt[3]). Ich denke an die Fälle, in denen der Agent nur gleichsam den Perzipienten »ruft«, dieser aber dann Situationen »sieht«, an die der Agent sicherlich nicht »denkt«[4]).

Zur Begriffsbestimmung, um jedes Mißverständnis auszuschließen, noch einmal dieses:

Von reiner Telepathie reden wir, wenn der Agent, bewußt oder unterbewußt, allein aktiv, der Perzipient schlicht empfangend ist. Von Gedankenabzapfen, wenn der Perzipient, bewußt oder unbewußt, empfangen »will«, der Agent aber der schlicht, ohne ein Wissen darum, hergebende Teil ist. Bei den experimentellen Fällen des Zusammengehens beider Fakten ist Aktivität auf beiden Seiten, jedenfalls sind beide mit

1) E. Osty, Pascal Forthuny, Paris 1926.
2) Unter anderem: Phantasms of the Living, I, S. 10 ff., II, S. 324 ff. und 642 ff., Proc. S.P.R. 27, 1914; 29, 1916; 34, 1924 (Versuche mit Gilbert Murray). Richet, Exp. Studien auf dem Gebiete der Gedankenübertragung, 1891. Pagenstecher, Außersinnliche Wahrnehmung, S. 33 ff. Upton Sinclair, Mental Radio, 1930. Man vergleiche auch besonders die sehr streng durchgeführte kritische Überprüfung der von Sinclair mitgeteilten Tatsachen durch W. Prince (Bulletin XVI der Boston Soc. Ps. Res., 1932), welche durchaus Sinclairs Angaben bestätigte.
3) Phantasms I, S. 368 ff., S. 554. In Band II, S. 277 ff., die tiefdringende Sonderuntersuchung von Myers, dessen Werk, Human Personality, auch von jedem wissenschaftlichen Parapsychologen gründlich studiert werden sollte.
4) Gute solche Fälle in Myers, Human Personality, Band I, S. 256, 270, 394.

ihrem Willen in allgemeiner Form aufeinander »eingestellt«: Der Agent will »senden«, der Perzipient will »empfangen«, wenn er auch nicht weiß, was er empfangen wird. In den Fällen spontanen Zusammengehens kompliziert sich die Sachlage (und wird später eine besondere Hypothese erfordern). Hier nämlich ist nicht, wie bei den Experimentalfällen, die Einstellung von Agent und Perzipient ursprünglich und gleichzeitig da, etwa zu einem bestimmten verabredeten Zeitpunkt. Es wird vielmehr der Perzipient, der zuerst schlicht empfangend war, durch den Ruf seitens des ursprünglich allein aktiven Agenten erst aktiv gemacht und perzipiert nun von sich aus Situationen, die der Agent nicht in seinem Seeleninhalt besaß.

Durch den letzten Abschnitt dieser Begriffsbestimmungen sind wir nun automatisch wieder zur Frage nach der Tatsächlichkeit der parapsychischen Phänomene zurückgeführt.

Ist denn in diesen Fällen, in denen der Perzipient nur gerufen wird und dann »sieht«, der Perzipient nicht »hellsehend«, wenn wir allgemein als Hellsehen die paranormale Erfassung, d. h. den paranormalen Wissenserwerb von sachlichen Situationen, also nicht von fremdseelischen Zuständen, bezeichnen?

Für die unbefangene Betrachtung ist hier, prima vista sozusagen, natürlich »Hellsehen« da. Aber vielleicht war doch alles Telepathie, es waren aber mehr Agenten da als nur der eigentlich »rufende«. Vielleicht sahen andere etwa den verwundeten Offizier in seiner bestimmten Lage und Kleidung und übertrugen ihren normal erworbenen Wissensinhalt telepathisch auf den, dann also von mehreren Seiten telepathisch beeinflußten, Perzipienten.

Diese Deutung freilich ist sehr gekünstelt, sie versagt absolut, wenn nachgewiesenermaßen keiner den, einsam gestorbenen, Offizier sehen konnte. Und solche Fälle gibt es.

Es gibt also Hellsehen »auf Ruf«. Gibt es dieses aber, so darf wohl auch anderes Hellsehen, etwa bei paranormaler Aufklärung von Verbrechen, indem etwa eine Leiche am richtigen Ort paranormal geschaut wird, als wahrscheinlich gelten. Mehr möchte ich hier freilich bis auf weiteres nicht sagen; der kritisch berichteten Fälle sind gar zu wenige; völlig wissenschaftlich gesichert ist wohl keiner.

Als zur Zeit wahrscheinlich bezeichne ich, von meinem vorsichtigen Standpunkt aus, auch die Prophetie; freilich ist, nach den Berichten Richets, Ostys[1]) und anderer, die Wahrscheinlichkeit der Echtheit hier von einer Höhe, die, im Sinn der Wahrscheinlichkeitsrechnung, an 1 heranreicht. Handelt es sich in den mitgeteilten sehr zahlreichen Fällen doch fast stets um Dinge, die den, welchem prophezeit war, zufällig von außen her betrafen[2]).

Psychometrie andrerseits ist, zumal nach den Arbeiten von Wasielewski und Pagenstecher, prima vista jedenfalls ein Faktum. Ob und inwiefern sie Urfaktum ist, wissen wir nicht.

Man sieht: Die Ausbeute an Fakten auf dem mentalen Gebiet der Parapsychologie ist recht reich. Vieles ist wirklich gesichert, der Rest kann mit gutem Gewissen als wahrscheinlich bezeichnet werden, selbst bei großer kritischer Vorsicht.

1) Richet, »L'avenir et la prémonition«, Paris, 1931. Osty, La connaissance supranormale, 2. Aufl., 1925. Ein neuester guter Fall z. B. in »Psychic Research« (+ American Journal for P. R.), Dez. 1931, S. 546 ff.
2) Vgl. hierzu Seite 75 ff.

ZWEITER TEIL

DIE THEORIEN DER PARAPSYCHOLOGIE

1. Der Begriff der Theorie und ihre Methodik

Wir treten ein in die parapsychologische Theorie, zu der,
wie wir sagten, der jetzt abgeschlossene Abschnitt nur die
Vorbereitung bildete. Denn eine Theorie ist mehr als die An-
einanderreihung und allenfalls die Klassifikation von Fakten,
mögen sie auch als Urfakten erwiesen sein.

a) »Die Theorie«

Eine Theorie will Urfakten in das Ganze unseres Wissens
einfügen, und zwar an eine ganz bestimmte Stelle. So wird sie
vielleicht zu dem kommen, was man in noch höherem Sinn als
in dem, den uns bisher dieses Wort bedeutete, »Urfaktum«
nennen könnte. Höchste Prinzipien der empirischen Welt
suchen wir, die alles, was wir wissen, das schon früher gekannte »Normale« und das jetzt neu hinzutretende Paranormale »verständlich« machen, das heißt als notwendige logische Folge aus sich erscheinen lassen sollen. Nur hypothetisch
können die Urprinzipien höchster Art gesetzt werden; das
heißt, wir können immer nur sagen: Wenn diese Urprinzipien
bestünden, müßte das einzelne, das wir kennen, so sein, wie
es ist. Denn, wie die Logik des »Entschlusses« lehrt: Nie geht
es eindeutig von der Folge zum Grund, und wir haben ja als
Ausgang nur die »Folgen«, nämlich die Gesamtheit der einzelnen empirischen, normalen und paranormalen, Urphänomene.

Kann nun also das, was man eine »Weltenlehre« nennen
könnte, grundsätzlich nur hypothetisch sein, so liegt da, wo
selbst die »Folgen«, also die Fakta, nur wenig in ihrem Wesen
durchschaut oder wohl gar zum Teil, wie auf unserem Gebiet,
nicht einmal als Fakten gesichert sind, die Aufgabe noch viel

problematischer. Vermutungen über die Urprinzipien sind hier allein möglich; Vermutungen, die man mit dem klaren Bewußtsein darüber aufstellen muß, daß sie sich morgen als falsch erweisen können. Aber solche Vermutungen können zu klar ersonnenen neuen Versuchen oder doch erwartenden Beobachtungen führen, die über die Richtigkeit der Vermutungen, wenn sie gut »gesichert« sind, im bejahenden oder, was ebensoviel wert ist, im verneinenden Sinn entscheiden können. *Arbeits*hypothesen nennt man daher solche mit dem Bewußtsein großer Vorläufigkeit aufgestellte Hypothesen, weil es eben ihre Hauptaufgabe ist, zu neuer Einzelarbeit ganz bestimmter Art anzuregen.

Es muß den heutigen Psychologen aller Länder mit ganz wenigen Ausnahmen zum schweren Vorwurf gemacht werden, daß sie sich um das neu erschlossene Gebiet der wissenschaftlichen Parapsychologie gar nicht kümmern, weder im positiv arbeitenden noch im theoretisierenden Sinn. Sie lassen es beiseite liegen, auch wenn sie sein Dasein nicht ausdrücklich leugnen, gleichsam als fürchteten sie sich, ihre Hände zu beschmutzen. Und wenn sie sich einmal mit diesem Gebiet einlassen, dann immer nur im Sinn der »Sicherung« – gewiß eine an und für sich lobenswerte Sache, wenn sie nur nicht immer betrieben würde mit der leisen Hoffnung auf Betrug. Meist werden dann auch, wie wir gesehen haben, Laboratoriumsversuche, die das Dasein unechter Phänomene, etwa einer »Gedankenübertragung« durch Zeichengebung, in einem bestimmten Fall gut nachwiesen, ohne weiteres übertragen auf Fälle unter ganz anderen Bedingungen, für die sie gar nichts bedeuten – etwa auf Gedankenlesen auf zweite Distanz.

Gewiß ist scharfe bis ins letzte gehende sogenannte »Ausarbeitung« bestehender Fragen eine schöne Sache. Gewiß hat auch die neuere Normalpsychologie nicht nur »ausgearbeitet«, sondern wichtige elementare Dinge, z. B. auf dem Feld der Lehre vom Denkverlauf, neu gefunden, erst recht – aber das waren Psychiater! – auf dem des Unterbewußtseins und was damit zusammenliegt. Aber an dem ganz Neuen gehen eben auch heute noch fast alle Psychologen und Psychiater vorbei – meist freilich neuerdings etwas scheu, was vielleicht zu Hoffnungen berechtigen kann.

b) Methodische Prinzipien

Die parapsychologische Theorienbildung wird passend durch die kurze Darlegung einiger methodischer Prinzipien eingeleitet, die zwar überall, wo es Theorien gibt, ihre fruchtbringende Rolle spielen und jedem Kundigen bekannt, aber doch gerade angesichts unserer Aufgabe ganz besonders einzuschärfen sind.

Den ersten dieser methodischen Grundsätze kennen wir schon; er leitete unsere Untersuchungen zweiten Grades ein, nämlich die Frage, was parapsychisch als Urphänomen im empirischen Sinn gelten dürfe. Der Satz stammte aus der Scholastik, und wir gaben ihn deutsch wieder durch die Worte »Urphänomene sind im Minimum zuzulassen«, oder auch: »Es darf kein Geschehnis als Urphänomen zugelassen werden, wenn es irgendwie auf ein anderes zurückführbar ist, so daß es nur eine Variante desselben darstellt.«

Dieser Satz ist jetzt als allgemeiner Satz von der *Sparsamkeit* der Setzungen zu formen; er befiehlt uns, bei unserer Suche nach obersten Weltprinzipien, die alles normal und paranormal Gewußte als ihre Folgen erscheinen lassen, also, um das schillernde Wort schon einmal zu verwenden, »erklären« sollen, so vorzugehen, daß wir auf möglichst wenige verschiedene Weltprinzipien hinzielen, oder, falls es vielleicht nur ein Weltprinzip mit verschiedenen Seiten oder Zügen gibt, auf möglichst wenige dieser Seiten oder Züge. Namentlich sollen wir es vermeiden, solche Prinzipien oder Züge oder Seiten von Prinzipien als logisch nebeneinander stehend auszugeben, welche sich schon auseinander ergeben, indem das eine schon logisch in dem anderen enthalten ist.

Zweitens ist jetzt der Begriff des »Erklärens« näher zu betrachten und mit ihm der alte Begriff der *Causa vera*.

Das Wort »erklären«, das wir deshalb ein schillerndes Wort genannt haben, ist nämlich mehrsinnig.

Im ersten Sinn des Wortes nennt man einen empirischen Sachverhalt »erklärt«, wenn man ihn nachweist als Sonderfall einer Klasse von Fällen, deren Gesetzlichkeit, strenger gesagt: deren allgemeinen Ordnungstypus man kennt. In diesem Sinn »erklärt« ist also der Fall eines bestimmten Steines durch Galileis Fallgesetz, die Mondbewegung durch das Trägheitsprinzip und Newtons Gravitationsformel, wobei natürlich, was oft übersehen wird, nicht erklärt wird, weshalb gerade dieser Stein hier in diesem Augenblick fällt, und weshalb gerade der Mond da ist. Kein neues besonderes Grundfaktum – das ist alles. Auch allgemeine Gesetze selbst können in diesem Sinn durch ein noch allgemeineres »erklärt« werden, wie denn z. B. Newtons Formel die drei Keplerschen Gesetze »erklärt«. Sie sind grundsätzlich nichts besonderes Neues neben jener Formel.

In allen diesen Fällen kennt man das allgemeinste, jetzt also »erklärende« Prinzip aus anderen Quellen unmittelbar; anscheinend Neues erklärt man also durch anderweitig Bekanntes. Das ist der Begriff der *Causa vera*, die vielleicht besser *Ratio vera* hieße, da es sich ja nicht um Ursache im eigentlichen Sinn, die stets auf einzelnes geht, sondern um den sogenannten »Erkenntnisgrund« handelt.

Diese Art Erklärung wollen wir als *Weg-erklären* bezeichnen: durch sie wird angeblich Neues als neues Elementares »weg«geschafft.

Wer in allem Parapsychischen Schwindel sieht, hat es »wegerklärt«, denn betrügerische Menschen sind, leider, etwas recht Bekanntes. Aber ebenso erklärt der hier »weg«, durch Zurückführung auf *Causae verae,* welcher angeblich paranormale Gedankenübertragung auf Überimpfindlichkeit der Sinne, auf Zeichengebung, ja auf Strahlungen »zurückführt«, (was freilich, wie schon kurz gesagt wurde und noch eingehend gezeigt werden soll, unseres Erachtens nicht angeht). Die Stärke der Überempfindlichkeit, die Reichweite unbewußter Zeichengebung, die Art der physischen Strahlen mag hier immerhin ein bisher Unbekanntes sein; grundsätzlich wäre aber doch nichts Neues, kein neues Urphänomen, da.

Die andere Art des Erklärens nennen wir die *erfindende.* Hier wird nicht mit der *Ratio vera* gearbeitet, sondern es wird ein neues sehr Allgemeines ausdrücklich gesetzt, auf daß vieles einzelne in seiner Einzelheit nicht als jeweils besonderes Neues erscheine. Hätte Newton seine Formel nur aus den einzelnen Gesetzen Keplers genommen, so wäre sie eine erfindende Erklärung. Er kam aber durch Reflexion über den fallenden Apfel darauf: arbeitet also deshalb doch tatsächlich mit der *Causa vera* des Fallgesetzes.

Wie sich im einzelnen schon gezeigt hat und noch zeigen wird, kann Parapsychologie *nicht* mit einer *Causa vera* arbeiten.

Das allgemeine Prinzip der Sparsamkeit werden wir aber trotzdem festhalten. Wir werden, da es mit der *Ratio vera* nicht geht, »erfinden«, werden »Neues« als Erklärungsgrund einführen müssen. Aber nun doch so wenig Neues wie möglich, also neues Grundsätzliches »im Minimum«.

Und noch ein weiteres methodisches Prinzip, das sich bewährt hat, müssen wir bei unserem Erfinden befolgen: möglichst solches »Neue« müssen wir einführen, das wir schon für andere, für »normale«, also nicht nur für paranormale Sachverhalte zur Erklärung brauchen. Nur mit neuen »Seiten« oder »Zügen« wird dann freilich jenes im Grund gar nicht einmal so ganz grundsätzlich Neue auszustatten sein. Jedenfalls müssen wir nach diesem Leitsatz arbeiten, solange es geht.

2. DAS PARAPHYSISCHE GEBIET

Wir beginnen unsere Erörterung der parapsychologischen Theorien diesmal auf paraphysischem Gebiet, denn wir wollen vom Leichteren zum Schwierigeren fortschreiten, und die Dinge liegen in der Tat auf paraphysischem Gebiet ein wenig »leichter« als auf dem paramentalen. Ich weiß, daß viele das mit einem gewissen Erstaunen lesen werden, denn das mentale Gebiet unserer Wissenschaft erfreut sich im allgemeinen größerer Zustimmung und größeren Vertrauens als das physische. Das ist auch ganz in der Ordnung, soweit die Sicherheit des Tatsächlichen in Frage kommt, wie wir selbst ausgeführt haben. Theoretisch bleibt es aber dabei, wie man sogleich sehen wird, daß sich das Paraphysische oder doch wenigstens der Teil von ihm, der in seiner Tatsächlichkeit als einigermaßen wahrscheinlich gelten kann, als leichter »verständlich« erweist als das Paramentale.

Ich denke hier an dasjenige Paraphysische, was sich, wenn wir seine Tatsächlichkeit annehmen, im Anschluß an den Leib einer lebenden Person abspielt und das wir auf Seite 82 als »Materialisation im Anschluß an den Leib eines Lebenden« zusammengefaßt haben, wobei wir das Wort »Materialisation« in sehr weitem Sinn, die Telekinese einschließend, nahmen.

Deswegen sind diese Dinge verhältnismäßig »leicht« verständlich, weil sie sich an Tatsachen, die aus der Biologie und der Psychophysik im normalen Sinn bekannt sind, immerhin anschließen, wenn auch natürlich neue »Seiten« der in Frage kommenden Grundprinzipien in Frage stehen – sonst würde es sich ja gar nicht um Dinge handeln, die, heute wenigstens, als »para«-normal zu bezeichnen sind.

Die Biologie neigt heute in immer bestimmterer Weise dem sogenannten Vitalismus zu, das heißt der Lehre, daß das organische Leben nicht aus den Eigenschaften dessen, was »Materie« genannt wird, gleichgültig wie man es fasse, verstanden werden könne, daß der Begriff des ganzmachend Wirkenden – populär: des »Zielstrebigen«, »Zweckhaftigen« – als etwas ganz Neues der unbelebten Welt gegenüber hier einzuführen sei. Das Organische, anders gesagt, läßt sich nicht aus den Wirkungen der letzten Teile der Materie aufeinander und aus den dabei auftretenden »Resultanten«-bildungen – man denke hier an das »Parallelogramm der Kräfte« – verstehen.

Wir wollen hiermit nicht sagen, daß heute alle Biologen, wie der Verfasser dieser Schrift, überzeugte Vitalisten seien. Aber alle besonnenen Biologen geben heute doch eine Grenze der sogenannten »mechanischen« Erklärbarkeit des Lebendigen zu, wenn sie sich auch scheuen, etwas Positives über diese Grenze, oder vielmehr über das, was dahinter liegt, auszusagen und es ein bloßes X bleiben lassen. Das jüngst erschienene Sammelwerk über die biologischen Grundprobleme zeigt das aufs deutlichste[1]).

Scheut man sich aber nicht, über jenes X etwas Positives auszusagen, so kommt es stets und bei allen, die über das Pro-

1) Das Lebensproblem (herausgegeben von H. Driesch und H. Woltereck), Leipzig, Quelle & Meyer, 1931.

blem gedacht haben, dazu, daß man es nach Analogie dessen faßt, was man bei sich selbst als Seelisches kennt, wenn es sich auch um eine andere Form des Seelischen handeln würde, als um die von jedem bei sich selbst gekannte. Und auf der anderen Seite ist auch die reine Psychologie, die nur die Gesetzlichkeit des Eigenseelischen in seinem Ablauf untersucht, gezwungen, anderes Seelische als, kurz gesagt, das »Ich-Seelische« in Form des Un- und Unterbewußten zuzulassen, will sie das, was sie untersucht, überhaupt verstehen[1]).

Hier haben wir also schon im Normalen den Urbruch im Bereich der Naturlehre, nämlich den Bruch mit dem Mechanismus vor uns, den wir parapsychologisch brauchen. In diesem Sinn habe ich einmal[2]) von einer »Brücke« gesprochen, die der Vitalismus zu den Feldern der Parapsychologie gebaut habe.

Eine zweite Brücke hat die Psychophysik in bezug auf das Problem »Leib und Seele« gebaut, indem sie den sogenannten »psycho-physischen Parallelismus« abwies. Diese Lehre, die besser »psycho-mechanischer Parallelismus« heißen sollte, behauptete bekanntlich, das bewußte Erleben eines Menschen sei »dasselbe« wie die Mechanik seines Gehirns, nur »von der anderen Seite«, nämlich von »innen« gesehen. Diese Lehre ist auf zwei Wegen geradezu ad absurdum geführt: einmal dadurch, daß gezeigt wurde, der Mensch sei bei seiner Handlung, bei seinem Benehmen (»behaviour«), schon wenn man ihn rein »objektiv«, nämlich als »bewegten materiellen Körper« betrachtet, ganz und gar nicht »mechanistisch« verständlich; zum anderen dadurch, daß dargetan ward, es sei sowohl allgemeiner Bautypus wie Mannigfaltigkeit auf der »bewußten« und auf der »mechanischen« Seite ganz und gar verschieden und inkommensurabel, so daß das eine nicht gut »dasselbe« wie das andere, nur »anders gesehen«, sein könne[3]).

Durch Abweisung des psycho-mechanischen Parallelismus ist nun aber das, was man Seele nennt, wieder als selbständi-

1) Vgl. meine Grundprobleme der Psychologie, 2. Aufl., 1929.
2) Presidential address 1926, in Proc. S.P.R. 36, 1926, S. 171. Auch deutsch in Zeitschrift für Paraps., 1926, Oktoberheft.
3) Leib und Seele, 3. Aufl., 1923 und Grundprobleme d. Psych.

ges Wesen (*»Ens«*) neben dem materiellen Leib auf den Thron gesetzt, und das ist gerade, was die Parapsychologie braucht.

Sie braucht es auf allen ihren Gebieten, nicht nur auf dem physischen, und insofern sind die jetzt gepflogenen Erörterungen eine Einleitung für alles in diesem Abschnitt noch Folgende.

Es gibt also vom Normalen her »Brücken« zur Parapsychologie. Es gibt aber noch mehr, das nun gerade die physische Parapsychologie an »normal« Bekanntes anknüpft.

Wir kennen sogenannte physiologische Wirkungen der Suggestion: leichte Entzündungen, Blutstillungen, »Stigmata«, Verdauungsmodifikationen und vieles andere, ja Schwangerschaftsphänomene können suggestiv, das heißt vom Seelischen her hervorgerufen werden, wobei freilich nicht die »Ich-Seele«, sondern eben das Unterbewußte in Frage steht. Wir wissen also, daß das Seelische im eigentlichen Sinn, nicht nur jenes Seelenartige, das die vitalistische Biologie unter dem Namen der *Entelechie* einführt, die materielle Seite des organischen Leibes zu beeinflussen fähig ist.

Wir kennen da also wiederum schon aus dem Normalen etwas, das die physische Parapsychologie braucht.

In der Tat haben wir nur nötig, den Aktionsbereich von Seele auf Leibesmaterie zu erweitern, um das zu verstehen, was paraphysisch dann vorliegen würde, wenn wir Phänomene »im Anschluß an den Leib eines Menschen« als tatsächlich zulassen.

Materie ist überall im Raum. Normal-biologisch greift, bei der Formbildung und Regeneration, das »vitale Agens« ordnend in das Getriebe der Materie ein[1]); bei der Handlung und bei physiologischen Suggestivwirkungen tut das die »Seele«, bewußt oder unterbewußt.

Beide sind dem Mechanismus gegenüber, der nur zwischen den Teilen der Materie wirkende Kräfte kennt, schon »Para«-phänomene. Ja das einfachste »Paraphänomen« in diesem Sinn ist sogar schon jene Grundlage des organischen Getriebes, welche »Stoffwechsel« heißt: Materie, welche nicht unter der Kontrolle des vitalen ganz machenden Agens war, kommt bei

---

1) Philos. d. Organ., 4. Aufl. 1928, zumal Seite 290 ff.

der »Assimilation« unter sie; Materie, welche unter ihr war, wird bei der Dissimilation, dem Gegenstück der Assimilation, wieder aus ihr entlassen.

Das ist schon »Materialisation« einfachster Form. Denn durchaus nicht braucht es sich ja bei dem, was paraphysisch so heißt, um »Schöpfung« von Materie zu handeln. Materie, so sagten wir, ist »überall im Raum«. Nur um Ordnung von vorhandener Materie würde es sich auch hier handeln.

So wäre denn also paraphysische Materialisation mit allen ihren Abarten (Telekinese, Levitation [?], Materialisation engsten Sinnes usw.) gar nichts Neues? Gewiß wäre sie »Neues«, sonst wäre sie kein »Para«phänomen im engeren Sinn. Aber sie wäre Neues, das sich, bereichserweiternd, an Altes anschließt; eine neue »Seite« des Wirkens würde an einem schon bekannten Agens aufgedeckt.

Wo immer es sich um physische Phänomene im Anschluß an den Leib eines Para-begabten handelt – die Tatsächlichkeit ex hypothesi zugegeben –, hätten wir also anzunehmen, daß das Unterbewußt-Seelische dieses Menschen die Fähigkeit habe, bei seiner ordnenden Wirkung auf die Materie über den Bezirk seines »normalen« Wirkens hinauszugreifen – vielleicht bis zu mehreren Metern hin, aber immer »im Anschluß« an den Leib. Materialisation wäre dann ordnende Assimilation auf weiten Bereich. In der Tat: Nur der Bereich des Wirkens wäre der normalen ordnenden und formbildenden Assimilation gegenüber, wie sie etwa bei Regenerationen zutage tritt, erweitert – »klein« und »groß« sind stets relative Begriffe. Materialisation wäre gleichsam paranormale Embryologie.

So wäre wohl dem Paraphysischen der Stachel des Absurden genommen, weil ihm eben das Odium des »ganz und gar« Unglaublichen und Neuen genommen ist.

Paraphysische Phänomene wären bei unserer Auffassung vitale Aktionen, ja, da sie von Menschen ausgehen, könnte man geradezu sagen: »Handlungen«, freilich von unterbewußter Art. Paranormal wäre bei ihnen, nicht »daß«, sondern »wie« gehandelt wird. Anders gesagt, paranormal wäre nicht, daß überhaupt gehandelt wird – wenn wir »Handlung« allgemein eine von Menschen hervorgebrachte Veränderung der materiellen Welt nennen –, sondern wäre die Ausführungsart, der *Weg* der Handlung. Im Normalen geschieht das Handeln mittels der Gliedmaßen; im Paranormalen – anders.

»Verstehen« im eigentlichen Sinn des Wortes tun wir weder das eine noch das andere! Schon die einfachste Willensverwirklichung ist ja doch ein Rätsel: Ich »will« einen Federhalter ergreifen – weiß »ich«, wie man das »macht«: bestimmte motorische Nerven erregen? Und es muß doch offenbar geschehen, obwohl »ich« das gar nicht »will«. »Ich« will nur den Federhalter ergreifen.

Wer »macht's?«

Freilich gilt alles, was wir gesagt haben, nur da, wo es sich um Geschehnisse »im Anschluß« an den Leib eines Menschen handelt. Der »Anschluß« mag recht weitgreifend, aber er muß einigermaßen wahrscheinlich zu machen sein.

Ist das nicht der Fall, wie bei objektivem Spuk, der nicht an eine bestimmte Person gebunden ist, oder bei echten Phantomen, so würde in der Tat ganz und gar Neues vorliegen[1]) – falls wir diese Dinge überhaupt als tatsächlich zugeben.

Geistiges würde als ab origine, gleichsam im Sinn dessen, was biologisch Urzeugung genannt zu werden pflegt, eingreifend gedacht werden müssen. Wir wären beim »Weltgeist« (oder auch auf dem Boden des Spiritismus) gelandet.

Die »Tatsachen« selbst sind aber heute noch allzu problematisch, um hier, und erst recht angesichts der sogenannten »Apporte«, theoretische Erörterungen mit einiger Aussicht auf Nutzen weiterzuspinnen. Gilt es hier ja doch, zunächst einmal das ganz Grobe, die pure Tatsache, sicherzustellen. Mit wirklichem Gewinn, zum mindesten als Anregung für spezifisch eingestellte Beobachtung, werden sich Lehren wie die vom Weltbewußtsein oder vom persönlichen Überleben erst später erörtern lassen. Dann allerdings, nämlich angesichts der mentalen Paraphänomene, werden sie es.

1) Vgl. hierzu das auf S. 86 ff. über die »Sicherung zweiter Ordnung« dieser Dinge Gesagte.

Wir wenden uns der Theorienbildung auf parapsychischem Gebiet zu.

Diejenigen »weg«-erklärenden Hypothesen, die mit Betrug, Zeichengebung, Überempfindlichkeit der Sinne, »Angeln« und dergleichen mehr die Tatsachen abtun zu können glauben, sind durch unsere Untersuchungen über Sicherung implizite erledigt worden. Und zwar im absprechenden Sinn: So geht es nicht. Es gibt allzu viele Fälle des Parapsychischen, in denen jene Annahmen mit Bestimmtheit nicht das Tatsächliche treffen – wobei, wie wir wissen, die Frage, welche Art des Parapsychischen denn vorliegen möchte, ein, ebenfalls von uns erörtertes, Problem zweiter Ordnung ist.

a) Die Strahlungshypothese

Aber der Strahlungshypothese, über deren Ungenügen zur Erklärung paranormaler Wissensübertragung wir uns bisher schon beiläufig geäußert haben, müssen wir jetzt doch in etwas eingehenderer Weise gedenken. Bei ihr handelt es sich nämlich nicht um eine Möglichkeit, die durch bloße Sicherungen in erster Instanz abgetan werden kann, wie jene soeben noch einmal kurz aufgezählten Vermutungen. Gegen sie kann nur aufgrund von Erwägungen höherer Ordnung, von Erwägungen, die nicht nur das »Ja oder Nein«, sondern das »Wie« betreffen, entschieden werden; und eben das müssen wir zeigen.

Wir wollen für die Zwecke des Folgenden die Begriffe *Identitäts-* und *Korrespondenzübertragung* im allgemeinen Rahmen des Begriffs »paranormale Wissensübertragung« einführen. Von Identitätsübertragung soll geredet werden, wenn ein Erlebnis, so wie es ist, von der einen Person auf die andere paranormal übertragen wird, von Korrespondenzübertragung, wenn, wie der Name sagt, nicht das Erlebnis des Senders (Agenten) als solches, wohl aber ein in fester klarer Sinnbeziehung zu ihm stehendes vom Perzipienten erfaßt wird.

Identität nun könnte man sich wohl auf dem Weg physischer Strahlen übertragen denken, wenn man die Lehre vom psychophysischen Parallelismus annimmt. Freilich halten wir diese Lehre als allgemeine Doktrin, wie wir auf Seite 99 gesagt haben, für endgültig widerlegt, wollen aber jetzt einmal ihre Zulässigkeit annehmen. Dann könnte vielleicht, wo es sich um Identitätsübertragung handelt, der folgende Sachverhalt ins Spiel getreten sein: Person A erlebt das Erlebnis a; das entspricht einem bestimmten Zustand ihres Gehirns; dieser wird auf das Gehirn einer Person B übertragen durch Strahlen und versetzt es, nach Art auf den gleichen Ton abgestimmter Stimmgabeln, in den gleichen Zustand, und nun erlebt, nach dem Prinzip des Parallelismus, auch die Person B das Erlebnis a.

Das könnte vielleicht bei ganz einfachen Arten der Vorstellungsübertragung – den Parallelismus hier als richtig vorausgesetzt – der Fall sein, etwa bei gewissen Versuchen Pagenstechers, wo sein Erleben von »süß« oder »Schmerz« (im Gefolge eines vom Metagnomen nicht gesehenen Nadelstichs, den der Experimentator sich selbst zufügte) von der Metagnomin paranormal erlebt wurde, und vielleicht auch noch bei der paranormalen Übertragung von geometrischen Vorstellungen anschaulicher Art – wahrscheinlich ist es auch hier nicht.

Aber, um nun gleich auf Korrespondenzübertragung zu kommen und weiteres über Identitätsübertragung zu vertagen: Für jede Korrespondenzübertragung versagt diese Annahme, und zwar ganz ohne Rücksicht darauf, wie man sonst zum Parallelismus steht. Ganz besonders klar tut sie es angesichts der Spontantelepathie: Der Mensch in Todesgefahr denkt irgendwie an seine ferne Gattin; sie aber denkt doch nicht an sich selbst, was sie nach der Hypothese von Parallelismus, Strahlung und Stimmgabel müßte, sondern sieht ihn oder träumt von ihm! Vielleicht sieht sie ihn verwundet daliegen – er aber sieht doch nicht sich selbst in dieser Lage, und es gibt sichere Fälle, in denen ihn auch andere Menschen nicht sahen, also nicht als sozusagen Nebensender in Frage kommen.

Baerwald[1]) hat darauf hingewiesen, daß beim Empfang

---

1) Der Okkult. in Urkunden, Band II, 1925.

einer telepathischen Meldung sogleich das assoziative Phantasiespiel des Perzipienten einsetzen und das Erlebnis dramatisch ausschmücken möchte. Das könnte sicherlich für viele Fälle zutreffen, und Baerwalds Erwägung verdient darum sehr ernste Berücksichtigung. Gerade für die echten Korrespondenzfälle, in denen Einzelheiten der Situation des Senders, ja unerwartete, sich etwa auf Kleidung, Barttracht u. a. beziehende Einzelheiten vom Perzipienten geschaut werden, bedeutet aber dieser Einwand nichts, ganz abgesehen davon, daß »Nebensender« in vielen Fällen sicherlich ausgeschlossen sind. Wenn Baerwald, bloß um reine Telepathie ohne Hellsehzusätze als das allein Tatsächliche erscheinen zu lassen, die Möglichkeit erwähnt, daß der Agent doch vielleicht in seinem Unterbewußtsein Bilder aller jener Einzelheiten bewahren und nun eben sie senden möchte, so erscheint uns dieser Gedanke derart gekünstelt und einer vorgefaßten Meinung zuliebe ersonnen zu sein, daß er kaum ernsthafte Berücksichtigung verdient.

Damit sind alle Fälle von Korrespondenzübertragung, nicht nur die spontantelepathischen, der Strahlungstheorie entzogen – wird uns doch übrigens an späterer Stelle die Tatsache der Korrespondenzübertragung selbst noch zu neuen, ebenso bedeutsamen wie seltsamen Erwägungen führen.

Aber auch auf dem Boden der Identitätsübertragung versagt die Strahlenlehre grundsätzlich, wie Tischner gezeigt hat, sobald es sich nicht um Übertragung von homogenen, d. h. nicht zusammengesetzten Erlebnissen oder von einfachen geometrischen Dingen handelt.

Tischner[1]) hat darauf hingewiesen, daß, erstens, der Perzipient bei paranormaler Übertragung doch eben nicht durch ein so kompliziertes Gebilde wie das Auge das Übertragene erfaßt. Aber wodurch denn? Von anderen spezifisch gebauten Erfassungsapparaten, im Hirn etwa, ist nichts bekannt. Sie müßten aber da sein; denn »Strahlungen« von einem Hirn aus gehen in alle Winde und müßten erst wieder in bestimmter Art gesammelt werden, um ein Bild der Situation, von der sie ausgingen, im fremden Hirn zu erzeugen.

1) Telepathie und Hellsehen, 2. Aufl., 1921, S. 99 ff.

An zweiter Stelle stimmt es doch sehr bedenklich, daß die Stärke aller paranormaler Wissensübertragung nach allem, was wir wissen, unabhängig von der Entfernung ist, daß es gleichgültig für sie ist, ob es sich um Kalkutta und London oder um zwei Zimmer in ein und demselben Haus handelt. Die Intensität von Strahlungen aber nimmt umgekehrt proportional zum Quadrat der Entfernung ab.

Weiter fragt Tischner, wo denn die verabredeten konventionellen Zeichen für die Übertragung wären, wenn irgend etwas »Abstraktes«, etwa ein Gedanke, eine Stimmung, übertragen werden soll. Bei der Telegraphie, drahtgebundener wie drahtloser, haben wir solche Zeichen konventioneller Art; beim Sprechen und Schreiben, den »drahtlosen« Übertragungsarten von »Sinn« im täglichen Leben, sind es die gesprochenen Laute und die geschriebenen Buchstaben und ihre Kombinationen. Sie sind jeweils einem »Sinn« konventionell eindeutig zugeordnet, z. B. dem Sinn »Die Philosophie Kants«. Davon wäre telepathisch gar keine Rede[1])!

Auf diesem Weg kann man, wie mir scheint, noch mehr in die Tiefe gehen und kommt dann zu denselben Argumenten, die mich zur radikalen Ablehnung des psycho-mechanischen Parallelismus, der ja aber die unabweisliche Grundlage für die parapsychische Strahlungshypothese wäre, geführt haben, so daß mit dem Parallelismus auch diese endgültig fällt. Es ist einfach ein Unsinn, ist ein bloßes Wortbeieinander, wenn man sagt, der Inhalt eines Gedankens mit seinem Ton des »Wahr«- oder »Falsch«-seins, also sein »Sinn«, sei »eigentlich dasselbe« wie eine bestimmte Konstellation oder Bewegung von Elektronen im Gehirn, nur »von der anderen Seite gesehen«. Das eben müßte aber die Strahlungstheorie tun. Wer uns aber sagt, und damit kehren wir zu Tischners eigenem Argument

---

1) Baerwald (l. c., S. 102 ff.) geht in seiner Kritik Tischners gerade auf dieses sein Hauptargument gegen die Strahlenhypothese nicht ein. Man könnte auch sagen, er versucht, ohne auf die Hauptsache einzugehen, Tischners Gedankengang durch eine den wahren Sachverhalt gar nicht treffende Erörterung zu entkräften: bei Übertragung von Musik wird nämlich nicht »Sinn« in Form rein konventioneller Zeichen, sondern werden Töne *als Töne* übertragen! Das übersieht Baerwald, wenn er die Übertragung von Musik gegen Tischner ausspielt.

zurück, wir übertrügen doch täglich bei Sprache und Schrift den »Sinn« von Gedanken drahtlos und durch Strahlen, der vergißt eben, daß wir das stets durch Umsetzung des Sinnes in verabredete Zeichen – in jeder Sprache in andere – tun, daß diese Zeichen allerdings drahtlos strahlend übertragen werden, um dann, aufgrund der Konvention, sich im »Sinn« zurückzuübersetzen. Die konventionellen Zeichen, die unbedingt nötig wären, sowie über das einfachste Anschauliche hinausgegangen wird, fehlen nun aber parapsychisch – damit ist die Sache erledigt.

Ein neues treffendes Argument gegen die Strahlungshypothese ist übrigens jüngst von Belton[1]) den schon gegen sie vorgebrachten Argumenten hinzugefügt worden: sie erklärt es nicht, daß von telepathischen Anrufen jeweils eine bestimmte Person, nämlich die, welche es eben »angeht«, betroffen wird. Wellensendungen müßten zum mindesten viele, wenn nicht alle Menschen erreichen. Auch dieser Grund gegen die genannte Theorie ist vernichtend.

Wenn wir echtes Hellsehen als Sonderphänomen elementarer Art zulassen, was wir, wie gezeigt ward (Seite 71), vielleicht dürfen, so könnte hier bei sehr oberflächlicher Erwägung vielleicht wirklich von einer Übertragung durch Strahlen geredet werden. Freilich – das »Sehen« des Hellsehens geschähe nicht durch das Auge – wodurch aber dann?

Doch wir brauchen diesem Gedanken nicht nachzugehen. Wenn der Inhalt einfach beschriebener glatter Briefbögen in festem undurchlässigem Umschlag gleichermaßen hell-»seherisch« erfaßt wird, gleichgültig, ob von vorn oder von hinten dargeboten, so spricht das scharf gegen jede Art von durch Strahlen vermitteltem »Sehen«: müßte doch im zweiten Fall – Spiegelschrift erfaßt werden! Und nun gar vielfach gefaltete Briefe: nicht das Chaos der sich überlagernden Schriftzüge wird erfaßt, sondern der »Inhalt«.

Also auch hier ist die Strahlungstheorie erledigt. Was an ihre Stelle zu setzen ist, muß andernorts geprüft werden.

Wie nun also könnte die Dynamik der mentalen Paraphänomene »verstanden« und also »erklärt« werden, nach-

---

1) Psychical Research and Religion, London, 1931, S. 35.

dem die Strahlungshypothese, die eine gewisse Art des Weg-erklärens bedeutet hätte, versagt hat?

Es scheint da zunächst, als sei noch eine andere Art des physikalischen Weg-erklärens möglich, indem mit dem Begriff einer »psychischen Energie« gearbeitet wird. Aber, ganz abgesehen von anderen Bedenken, die dem Begriff einer psychischen oder auch »vitalen« Energie grundsätzlich entgegenstehen[1]): eine solche Energie müßte doch eben übertragen werden, und da wären wir wieder bei der als unmöglich aufgezeigten Strahlungshypothese angelangt.

Es muß also ganz anders versucht werden; wir müssen von der wegerklärenden Theorienbildung zur erfindenden, in dem von uns auf Seite 96 f. festgelegten Sinn, übergehen.

Versuchen wir das vorsichtig und Schritt um Schritt zu tun.

b) Die nichtphysikalischen Theorien

Was zur Untersuchung steht, sind, wie wir schon wiederholt sagten, besondere Formen des Wissenserwerbs, und zwar entweder in bezug auf fremdseelische Zustände und Inhalte oder auf objektive Situationen.

Wie wir nun auf Seite 101 sagten, daß paraphysische Phänomene, wenigstens solche im Anschluß an den Leib eines Menschen, »Handlungen« seien, wie es sie als Veränderungen der Natur seitens des Menschen auch im Normalen gibt, daß nur die Ausführungsart, der Weg des Handelns das Paranormale sei, so ist es auch hier, und wir sagen es noch einmal:

Wissen bleibt Wissen, und Wissenserwerb bleibt Wissenserwerb. Der Weg des Wissenserwerbs ist das Paranormale; er geschieht nämlich nicht vermittels der Sinnesorgane, sondern – anders. Wie er geschieht, das wollen wir nun zu erforschen versuchen.

Im Raum, oder besser gesagt, auf Raumeswegen oder durch den Raum hin kann nach allem, was wir wissen, die Übertragung zwischen dem Agenten und dem Perzipienten oder (beim Hellsehen) zwischen Objekt und Perzipienten bei paranorma-

---

1) Vgl. meine Philos. d. Organ., 4. Aufl., 1928, S. 297.

lem Wissenserwerb nicht stattfinden. Also müssen wir, weil sie ja eben doch stattfindet, »aus dem Raum« hinausgehen, in unbekannte Übertragungsmittel hinein. Man wird sagen, unser ganzes Erleben und Erfahren sei an die Form des Raumes (und der Zeit) unweigerlich gebunden, und das ist, soweit das unmittelbare Erfahren des empirisch Wirklichen in Frage steht, auch für das parapsychische Tatsachenfeld richtig. Haben wir doch selbst auf Seite 62 gesagt, daß Paranormales stets »behavioristisch«, das heißt durch Beobachtung des Metagnomen in bezug auf seine, letzthin in Mund- und Handbewegungen bestehenden, Aussagen, erfahren werde.

Dabei bleibt es natürlich; aber das geht nur das Erforschen der Tatsachen, nicht ihr Verstehen an.

α) Ihre Notwendigkeit in der normalen Biologie und Psychologie

Schon die normalen organischen Vorgänge, obschon auch, wie alles, unmittelbar als Bewegungen von Materie erfaßt, zwingen uns, wie der Vitalismus lehrt, dazu, nicht von Materie ausgehende, sondern vielmehr sozusagen »in den Raum hinein« wirkende Agentien einzuführen, weshalb eben der Vitalismus eine Brücke zur Parapsychologie darstellt, da auch er schon »aus dem Raum hinausgeht«[1]). Diese Agentien müssen da sein, wenn überhaupt das Organische kausal verstanden werden soll: ihr Sosein freilich kennen wir nur aus ihren Wirkungen, nämlich insofern, als wir wissen: Sie müssen das »Vermögen« haben, das zu leisten, was nun einmal erfahrungsmäßig geschieht. Sie müssen »da sein« – das sagen wir noch einmal ganz ausdrücklich; es sei denn, man wolle auf ein kausales »Erklären« verzichten.

Nun redet freilich der biologische Vitalismus zunächst nur von »ganzmachenden« X-Agentien in bezug auf die Gestaltung und das Verhalten einer lebendigen Person. Wir brau-

---

1) Man denke hier aber ja nicht an den Unsinn einer »vierten Dimension« des Raumes. Der hat nun einmal drei Dimensionen. Es handelt sich um etwas, das mit Raum nur insofern zu tun hat, als es sich in ihm äußert.

chen aber parapsychologisch mehr; wir brauchen etwas, das sich, um zunächst ganz unbestimmt zu sprechen, auf mehrere Personen bezieht, also etwas Überpersönliches, das wie alles Vitale mit »Raum« nur insofern zu tun hat, als es sich in ihm manifestiert, das aber nicht im Raum ist und nicht durch ihn hindurch wirkt.

Wie, wenn nun schon die normale Biologie und Psychologie auch so ein »Überpersönliches« brauchte, nachdem sie einmal »aus dem Raum hinausgegangen« ist?

Sie tut es in der Tat.

Biologisch haben wir da zunächst die Tatsache der Phylogenie oder Stammesgeschichte der Organismen, die, nachdem die »Zufallstheorien« Darwins und Lamarcks versagt haben, ohne so etwas wie eine überpersönliche Entelechie, die sich in der Phylogenie manifestiert, gar nicht verstanden werden kann[1]).

Wir haben ferner die experimentell erhärteten Tatsachen der Regeneration und der Entwicklung mehrerer ganzer Organismen aus einem Ei nach Trennung der Furchungszellen voneinander sowie ihr Gegenstück, die Entwicklung eines »Riesen«-Organismus aus zwei Eiern; wir wissen weiter, daß ein weiblicher Organismus viele Eier produziert, die aber in ihm, als er noch Embryo war, eine Zelle, die sich dann fortgesetzt teilte, waren. Diese, unter dem Namen »Das Eine und das Viele« eingehend von mir erörterten Tatsachen[2]) zwingen geradezu dazu, von einem überpersönlichen Wesen zu reden, das hier eine Rolle spielte.

Im Seelenleben aber besitzen wir ein seltsames elementares Erlebnis, welches man »sittliches Bewußtsein« nennt. Dieses Erlebnis, das sich in den Aussagen, daß etwas sein *sollte,* äußert, und zwar in ausdrücklicher Beziehung auf anderes Lebendige, ist auch aufs klarste personenübergreifend.

Sowohl biologisch wie psychologisch brauchen wir also schon im Normalen so etwas wie einen Rahmen, der die Person umgreift, um Rätselhaftes absichtlich mit einem farblosen Namen zu belegen. Es muß »da sein«, dieses Überpersönliche, ebenso wie Unraumhaftes überhaupt »da sein« muß.

1) Philos. d. Org., 4. Aufl., S. 214 ff.
2) L. c., S. 384 ff.

β) Das »Seelenfeld«

Mental-parapsychisch brauchen wir nun, wie schon gesagt, auch neben dem Unraumhaften überhaupt noch ein Überpersönliches. Da ist es sicherlich erfreulich, daß wir zeigen konnten, es sei, was wir brauchen, an Bekanntes zum mindesten angeknüpft, mögen wir auch sogleich gezwungen sein, neue, gerade auf das Parapsychische bezogene Wesenszüge dem Bekannten anzufügen.

Denn wir brauchen ja eben, da, wie wir zeigten, der Raum nicht genügt, einen unraumhaften verknüpfenden Rahmen für viele Seelen, einen Rahmen, der aber jetzt ausdrücklich als Übertragungsfeld für einzelne *kausale* Geschehnisse gilt; ein Umstand, der in der normalen Biologie und Psychologie noch nicht in Frage kam. »In« diesem Feld, das Wort »in« natürlich nicht wörtlich genommen – aber es gibt kein besseres –, muß sich der Wissenserwerb bei Telepathie, Gedankenlesen und Hellsehen abspielen. Wir wollen von einem *Seelenfeld* reden. Die Einführung dieses unraumhaften Seelenfeldes braucht jede parapsychische Theorie, da es sich doch eben um kausale Übertragung handelt; ganz gleichgültig, ob sie weiterhin die Form des »Animismus«, des »Spiritismus« oder irgendeine andere Form annimmt.

γ) Der reine Animismus

Eine mental-parapsychische Theorie, welche nur mit den Seelen lebendiger Menschen rechnet, nennt man *Animismus,* wenn schon viele, die sich »Animisten« nennen, ohne es zu bemerken, Dinge einführen, die über den Rahmen des Begriffs »personale Seele« erheblich hinausgehen, wovon zu reden sein wird.

Als *reinen* Animismus wollen nun wir eine Lehre bezeichnen, die wirklich nur mit personalen, zum unmittelbaren Wissensaustausch befähigten Seelen arbeitet.

Ein reiner Animismus ist logisch a priori sicherlich möglich, wenn ihm die Lehre vom kausal verknüpfenden überpersönlichen Seelenfeld, welche, wie wir sagten, jede parapsychische

Theorie braucht, von vornherein beigefügt wird; ohne diesen Zusatz freilich ist schon die rein animistische Lehre unvollständig. Denn um Verknüpfendes handelt es sich bei aller paranormalen Wissensübertragung nun doch einmal, und der Raum als Verknüpfungsfeld und Träger kausaler Beziehungen genügt eben nicht. Stillschweigend ist auch wohl stets der Animismus mit der Annahme dessen, was wir »Seelenfeld« nennen, verbunden worden.

Es steht nun aber noch dahin, ob die allgemeine sehr unbestimmte Lehre von Animismus und Seelenfeld in dieser ihrer allgemeinen und unbestimmten Fassung angesichts der mentalen parapsychischen Erfahrungstatsachen, die hier ja gerade, im Unterschied vom paraphysischen Gebiet, zum Teil sehr gut gesichert sind, wirklich genügt.

Daß sie offenbar *nicht* überall genügt, zeigt schon ein Blick auf die sehr kurze Geschichte wissenschaftlicher Parapsychologie: man hat sich fast nie mit dem bloßen allgemeinen und unbestimmten reinen Animismus begnügt, sondern hat ihm, wenn man sich auch nur »Animist« nannte, theoretisch meist etwas beigefügt, was über seine unbestimmte allgemeine Form, von der unbedingt notwendigen Einführung des Seelenfeldes ganz abgesehen, hinausgeht.

Warum wohl? Welche Tatsachen zwingen zu diesem Hinausgehen?

δ) Die ersten Ergänzungen des reinen Animismus

Freilich liegen solche zur Erweiterung der Theorie des reinen Animismus zwingenden Tatsachen nicht bei jeder parapsychischen Beobachtung oder bei jedem mental-parapsychischen Experiment vor. Gerade da, wo in echter Weise »experimentiert« wurde, liegt bisweilen kein Anlaß zu solcher Erweiterung vor.

Man denke etwa an die Versuche von Cl. Miles und H. Ramsden[1]) und an die des Ehepaars Upton Sinclair: hier genügen Animismus und Seelenfeld. Dasselbe gilt von Pagen-

1) Proc. S.P.R., Band 21 u. 27.

stechers Versuchen, soweit sie Übertragungen einfacher Sinnesempfindungen betreffen; sagten wir doch, daß man auf sie vielleicht sogar die Strahlungshypothese anwenden könnte, wäre sie nicht aus anderen Gründen unmöglich.

Aber wenn nun auch hier und in manchen anderen Fällen, z. B. in den von Richet studierten, der reine Animismus, durch die Lehre vom Seelenfeld vervollständigt, für die Erklärung der Tatsachen grundsätzlich genügt und keiner eigentlichen Erweiterung bedarf, so tritt doch schon jetzt eine bedeutsame Sonderfrage unabweisbar auf, die durch Animismus und Seelenfeld schlechthin noch nicht geklärt ist; und von dieser Frage, die also den Rahmen des bisher Behandelten noch nicht eigentlich sprengt, wohl aber eine durchaus notwendige Vervollständigung alles bisher theoretisch Ausgeführten ist, soll jetzt an erster Stelle geredet werden.

Es handelt sich um das Problem, wie Agent und Perzipient *sich finden,* ein Problem, welches wir als das der *Abstimmung* bezeichnen wollen.

Im Bereich des Normalen »finde« ich den, welchem ich eine Mitteilung machen oder von welchem ich eine erhalten will, entweder indem ich ihn sinnlich wahrnehme oder weil ich weiß, wo er sich befindet, und Mittel kenne (Post, Telegraph), durch die er zu erreichen ist. Wie steht es damit paranormal?

Wir wissen das, offen gesagt, gar nicht und können nur Hypothesen vorbringen, wobei offenbar die Fragen »Wo ist er?« und »Wie komme ich zu ihm« zu scheiden sind.

Bei spontaner Telepathie und bei Gedankenabzapfung von Anwesenden kann wohl die Frage des »Wo?« meist ohne weiteres als gelöst gelten; bei Telepathie freilich nicht immer.

Die Frage des »Wie?« pflegt man bei spontaner Telepathie durch die Behauptung erledigt zu sehen, daß ein »emotionales« Band wie Liebe, Zuneigung Agenten und Perzipienten umspannen müsse. Das mag richtig sein; es sagt aber wenig Bestimmtes und gilt nicht immer. Denn es gibt Spontantelepathie zwischen einander Gleichgültigen. Bei experimentaler, also willkürlicher telepathischer Sendung zwischen Menschen, die nicht in eigentlich emotionaler Beziehung stehen, wird alles nicht viel bestimmter; der Ausdruck »gemeinsames Interesse« ist nicht viel mehr als ein Wort.

Beim Gedankenabzapfen kommt, auch wo Anwesende in Frage sind, nun noch die große Schwierigkeit der Auswahl des Abgezapften hinzu. Warum, so lautet hier die Frage, wird gerade dieses und nicht jenes aus dem, um seine Wissenshergabe ja gar nicht wissenden, Agenten, herausgeholt? Und es kann ja doch nicht nur aktuell Bewußtes, was sich wohl noch ohne Schwierigkeiten verstehen ließe, sondern auch Vergessenes, ja gar nicht mehr Reproduzierbares herausgeholt werden. Hier liegt schon einer der Gründe, die über den reinen Animismus später grundsätzlich hinausführen werden, und deshalb verfolgen wir diesen Gedanken jetzt nicht weiter.

Beim Gedankenabzapfen von Abwesenden mag die Frage des »Wo?« keine besondere Schwierigkeit bieten, wenn der Metagnom ihren Ort kennt. Meist wird er ihn aber nicht kennen. Dann kompliziert sich alles bedeutend; ganz abgesehen davon, daß die Frage der Auswahl, wenn es sich nicht um aktuell Bewußtes handelt – was sehr selten in Frage steht –, hinzukommt. Auch hier muß wohl der Rahmen des reinen Animismus grundsätzlich gesprengt werden.

Man sieht aus allem, daß die Frage der Abstimmung zwischen Agent und Perzipient zwar nicht immer den Rahmen des reinen Animismus zu sprengen braucht, obschon sie gelegentlich große Schwierigkeiten in seinem Rahmen bereitet, daß aber die Frage der *Auswahl* selbst beim Gedankenlesen aus Anwesenden oder örtlich Bekannten den Rahmen des reinen Animismus schon fast zerbricht, vom Gedankenabzapfen aus Abwesenden und ihrer Örtlichkeit nach Unbekannten gar nicht zu reden.

Wir sagen ausdrücklich, daß von sogenannter Psychometrie hier mit Absicht noch nicht geredet wurde.

ε) Die Exkursionshypothese

Behandelten wir im vorigen Abschnitt schwierige Sonderprobleme im Rahmen des Animismus, die freilich gelegentlich schon an seine Grenzen führten, so soll es sich jetzt um eine Zusatzhypothese zum Animismus handeln.

Es handelt sich um die Hypothese der sogenannten *Exkursion*[1]).

Es wird berichtet, daß, schon in tiefer Narkose zum Zweck einer Operation, der Patient gelegentlich den gesamten operativen Prozeß »von außen« gesehen, ihn jedenfalls hinterher richtig in seinen Einzelheiten von einem ganz bestimmten Gesichtspunkt aus beschrieben, gleichzeitig auch hellseherische richtige Angaben über Vorgänge außerhalb des Operationszimmers gemacht habe. Die Berichte bedürfen wohl der Bestätigung durch neue Fälle. Nehmen wir sie einmal als richtig an, was hätte sich dann ereignet?

Hat sich da die Seele vom Leib auf Zeit getrennt? Unmöglich ist der Gedanke für den, der den psycho-mechanischen Parallelismus verworfen und damit die Seele als selbständige Wesenheit eingeführt hat, nicht.

Echt hellseherische Beschreibung ferner Örtlichkeiten im Trancezustand, wenn zugelassen, würde auf dasselbe Blatt gehören – die hellseherische Erfassung gefalteter Briefe freilich nicht; hier müßte Psychometrie zu Hilfe gerufen werden.

Es scheint mir nun aber, daß, wie ja schon früher gesagt ward, viele Fälle sogenannter spontaner Telepathie gar nicht nur das sind, als was sie sich geben, sondern daß gerade hier, wo wir uns auf tatsächlich gesichertem Boden bewegen, noch ein Phänomen hinzukommt, das durch Exkursion, ja wohl nur durch sie, verständlich werden könnte. Ich denke an das, was wir anläßlich der Kritik der Strahlungshypothese »Korrespondenzübertragung« nannten, also an Fälle von angeblicher einfacher Telepathie, in denen aber der Perzipient die jeweilige Situation des Agenten[2]) in ihren Einzelheiten richtig erfaßt, etwa die ihm notorisch unbekannte Kleidung, Bart-

---

1) Hierzu vor allem Mattiesen, Der jenseitige Mensch, 1925, Abschnitt 37–39, sowie Zeitschr. f. Parapsych. 6, 1931, Heft 9 und 10. Ferner Myers, Human Personality, 1902/3 (Registerstichwort »clairvoyance«) und seine theoretischen Betrachtungen in Vol. II von »Phantasms of the Living«.

2) Vgl. S. 101. Es gehören aber nicht hierher jene Fälle einer reziproken Telepathie, in denen beide Beteiligten sich wechselseitig sehen, aber jeder den anderen in dem ihm selbst, dem Visionär eigenen Milieu, als ob es sich um einen Besucher handelte. Vgl. z. B. Phantasms of the Living, Fall 645.

tracht, Verwundungsart usw. des Agenten richtig, oft gegen seine Erwartung, in ihren Einzelheiten kennt und beschreibt und in denen eine Beeinflussung seitens anderer Agenten, die etwa die Situation gesehen und telepathisch übertragen haben könnten, zum mindesten sehr unwahrscheinlich, wenn nicht geradezu ausgeschlossen ist. Sieht es hier nicht aus, zumal wenn der Perzipient im Schlaf oder Wachschlaf beeinflußt wird, als ob die eigentliche telepathische Beeinflussung nur, kurz gesagt, ein »Rufen« bedeutet, worauf die »Seele« des Perzipienten, der also jetzt der eigentliche »Agierende« wird, sich »hinbegibt« an den Ort des Rufers? Fälle wie die hier genannten, das sei noch einmal besonders betont, gehören gerade zum am besten gesicherten Gut der gesamten Parapsychologie.

Und bei beabsichtigter Telepathie möchte wohl auch der ursprüngliche Agent »gereist« sein: es sind sehr gute Fälle berichtet, in denen er die Örtlichkeit des Perzipienten, den zu sehen er wünscht, richtig, wenn auch bisweilen ohne »Verständnis« (Seite 46), beschreibt – wobei wir ausdrücklich davon absehen wollen, daß er gelegentlich von ihm als »Phantom« gesehen worden sein soll, es dahingestellt sein lassend, ob es sich da um ein subjektiv-halluzinatorisches, immerhin sicherlich paranormales, oder um ein objektives Phänomen, das nicht mehr in die Gruppe mentaler Geschehnisse gehören würde, handelt.

Übrigens sind ja auch von gewissenhaften Autoren viele Fälle berichtet, in denen, ohne »gerufen« zu sein und ohne Absicht, ein Metagnom, im Schlaf, in Trance oder in vollem Wachsein ferne Situationen spontan in allen Einzelheiten richtig beschreibt, Fälle, in denen jedenfalls das Gerufensein nicht nachweisbar ist.

Man sieht, wie verschiedenartig die »Bedingungen« sein würden, die zu einer Exkursion, wenn wir sie hypothetisch zulassen, führen.

In allen diesen Fällen, also, kurz gesagt, beim Hellsehen, geschehe es auf Ruf oder ohne ihn, erklärt die Exkursionslehre eben die *Besonderheit* der Berichte der Metagnomen. Sie erklärt, warum der »hellsichtige« Metagnom immer nur *ganz Bestimmtes* paranormal erfaßt; und zwar erklärt jene Lehre es durch die Aussage, daß nicht ein eigentliches »Hellsehen« seitens eines örtlich fixierten Metagnomen, sondern daß eben die spezifische »Seelenreise« als der eigentlich maßgebende Faktor in Frage kommt. Wer normalerweise »reist«, sieht ja auch nur die Besonderheiten seines Reiseweges und Reisezieles.

Wir haben nun freilich auf Seite 90 selber gesagt, daß Hellsehen als Urphänomen nicht so gesichert sei wie Telepathie, daß man sich in vielen Fällen, und zwar gerade in manchen (wenn schon nicht allen), in denen der Agent nur »ruft« und der Perzipient dann ganze Situationen richtig »sieht«, damit helfen könne, daß man sagt: Andere Menschen haben ja doch die Situation normaliter gesehen und sie haben eben auch, neben dem eigentlichen Rufen, den Perzipienten telepathisch beeinflußt.

Aber ich gestehe offen, daß mir diese Annahme, ganz abgesehen davon, daß sie sicherlich nicht auf alle berichteten Fälle zutreffen würde, auch da, wo sie logisch möglich ist, weit gekünstelter erscheint als die Hypothese der Exkursion.

In den Rahmen der Exkursionslehre gehören vielleicht auch die Berichte über Doppelgänger, zumal auch die sogenannten »arrival cases« der britischen Forscher[1]). Hier ist alles noch wenig geklärt. Ist es spontan, ohne Wissen und Willen des Agenten ausgesandte telepathische Halluzination, oder etwa – objektiver Spuk? Das könnte, etwa hinsichtlich eines »vorzeitigen« Besuchers, wohl die photographische Platte erweisen. Überhaupt ist strenge Sicherung des Tatsächlichen hier noch erforderlich.

Es muß ausdrücklich betont werden, daß die Exkursionshypothese nur auf solche Fälle paranormalen Wissenserwerbs anwendbar ist, die irgendwie mit dem Erfassen objektiver Situationen zu tun haben, also auf unmittelbares Hellsehen als solches, wenn wir es zulassen, oder auf Fälle sogenannter Telepathie, die mehr sind, als der Name besagt. Mit Gedankenabzapfen, überhaupt mit dem Wissenserwerb fremdseelischer Wissensinhalte hat die Exkursionslehre es nicht zu tun.

1) Phantasms of the Living II, S. 96 ff. Viel Material in v. Gagern, Geister, 1932.

Aber wo irgend etwas Hellseherisches, wenn auch nicht isoliert, in Frage steht, »erklärt« sie und *nur* sie einigermaßen den Sachverhalt[1]).

Und wir sagen noch einmal, daß die Widerlegung des psychomechanischen Parallelismus sie möglich gemacht hat, ja ihre notwendige Voraussetzung des reinen Animismus und der Lehre vom Seelenfeld gewesen ist.

Man sieht, wie überall die neuere normale Psychologie der Parapsychologie vorarbeitet.

Wir kehren jetzt zu den Fällen parapsychischen Wissenserwerbs zurück, in denen der Erwerb fremdseelischer Wissensinhalte, also nicht der des Wissens über objektive Situationen in Frage steht.

ζ) Die Lehre vom Weltbewußtsein und der »Spiritismus«

Wenn kein Lebendiger mehr da ist, der um den in Frage kommenden paranormal vom Metagnomen geäußerten richtigen Wissensinhalt einmal wußte, ein gerade bei psychometrischen Untersuchungen häufiger Fall, so wird die Nötigung, den Rahmen des reinen Animismus theoretisch völlig zu sprengen, eine Nötigung, die sich schon angesichts mancher der bisher erörterten Dinge in mehr oder weniger unbestimm-

---

1) Wir haben die Fälle, in denen Telepathie sich mit Hellsehen zu verquicken scheint und die Hypothese einer »Exkursion« als mögliche Erklärung auf den Plan tritt, so aufgefaßt, daß wir zuerst den telepathischen Ruf und dann, als zweites, die vielleicht auf Exkursion zu beziehende hellseherische Leistung geschehen lassen. Hier fängt also der telepathische Agent den ganzen Vorgang, sozusagen, an. Lassen wir Hellsehen zu, das nicht an Telepathie in dieser Weise gebunden ist, so möchte wohl auch die hellseherisch begabte Person »anfangen«, nämlich mit ihrer Hellschau, dann aber, auf Grund dieser Schau, selbst als Agent telepathisch wirken, etwa im Sinn einer Warnung an den, dessen Lage sie erfaßte. Das wäre eine ganz andere Form der Bindung von Telepathie und Hellsehen. Meine Frau deutet das von ihr Erlebte und Geschilderte (Zeitschr. f. Parapsych. 1926, S. 666 und 1931, S. 493) im Sinn der zuletzt erwogenen Möglichkeit. Aber könnte sie nicht doch unterbewußt gerufen sein, indem eben die in Gefahr befindliche Person, obwohl noch schlafend oder doch dämmernd, die bedenkliche Lage dumpf erfaßte? Die Sachlage würde jedenfalls vereinfacht, ließe man nur eine Art der Bindung von Telepathie und Hellsehen zu.

ter Form gezeigt hat, eine *Forderung*. Denn hier zwingt die Tatsächlichkeit geradezu, über den Rahmen des »reinen Animismus«, durch die Lehre vom allgemeinen Seelenfeld und anderes schon ergänzt, hinauszugehen, und zwar in sehr erheblichem Ausmaß.

Der Möglichkeiten, welche sich für ein solches theoretisches Weitergehen logisch darbieten, sind nun im Grunde nur zwei, jede mit mancherlei Variationen in sich: die Lehre vom plantragenden Weltbewußtsein, wie sie vom Janes und Osty vertreten wird, und der eigentliche Spiritismus.

Jede dieser Lehren hat der anderen vorgeworfen, sie arbeite nicht mit einer *Causa vera*. Der wechselseitige Vorwurf ist aber auf beiden Seiten ungerecht, und zwar deshalb, weil beide Hypothesen mit einer *Causa vera* in echtem, von uns auf Seite 95 f. dargelegten Sinn gar nicht arbeiten können, indem eben neue Urphänomene in Rede stehen, so daß also zum mindesten schon Bekanntes mit ganz neuen »Zügen« oder »Seiten« ausgestattet werden muß. Es wird sich im einzelnen zeigen, inwiefern das bei beiden Hypothesen der Fall ist; und es wird sich weiter ergeben, daß allerhöchstens, und vielleicht nicht einmal das, gesagt werden kann, es arbeite die eine Hypothese mit etwas weniger an neu Eingeführtem als die andere.

Beide Hypothesen arbeiten, ohne das meist direkt zu sagen, mit dem Begriff des Seelenfeldes, d. h. eines allgemeinen unraumhaften überpersönlichen Rahmens, in dem Wirkungen zwischen Seelen statthaben. Dieses Seelenfeld einführen mußte schon der reine Animismus.

Beide kennen auch begreiflicherweise den Begriff der persönlichen lebendigen Seele, einschließlich des Unterbewußtseins.

Von diesen beiden Faktoren ist der zweite eine *Causa vera*, denn persönliche lebendige Seelen sind bekannt. Der erste ist, wie wir wissen (Seite 111 f.), eine auf das Paranormale hingetriebene Erweiterung der allgemeinen Setzung eines »Überpersönlichen«, die schon die normale Wissenschaft theoretisch braucht (Phylogenie, »Eines und Vieles«, sittliches Bewußtsein); die Erweiterung dem Normalen gegenüber betraf die Setzung des Seelenfeldes als eines Schauplatzes unmittelbar *kausaler* Einzelgeschehnisse zwischen personalen lebenden Seelen.

Beide Lehren statten auch die persönliche Seele mit paranormalen Fähigkeiten aus: das ist, bei beiden, keine *Causa vera,* auch keine Erweiterung schon bekannter Dinge, sondern ein grundsätzlich neuer, zur Erklärung der Tatsachen »erfundener« Wesenszug, wie ihn alle mentale Parapsychologie ganz grundsätzlich braucht.

Soweit also besteht Gemeinsamkeit.

Auf diesem gemeinsamen Grund lehrt nun die Lehre vom plantragenden Weltbewußtsein dieses:

Das Weltbewußtsein

Das Überpersönliche ist nicht nur ein unbestimmter, personale lebende Seelen verbindender und paranormale unmittelbare Wissensübertragung zwischen ihnen möglich machender Rahmen, sondern eine Art von überpersönlichem Subjekt. Dieses Subjekt aber hat alle Lebenspläne aller Menschen fest geformt in sich. Man wird an die theologische Lehre denken, daß die Menschen mit ihren Schicksalen »Gedanken Gottes« seien, ebenso an die »Akasha-Chronik« der Inder. Von Bedeutung ist hier, daß also nicht nur alles Vergangene dem Überpersönlichen gleichsam eingegraben ist, sondern alles überhaupt Geschehensmögliche; es ist also nicht eigentlich zutreffend, von Welt-»gedächtnis« zu reden; Ostys Wort vom *Plan transcendental* ist besser.

Nun aber weiter: Der Metagnom kann unmittelbar in einer anderen Seele, mit der er ja durch das Seelenfeld verbunden ist, lesen. Viel wichtiger aber ist, daß er auch im Weltsubjekt lesen und die darin vorhandenen Pläne erfassen kann. »Telefonanschluß im Absoluten« nannte diese Vermutung schon E. v. Hartmann. Da die Pläne im Weltsubjekt gleichgültig gegen die Zeit in ihrer empirischen Verwirklichung sind, da hier das Zukünftige auch jetzt schon »da ist«, so bedürfen prophetische Gaben des Metagnomen auf dem Boden dieser Lehre keiner besonderen Erklärung und keiner besonderen ihm zuzuschreibenden Fähigkeit. Anders freilich, wenn das »Weltbewußtsein«, nach Art der indischen »Akasha-Chronik«, nur als Welt-Gedächtnis gefaßt, also nur Träger des Vergangenen ist, woran wohl James lediglich gedacht hat. Dann würde die Prophetie noch nicht verstanden, sondern würde, wenn sie überhaupt zugelassen wird, besondere Zusatzhypothesen erfordern. Anstelle des Lebens-»planes« würde ja der bloße, nur die Vergangenheit registrierende Lebens-»Katalog« treten.

Die Frage, wie denn nun der Metagnom im einzelnen Fall gerade mit diesem und mit keinem anderen Lebensplan oder -kalatog in Kontakt komme, wird von den Vertretern der Weltsubjektlehre, wenn überhaupt, dahin beantwortet, daß ein psychometrisches Objekt, als welches, wie wir wissen, auch der Leib der von der paranormalen Aussage betroffenen Menschen selbst dienen kann (Seite 77f.), die Vermittlung besorge. Hiervon wollen wir einstweilen noch nicht weiter reden, da das Psychometrieproblem überhaupt gesondert behandelt werden muß.

Der Leser möge übrigens besonders beachten, daß, wie wir ja gesagt haben, die Verkünder der Lehre vom katalog- oder plantragenden Weltsubjekt dieses nicht für jeden Fall paranormaler Wissensübertragung heranziehen. Es gibt auch paranormale Übertragung unmittelbar zwischen einzelnen lebenden Seelen, und zwar gerade in den echten Experimentalfällen.

Der Monadismus (Spiritismus)

Der eigentliche Spiritismus leidet, wenigstens in Deutschland, an seinem fatalen, an »Spiritus« (= Branntwein) erinnernden Namen. Dieser Name gibt ihm bei vielen von vornherein einen lächerlichen Beigeschmack und beeinflußt viele unterbewußt von vornherein zur ablehnenden Haltung.

Könnte man nicht *Monadismus* zur Bezeichnung dessen, was er lehren will, sagen? In der Tat, mit des großen Leibniz Monadenlehre hat das, was gemeint ist, eine starke logische Verwandschaft, wenn unser Monadismus auch die Monaden mit gewissen Vermögen, nämlich paranormalen Mitteilungsvermögen, ausstattet, an welche der Philosoph nicht dachte.

Der Monadismus nämlich lehrt dieses:

Die persönlichen Seelen gehen mit dem Tod, der nur den materiellen Leib betrifft, nicht zugrunde, sie bestehen vielmehr als Personen mit ihrem im Leben erworbenen Erfahrungsinhalt weiter. Sie sind als leibfreie Seelen fähig, mit noch leibbehafteten unter gewissen, in den Metagnomen verwirklichten Bedingungen in telepathischen Wissensaustausch zu treten oder aber – das ist eine andere Variante der Lehre – den Leib der Metagnomen unmittelbar zu Äußerungen (Sprechen oder Schreiben) zu benutzen. Gelegentlich prophezeien sie auch durch Vermittlung der Metagnomen.

Analysiert man diese Lehre auf ihre elementarsten Bestandteile, so findet man zunächst jene Basis, die sie mit der Hypothese des Animismus gemeinsam hat: die Lehre vom überpersönlichen Seelenfeld, das nun freilich leibbehaftete und leibfreie Seelen umspannt. Läßt man die Prophetie zu, so braucht man auch die aus der Theorie vom überpersönlichen Weltsubjekt bekannte Lehre von den ihm eingegrabenen »Plänen« – man müßte denn annehmen, daß der leibfreie Geist eine derart andere (und reichere) Wissensform besitzt als der leibgebundene, daß für ihn bloß Kalkulation ist, was uns als rätselhaftes Vorwissen der Zukunft erscheint; können wir doch auch kalkulatorisch in beschränktem Maß »prophezeien«, z. B. in der Astronomie. Sieht man von Prophetie ab, was aber kaum noch angängig ist (Seite 74), so fällt dieser Bestandteil der Theorie fort. Es bleiben als Hauptkennzeichen der Lehre: die Existenz der Seelenperson nach dem sogenannten Tod, aber in neuer Seinsmodifikation, und ihr Vermögen sich mitzuteilen.

Nach monadischer Lehre gibt es einen tieferen Wesensunterschied zwischen lebender und abgeschiedener Seele nicht; auch Telepathie bleibt immer Telepathie, gleichgültig ob zwischen Lebenden, zwischen einem Lebenden und einem »Verstorbenen« oder, um das nachzutragen, zwischen zwei leibfreien Personen. Etwas ganz anderes freilich bringt jene Modifikation des Monadismus hinein, welche eine abgeschiedene Seele den Leib des Metagnomen »benutzen« läßt. Hiervon sehen wir zunächst ab.

η) Allgemeines

Wir sagten oben, daß sich die beiden von uns erörterten Theorien, die also beide auf der Grundlage der Lehre vom Seelenfeld ruhen, sich gegenseitig den Vorwurf machen, nicht mit *Causae verae* zu arbeiten. Wir sagten ferner, daß dieser Vorwurf nach beiden Richtungen hin unberechtigt ist, weil eben beide Lehren Faktoren, die nicht *Causa vera* sind, einführen und weil ohne ein grundsätzlich »neues« Urprinzip hier, auf diesem »para«-normalen Gebiet, überhaupt theoretisch gar nicht gearbeitet werden kann.

Wägen wir jetzt einmal in Sachen der Frage der *Causae verae* im einzelnen ab, das heißt: Vergleichen wir die Gesamtheit der besonderen neuen Dinge, die unsere beiden Theorien einführen, so erhalten wir folgendes Ergebnis:

Die Lehre vom katalog- oder plan-tragenden Weltsubjekt führt, abgesehen von der allgemeinen Hypothese vom Seelenfeld überhaupt als Träger paranormaler Übertragungen, neu zu Erklärungszwecken ein: Erstens, daß da überhaupt ein überpersönliches Subjekt sei, zweitens, daß es »Pläne«, die auch die Zukunft in sich bergen, denke, drittens, daß der Metagnom in den Plänen lesen kann, viertens, daß es ein Mittel geben muß, welches ihn jeweils den richtigen bestimmten Platz finden läßt.

Der Monadismus setzt, abgesehen von der allgemeinen Hypothese vom Seelenfeld als Träger paranormaler Übertragungen, als neu zu Erklärungszwecken hin: Erstens die leibfreie Modifikation der Seelenperson, zweitens, daß sie irgendwie die Zukunft zu erfassen fähig sei, entweder weil sie in »Plänen« liest oder weil sie mit übermenschlicher Kalkulationsfähigkeit begabt ist, drittens Telepathie zwischen Lebenden und Abgeschiedenen, viertens Mittel, den »richtigen« Perzipienten zu finden.

Er setzt also, der üblichen Ansicht zum Trotz, die Lehre von der *Conscience universelle* (Osty) mit ihren Plänen oder Katalogen ebensoviel des Neuen voraus wie der Monadismus. Denn dieses plantragende Weltsubjekt ist wahrhaftig ebensowenig eine *Causa vera* wie die leibfreie Seelenperson des Monadismus.

Man möchte sogar sagen, daß der Monadismus etwas weniger an wesenhaft Neuem gebraucht als die Lehre vom Weltbewußtsein mit seinen Plänen. Denn eben jenes gänzlich hypothetische Weltsubjekt mit seinen »Plänen« fällt weg. Der Monadismus arbeitet nur mit paranormaler Übertragung zwischen Seelenpersonen. Freilich läßt er abgeschiedene Personen Agenten oder Perzipienten sein, und das ist natürlich als Neues auf seiten des Monadismus zu buchen. Das Finden des richtigen Partners bleibt auch auf monadischer Seite noch ein Problem, aber wohl kein so schwieriges wie im Rahmen der Weltsubjektlehre. Es trat ja schon (Seite 113) im Rahmen des reinen Animismus auf. So seltsam es klingt: Gerade im Kreis des Monadismus geht es ja nach dem »Tode« nicht sehr viel anders zu als im »Leben«; telepathisch soll zwar der Verkehr sein, aber er bleibt doch ein Verkehr zwischen Personen – wenn wir Prophetie ausschalten – und gerade den kennen wir, während wir irgendeine Art des Verkehrs einer Person mit der Weltgeistüberperson nicht kennen.

Zum mindesten braucht also der Monadismus nicht mehr des Neuen als die Lehre vom Weltsubjekt als Planträger; vielleicht braucht er sogar weniger. Und er konserviert gerade das, was im Bereich des Seelisch-Lebendigen so überaus eindrucksvoll ist: die Person.

Mit der Aufrollung der *Causa vera*-Frage sollten also die Vertreter der Lehre vom Weltsubjekt etwas vorsichtiger sein.

Von Modifikationen des Monadismus haben wir schon eine erwähnt: jene Hypothese, daß die abgeschiedene Seelenperson sich nicht nur mittelbar mit Hilfe des Metagnomen äußern könne, indem sie ihm telepathisch mitteilt, was er dann in seiner Aussage wiedergibt, sondern auch unmittelbar durch »Benutzung« seines Leibes.

Diese Modifikation zieht nun zugleich eine weitere Hypothese nach sich, wenn man die Frage aufwirft, wo denn die Seele des Metagnomen während solcher Benutzung bleibe. Hier aber gäbe wohl, wenn man sich überhaupt auf diese Modifikation des Monadismus einlassen will, die schon als Ergänzung vom reinen Animismus benötigte Lehre von der Exkursion die Antwort (Seite 126 ff.). Jedoch ist diese ganze Angelegenheit heute, wo nicht einmal die Grundannahme des

Monadismus sicher steht, so problematisch, daß es sich erübrigt, näher auf sie einzugehen.

c) Die Unmöglichkeit einer Entscheidung

Wie steht es denn nun mit den Tatsachen? Gibt es irgendeine sachliche Entscheidungsmöglichkeit zwischen der Lehre vom plan- oder doch katalog-tragenden Weltsubjekt, in welchem die Personen nicht mehr als solche bewußt existieren, sondern nur vom Weltsubjekt »gedacht« sind, und der monadischen Lehre vom persönlichen Überleben? Eine von beiden Lehren nämlich brauchen wir, wie gezeigt wurde (Seite 118 f.). Gerade angesichts gesicherten parapsychologischen Gutes brauchen wir sie.

Die »Medien«, unter dieser Voraussetzung mit Berechtigung so genannt, behaupten sehr oft, mit Abgeschiedenen zu kommunizieren oder gar, nach jener Modifikation der monadischen Lehre, welche die abgeschiedene Seele den Leib des Mediums unmittelbar benutzen läßt, von ihnen »besessen« zu sein – denn was hier behauptet wird, wäre in der Tat echte sogenannte »Besessenheit«. Diese ihre Behauptung als solche besagt natürlich gar nichts.

Grundsätzliche dogmatische Gegner – als ob man auf diesem Gebiet etwas »a priori« sagen könnte! – sagen dagegen von vornherein zu ungunsten des Monadismus, daß man »Geistern« doch nicht solche Trivialitäten zutrauen könne, wie sie meist, als angeblich von ihnen kommend, durch die Metagnomen in Trance zutage gefördert werden.

Demgegenüber ist nun freilich zunächst zu bemerken, daß wir, für den Fall, daß es »Geister« geben möchte, doch eben gar nichts über ihre Vermögen wissen. Man könnte sehr wohl die Vermutung hegen, daß es ihnen, falls sie da sind, ebenso schwer sei, mit uns zu kommunizieren, wie uns mit ihnen. Ferner könnten sie in einem Milieu leben, das ebensowenig mitteilbar an uns ist wie »Farbe« an einen total Farbenblinden.

Endlich aber: Wären jene Trivialitäten nicht gerade, weil sie »Trivialitäten sind«, von Bedeutung? Englische Forscher haben diesen Gedanken bereits ausgeführt: Trivialitäten,

Kleinigkeiten aus dem vergangenen »Leben« müssen wir, sagen sie, geradezu erwarten für den Fall, daß wir die wirkliche Gegenwart eines Abgeschiedenen annehmen. Denn was müßte er in erster Linie wollen? Kurz gesagt: seinen Personalausweis erbringen, zeigen, daß er wirklich als diese bestimmte Person da ist. Wie macht man es, wenn man sich am Telefon mit jemandem unterhält, der nicht glaubt, daß man der sei, für den man sich ausgibt? Man erzählt ihm kleine, ausgefallene Dinge aus dem Bereich des gemeinsam Erlebten, etwa daß man da und dort zusammengewesen sei, jenen Ausflug zusammen gemacht, ja wohl einen Unfall gemeinsam erlitten habe. Gerade solche »Trivialitäten« geben aber die angeblichen Geister kund, so daß dieser Umstand jedenfalls nicht gegen ihr Dasein spricht.

Aber damit haben wir noch nichts Positives.

Ehe wir nun weitergehen in unserem Bestreben zwischen den beiden zur Erörterung stehenden Theorien, Weltbewußtsein oder Monade, zu entscheiden, muß auf eine gewisse Verwandtschaft zwischen beiden Hypothesen noch einmal hingewiesen werden und müssen auch noch ein paar Modifikationen beider genannt sein. Denn nur so kann der eigentliche Kernpunkt der Frage, die uns beschäftigt, ganz klar herausgearbeitet werden.

Eine gewisse Verwandtschaft zwischen den Lehren vom überpersönlichen plantragenden Weltsubjekt und vom monadischen Überleben der Seelen besteht nun sicherlich insofern, als beide Theorien einen personalen Konstituenten haben und zwar einen beharrlichen. Für den Monadismus ist er das eigentlich Wesentliche. Aber die andere Theorie kennt auch das beharrlich Personale in Form der »Pläne« oder »Kataloge«; nicht läßt sie, wie gewisse vom Neuplatonismus herstammende metaphysische Lehren, die Personen restlos in ein Überpersönliches hinein verschwinden.

Was aber die gewissen Modifikationen der Lehre vom Weltsubjekt angeht, von denen wir redeten, so hat hier Mackenzie[1]) die Vermutung aufgestellt, es möchten in den Sitzungen mit Medien allerdings personale Subjekte auftre-

1) Metapsichica moderna, Rom, 1923.

ten und sich auf irgendeine Weise vermittels des Mediums äußern, Gestaltungen also, welche nicht aus dem Unterbewußtsein des Mediums stammende Pseudopersonen sind; jedoch wäre es denkbar, daß diese Personen unter den Bedingungen des Versuches ganz neu aus einem indifferenten Überpersönlichen heraus gebildet werden, ähnlich wie die »Personen« bei der sogenannten Bewußtseinsspaltung aus der Gesamtseele des von der Spaltung betroffenen Menschen, so daß weder von einer Identität des auftretenden Geistes mit irgendeinem Verstorbenen, noch von einer Permanenz desselben die Rede sei. Österreich[1]) andererseits läßt es als theoretisch denkbar – als mehr nicht – zu, daß auftretende Geisterpersonen zwar während des Versuches als mit einem früher Lebenden identische Geister präsent, im übrigen aber als bewußte Personen ins Überpersönliche restlos aufgegangen und nur »potentiell«, also nicht als permanente Ich-Wesen, in ihm vorhanden seien. Das wäre dann auch keine »persönliche Unsterblichkeit«.

Endlich sei auch noch der in den Schriften der Laienspiritisten gelegentlich auftretenden Ansicht gedacht – denn eine vollständige Erwägung theoretischer Möglichkeiten darf an nichts vorbeigehen! –, daß sich in den Sitzungen Wesen äußern, die nie materialgebunden, also nie »inkarniert«, gewesen, sondern immer »freie« Geister gewesen wären. Doch das nur nebenbei.

Ich meine, nach diesen Erwägungen sind wir nun imstande klar hinzusehen, auf was es eigentlich bei der Frage der Entscheidung ankommt:

Wenn wir die Frage so formen: Spricht etwas und was spricht zugunsten des Monadismus?, so müssen wir also fragen: Gibt es Tatsachen im Rahmen des gut gesicherten parapsychischen Materials, welche darauf hinweisen, daß sich hier ein bewußtes Subjekt betätigt, welches als persönliches Subjekt identisch mit einem »Verstorbenen« ist und als eben dieses Subjekt eine permanente Existenz »nach dem Tode« besitzt? Denn das ist die eigentlich monadische Lehre.

1) Die philosoph. Bedeutung der mediumistischen Phänomene, Stuttgart, 1924, S. 35.

Gibt es, um dasselbe methodisch noch schärfer zu sagen, unter den von Metagnomen ausgesagten paranormal erworbenen Wissensinhalten solche, die auf keine Weise als vom Wissensinhalt irgendeines noch Lebenden herstammend verstanden werden können und für die auch die Hypothese vom plantragenden Weltbewußtsein zum mindesten sehr unwahrscheinlich wird, so daß also weder ein Lebender noch das Weltsubjekt der »Agent« sein kann?

Eine sehr eingehende, wahrhaft kritische Erörterung der Tatsachen, die zugunsten der monadischen Lehre sprechen, hat Mattiesen[1]), neben Bozzano[2]) der bedeutendste Theoretiker unseres Gebietes, geliefert, und zwar anhand des besten Materials: des von der britischen *Society for Psychical Research* herbeigeschafften. Er geht überall auf die Originalprotokolle ein, welche, Wort für Wort die Aussage der Medien wiedergebend, bei den Sitzungen aufgezeichnet wurden.

Ich übergehe bei der nun folgenden Erörterung der zugunsten des Monadismus sprechenden Faktoren absichtlich eine gewisse Gruppe, der Mattiesen[3]) große Bedeutung zuschreibt: die Spukphantome. Denn deren objektive Tatsächlichkeit ist heute meines Erachtens nicht durchaus gesichert; und nur von ganz Gesichertem will ich hier reden.

1) Der jenseitige Mensch, Berlin, de Gruyter, 1925. – Kurze, gute Zusammenstellung der Argumente zugunsten des Monadismus auch bei Lambert, Geheimnisvolle Tatsachen, 1921. Bedenken gegen die Möglichkeit, die monadische Theorie endgültig zu »beweisen«, sind von Saltmarsh (Proc. Soc. Ps. Res. 40, 1932) in sehr kritischer Weise aufgezählt und erörtert worden.

2) Leider ist aber, meines Erachtens, dieser scharfsinnige Denker nicht vorsichtig genug in der Annahme der Tatsachen. Das, was wir »Sicherung« nennen, fehlt denn doch oft gar sehr. Bozzano verwendet drei Gruppen von Fakten – (leider, wie gesagt, nicht immer ganz gesicherten) – für den Monadismus: erstens die Dramatik, welche im Text zur Sprache kommen wird (A propos de »l'Introduction à la métapsychique humaine«, 1926, eine Streitschrift gegen das gleichnamige Werk Sudres), zweitens die Aussagen Sterbender im letzten Stadium, zumal den Umstand, daß sie nur von Toten, nie von noch Lebenden reden (Phénomènes psychiques au moment de la mort, 1923), drittens die Übereinstimmung, welche in allen angeblich von Verstorbenen herrührenden Aussagen über das »Jenseits« herrscht (Aufsatzreihe in La Revue spirite vom Juli 1928 an). Dazu kommt seine Auffassung des Spuks (Les phénomènes de Hantise, 1929).

3) Zeitschr. f. Parapsych., 1930, November.

Nur kurz auch will ich unter den Dingen, die für den Monadismus von Mattiesen und schon vor ihm von den britischen Forschern aufgeführt sind, zwei erwähnen: die Kreuzkorrespondenzen (»Cross Correspondences«) und die paranormalen Angaben von Bücherstellen (»book tests«).

Bei den Kreuzkorrespondenzen geben mehrere Medien an weit voneinander gelegenen Orten fragmentarische, an sich unverständliche Mitteilungen von sich, etwa einzelne Worte eines Dichters, die erst zusammengenommen einen klaren Sinn geben. Die Medien behaupten, Mitteilungen ein und desselben Abgeschiedenen wiederzugeben[1]).

Bei den *book tests* sagt angeblich ein Abgeschiedener durch das Medium aus, daß in einer bestimmten Bibliothek an bestimmtem Ort ein Buch stehe und daß sich auf einer bestimmten Seite dieses Buches eine Stelle finde, die sich auf einen ganz bestimmten Sachverhalt eindeutig beziehe. Es gibt ähnliches in bezug auf Zeitungen *(newspaper tests)*, ja, hier soll sogar vor Erscheinen des Blattes angegeben sein, an einer bestimmten Stelle finde sich eine bestimmte Mitteilung.

Man kann natürlich die Kreuzkorrespondenzen durch Telepathie zwischen den Medien erklären. Bei den auf die Zukunft gehenden *newspaper tests* kann man sagen, die Gedanken des Redakteurs würden paranormal erfaßt. Bei den eigentlichen *book tests* kann man das latente Gedächtnis irgendeines Lebenden heranziehen. Recht gezwungen wäre das freilich wohl alles. Andererseits sind aber alle hier vorliegenden Angaben doch noch zu fragmentarisch, gelegentlich auch einigermaßen bedenklich in der Deutung, so daß hier nur weiteres Forschen empfohlen, sehr dringlich empfohlen werden muß, während eine eigentliche theoretische Verwertung dem Vorsichtigen aber noch nicht geraten erscheinen kann.

Und wir haben gesichertere Dinge, die in der Tat für eine monadische Theorie schon heute in die Waagschale fallen, ohne sie freilich entscheidend zu bejahen. Diese Dinge sind häufig beobachtet, also nichts so Ausgefallenes und Seltenes wie die soeben kurz erwähnten.

---

1) Gute Zusammenfassung bei J. A. Hill, New Evidences etc., S. 164 ff., und bei Dessoir, Jenseits der Seele, 6. Auflage, S. 214 ff.

Es handelt sich um gewisse *Besonderheiten der Struktur* medialer Trance-Aussagen oder -Niederschriften. Der Inhalt dieser Aussagen, wenn er angeblich, das heißt nach Meinung des Mediums selbst, von einem Verstorbenen herrührt – also nicht in Fällen ganz klaren Gedankenabzapfens von einer anwesenden Person her –, dieser Inhalt ist nämlich einerseits tatsächlich auf das *beschränkt,* was gerade *dieser* bestimmte Verstorbene zu Lebzeiten in seinem aktuellen und latenten Wissensinhalt besaß, und andererseits hat in vielen gut gesicherten Fällen das Medium den Verstorbenen nicht gekannt. Und weiter: Die Mitteilungen des Mediums gehen oft mit Sicherheit über seinen eigenen Bildungsgrad weit hinaus, entsprechen aber dem des angeblichen »Geistes«. Sie geben ferner das oft sehr *Spezifische* der Ausdrucksform des Verstorbenen wieder, besondere Redewendungen, Scherznamen usw., die gerade er, der dem Medium ja unbekannt ist, gebrauchte und dergleichen mehr.

Da handelt es sich also nicht nur so im allgemeinen um den Inhalt eines Wissens, welches das Medium sicherlich nur paranormal erworben haben konnte. Die *Form,* in der das Wissen sich kundgibt, hat zwei ganz bestimmte Eigentümlichkeiten, sie ist *selektiv-limitiert* (auswählend und beschränkt) und sie ist *personifizierend.* Wäre es hier nicht am einfachsten, am »ungekünsteltsten«, anzunehmen, daß die Person, welche durch Mund oder Schrift des Metagnomen ihre Existenz und ihre Anwesenheit behauptet, wirklich existent und »anwesend« *ist?* Dann wäre in diesem Fall der Agent, d. h. der, welcher sein Wissen paranormal hergibt an den Perzipienten, den Metagnomen, zwar auch ein anderer, aber kein lebender »anderer«. Daß diese Auffassung die am wenigsten gekünstelte ist, hat schon William James zugegeben[1]).

Wollen wir hier rein animistisch denken, so müssen wir sagen: Das Medium zapfte Lebenden, Anwesenden oder Abwesenden ihr aktuelles und latentes Wissen ab; es »könnte« zwar von jedem beliebigen Menschen sich sein Wissen holen, holt es sich aber, und zwar bruchstückweise, stets nur von sol-

---

1) Proc. S.P.R., Band 23, S. 120 f. Man vergleiche auch Band II des großen Werkes von F. Myers, Human Personality, 1903.

chen Anwesenden und Abwesenden, die irgend etwas über eine bestimmte verstorbene Persönlichheit wissen oder einmal gewußt und dann vergessen haben, um die so erworbenen Bruchstücke dann tektonisch zu kombinieren in einer From, die ganz und gar den Gepflogenheiten jener Persönlichheit, als sie noch lebte, entspricht. Der angebliche Geist wäre eine »Spaltpersönlichkeit« des Mediums, geschaffen aus paranormal, aber nicht vom »Jenseits« her, erworbenem Wissensmaterial.

Eigentlich zu »widerlegen« dürfte diese Ansicht, die freilich die selektiv-personifizierende Limitation der Aussagen keineswegs erklärt, wenigstens dann nicht sein, wenn nur mitgeteilt wird, was »irgendein« Lebendiger aktuell oder latent weiß – und das geschieht in weitaus der Mehrzahl der Fälle allerdings. In dem mit Recht sehr beachteten Fall Chaffin, als ein Wahrtraum zur Entdeckung eines Testaments führte[1]), dessen sehr versteckter Ort nur dem vor Jahren Verstorbenen bekannt war, scheint immerhin die nur mit Wissensübertragung zwischen Lebendigen arbeitende Deutung äußerst bedenklich. Auf der anderen Seite haben wir freilich in dem Fall Gordon Davis[2]) »selektive« und »personifizierende«, übrigens zutreffende, mediale Aussagen über einen nach Ansicht des Mediums Verstorbenen, der aber noch lebte! Das könnte uns dem Monadismus gegenüber bedenklich stimmen, der hier ja selbstredend nicht in Frage kommt. Aber der Fall steht isoliert da, während es sehr viele Fälle von der zuerst beschriebenen Form gibt.

Das Seltsame ist hier eben die Personifizierung und damit erfolgende Vereinheitlichung des paranormal Geäußerten: der Verstorbene war der einzige, der *alles,* was mitgeteilt wird, einmal gewußt hat; von den Lebenden, die nach animistischer Auffassung ihr aktuelles oder latentes Wissen hergegeben haben müßten, hat stets nur der eine dieses, der andere jenes gewußt.

Ist da nicht in der Tat die monadische Hypothese weniger »gekünstelt«?

1) Proc. S.R.P. 36, 1927, S. 517.
2) Ebenda 35, 1925, S. 471.

Hier gerade hätte heute die Forschung anzusetzen und weiterzuarbeiten. Denn die Frage des Überlebens der Person bleibt nun einmal das Hauptproblem aller Wissenschaft, mögen auch unsere offiziellen Philosophen und Psychologen fast alle einen weiten Bogen um sie machen und tun, als ob sie sie überhaupt nicht sehen[1]); und mögen auch gewisse formalistische Philosophengruppen nur im Rahmen des Mathematischen »sinnvolle« Fragen überhaupt zulassen.

Der Hinweis auf die selektive und personifizierende Struktur so vieler paranormaler Aussagen genügt unseres Erachtens, um die monadische Theorie zum mindesten ernsthaft zur Erörterung zu stellen. Sie gibt eben einen zureichenden Grund dafür an, weshalb der Metagnom, der ja doch, animistisch gedacht, in ganz allgemeinem Sinn paranormale Fähigkeiten besitzt, tatsächlich im einzelnen Fall immer nur *ganz Bestimmtes* weiß, und zwar solches, das früher einmal den Wissensinhalt einer *ganz bestimmten,* jetzt verstorbenen Person ausgemacht hat.

Da alles heute noch im Vorläufigen bleiben muß, eine endgültige Entscheidung also noch ausgeschlossen ist, so gehen wir auf Einzelheiten und Weiterführungen der Theorie nicht weiter ein. Wer will, mag bei Mattiesen[2]) über die »Dramatik« medialer Aussagen nachlesen, jenes merkwürdigen Phänomens, daß es so aussieht, als »unterhielten« sich da hinter der Szene mehrere Personen, wovon dann das Medium Kenntnis bekommt. Diese Dramatik hat überzeugte spiritistische Kreise zur Unterscheidung zwischen »Kontrolle« und »Kommunikator« geführt: die Kontrolle ist der das Medium unmittelbar beeinflussende Geist, der Kommunikator derjenige, der ihm, und damit anderen lebenden Personen, etwas Besonderes mitzuteilen hat. Der Kommunikator benutzt also (telepathisch?) die Kontrolle zur (telepathischen?) Mitteilung an das Medium; gelegentlich soll er aber auch unmittelbar auf dieses wirken. Hierzu tritt der von manchen Spiritisten ge-

1) Es gibt heute viele Werke über das »Wesen des Menschen« und ähnliches, die das Unsterblichkeitsproblem nicht einmal als Frage kennen!

2) »Der jenseitige Mensch« und Aufsätze in der Zeitschrift des Revalobundes vom März 1927 an.

machte, schon auf Seite 125 ff. erwähnte Unterschied zwischen der Art und Weise, in der das Medium zur Aussage verwandt werden soll. Tritt nur telepathische Beeinflussung ins Spiel oder »benutzt« ein fremder Geist gelegentlich den Leib des Mediums unmittelbar?

Hier sind wir natürlich erst recht im Reich des heute Unkontrollierbaren. Daß aber alle diese Unterscheidungen auf einem schon an und für sich unsicheren Boden aufgestellt werden, ist nicht etwa schädliche Spielerei, sondern kann geradezu als Leitfaden für Untersuchungen in bestimmter Richtung nützlich sein.

Man wird nun vielleicht einwenden, daß alle jene Seltsamkeiten der Trancemitteilungen, welche ja Tatsachen sind, und zwar mit Sicherheit auf paranormaler Grundlage ruhende Tatsachen, zwar den Rahmen des reinen Animismus sprengen, aber doch auch mit der Hypothese vom plantragenden Weltsubjekt erklärt werden könnten und nicht der monadischen Lehre ohne weiteres eine gewisse Vorzugsstellung gäben. Denn das Weltsubjekt trägt ja doch personale »Pläne« oder wenigstens »Kataloge« in sich, also gewissermaßen Menschenleben als Gedankeninhalte. Sollte sich nicht alles ebensogut wie durch die monadische Theorie dadurch verständlich machen lassen, daß man annimmt, es erfasse der Metagnom eben in jedem Einzelfall einen bestimmten einzelnen solcher Pläne oder Kataloge und mache aufgrund dieses Erfassens seine paranormalen, eben auf ein bestimmtes Individuum bezüglichen Aussagen? Der Rahmen des reinen Animismus wäre, wie gesagt, auch hier schon gesprengt.

Ich meine nun aber, daß doch der monadischen Theorie ein gewisser Vorzug gebühre.

Von der »Dramatik hinter der Szene« wollen wir absehen; sie mag vom Medium unterbewußt im Sinn der Bildung von Spaltpersönlichkeiten geschaffen sein. Aber am eindeutigsten verstanden wird eben doch nur auf dem Boden des Monadismus der selektiv-personifizierende Aufbau der Aussagen des Metagnomen als Ganzes.

Diese Aussagen sind so, daß eben »einer«, und zwar ein ganz bestimmter Abgeschiedener, da zu sein scheint mit seinen höchstpersönlichen Eigentümlichkeiten. Die Lehre vom Weltsubjekt und seinen Plänen hätte hier anzunehmen, daß auch zum Beispiel die Verwendung, die irgend jemand von drastischen Redewendungen oder von sogenannten Spitznamen macht, als Bestandteil eines bestimmten Planes oder Kataloges im Weltsubjekt registriert sei und vom Metagnomen erfaßt wurde. Wird dadurch aber nicht der »Plan« beinahe schon zu einer wirklichen, freilich nicht als solche, sondern nur als Gedankeninhalt existierenden Person, und ist es dann nicht etwas seltsam anzunehmen, daß der die Lebenspläne im Weltsubjekt erfassende Metagnom sich in seinem Erfassen nun gerade an solche Äußerlichkeiten hält, wie die geschilderten Dinge es sind, und nicht an das für den Verstorbenen lebenswichtig Gewesene? Das alles aber wird gerade verständlich, wenn eine Person da ist, die ihre Identität nachweisen will![1]).

In gewisser Hinsicht nähern sich, wenn man alles, was in den Tranceäußerungen vorliegt, durchdenkt, Weltsubjekttheorie und echt monadische Lehre einander in hohem Maß, freilich mit dem wichtigen Unterschied, daß der Plan oder Katalog nicht weiterlebt, sondern eben nur »registriert« ist. Und gerade mit Hinblick auf diesen wichtigen Unterschied gälte es die Entscheidungen zu treffen.

Es sind also, um noch einmal zusammenzufassen, zur Erklärung der Form der Aussage-Inhalte, etwa bei Frau Piper oder Frau Leonard, folgende Möglichkeiten gegeben, wobei, um das immer wieder zu sagen, nie vergessen werden darf, daß Paranormales, also nicht auf normalen Wegen Erworbenes, mit Sicherheit in den Inhalten vorliegt:

Entweder man arbeitet mit selektivem personifizierendem animistischem Gedankenlesen in unbegrenztem Ausmaß, denn nur von den Anwesenden her würde hier sicherlich nicht »abgezapft«, sondern das Wissen Abwesender, das aktuelle und namentlich das latente würde ohne Grenze benutzt.

Warum es in diesem Fall zur Zentrierung aller Aussagen um einen ganz bestimmten Verstorbenen kommt, der bei dieser Lehre ja eine imaginäre Spaltperson des Metagnomen wäre, bleibt auf dem Boden dieser Hypothese ganz ungeklärt.

Oder man läßt den Metagnom in »Plänen« oder »Kata-

---

1) Vgl. hierzu Seite 128.

logen« des Weltsubjekts lesen, wobei aber, wegen der Details der Aussagen, die Pläne gleichsam zu, freilich nicht weiter-»lebenden«, Personen werden.

Oder man arbeitet mit der Monadentheorie.

Die erste Hypothese scheidet dann mit Sicherheit aus, wenn wirklich Äußerungen fallen, die kein Lebendiger weiß oder je gewußt hat; auch sonst schon kann sie, wie wir auf Seite 130ff. gesehen haben, zu großen Schwierigkeiten führen.

Die letzte Entscheidung zwischen den beiden anderen Theorien wollen wir der Zukunft überlassen, wobei wir aber noch einmal ausdrücklich sagen wollen, daß beide, also auch und zwar ganz besonders die monadische, ernsthaftester Erwägung würdig sind, und daß die monadische nicht mit einem Lächeln, das im Grund nur Verlegenheit und Scheu vor dem »modernen Geist« und der »öffentlichen Meinung« bedeutet, beiseite geschoben werden darf. Wahrhaft »aufgeklärt« sein heißt offenen Geistes sein der Tatsächlichkeit der Welt gegenüber.

Wir selbst neigen, wie schon gesagt wurde, der monadischen Lehre deshalb mehr zu als der vom Weltsubjekt, weil uns gerade die trivialen höchstpersönlichen Einzelheiten, die das Medium als von einem Verstorbenen kommend ausgibt, verständlicher werden, wenn man dessen Existenz annimmt, als wenn man annimmt, der Metagnom läse gerade diese objektiven Gleichgültigkeiten im »Lebensplan«. Für den Identitätsnachweis einer Person sind diese objektiven Gleichgültigkeiten ja gerade nicht gleichgültig.

d) Die Psychometrie

Wir müssen nun noch der Verknüpfung der mentalen parapsychischen Vorgänge mit dem seltsamen Faktum der Psychometrie im Rahmen der Lehren vom Weltsubjekt und von den Monaden gedenken. Wir nehmen dabei an, daß es neben der Gedankenübertragung ein nicht auf sie zurückführbares Hellsehen gibt (Seite 71), und reden insbesondere von ihm.

Da tritt denn, wie auch bei der Gedankenerfassung auf paranormale Art, die Frage auf, wie es kommt, daß der Hellseher gerade immer nur eine ganz bestimmte Situation paranormal erfasse in jedem Fall. Warum erfaßt er nicht alles, was irgendwo geschieht und geschehen ist?

Bleiben wir zunächst beim ersten, bei dem Erfassen dessen, was irgendwo »ist« oder »geschieht«, also beim rein räumlichen Hellsehen, so würde das wohl durch die Hypothese der Exkursion, von der wir auf Seite 114 f. redeten, erklärt werden, jedenfalls besser als durch die Strahlenhypothese, die ja, wie wir sahen (Seite 103), nur in gewissen ganz einfachen Fällen allenfalls genügt.

Anders beim Hellsehen in die Vergangenheit, also beim paranormalen richtigen Erfassen von vergangenen Situationen, um die kein Lebender weiß.

Hier nun eben tritt die Psychometrie ins Spiel: die paranormalen Aussagen werden fast stets gemacht, und nur dann gemacht, wenn ein Metagnom einen Gegenstand betastet oder wenigstens sieht, welcher irgendwie mit der geschilderten Situation in Zusammenhang stand, welcher, als sie stattfand, präsent war.

Was hat eben dieser Gegenstand »an sich«? Denn irgend etwas, das ihn gerade zu einem diese Situation offenbarenden macht, muß er doch wohl »an sich haben«. Man denke an Wasielewskis, Tischners und Pagenstechers vortreffliche Versuche.

Man hat da von einem »Belag mit psychischer Energie« geredet. Nun kann solcher »Belag« aber, um zunächst nur das zu erwähnen, nur durch Strahlungsübertragung vom Metagnomen aus wissend erworben sein, wie wir schon auf Seite 107 gesehen haben. Da die Strahlungstheorie hier unmöglich ist, so fällt die »Belags«-Hypothese also schon allein deshalb.

Aber weiter: Die Rede vom »psychischen Energiebelag« ist überhaupt eine sinnlose Wortzusammenstellung und nichts weiter. »Energie« bedeutet den Quantitätsbetrag einer bestimmten, homogenen, d. h. in sich gleichförmigen Qualität. Wo es sich aber, wie hier, um »Sinn« handelt, kommt weder ein Homogenes noch ein Quantum in Frage. Hier von »Energie« zu reden, ist ebenso unsinnig wie im Rahmen des Vitalismus[1]).

1) Philos. d. Org., 4. Aufl., S. 297.

Aber was hat das psychometrische Objekt, etwa ein Stückchen Stoff, das zur Kleidung eines Verunglückten gehörte, denn »an sich«?

Das psychometrische Objekt ist ein Stück Materie. Materie ist eine Kombination von Elektronen und Protonen, gleichgültig, ob man diese als letzte Elemente setzt oder etwa als spezifische Zustände einer wahren *materia prima* auffaßt, wie manche neuen Physiker das tun. Ein bestimmter Zustand der Materie zu einer bestimmten Zeit ist also eine bestimmte Lagerung der Elektronen und Protonen oder auch ein bestimmter Bewegungszustand derselben zu eben dieser Zeit. Eine solche Lagerung oder ein solcher Bewegungszustand, also, kurz, ein solcher »Zustand« ist aber nun in jedem Zeitpunkt nur das, was er *ist,* aber nie das, was er »war«. Mit anderen Worten: Man kann nach allem, was wir wissen, dem gegenwärtigen Zustand eines materiellen Gegenstandes, *insofern er* »materiell« ist, nicht seine »Geschichte« ansehen.

Das psychometrische Objekt *gibt* nun aber Kunde von »Geschichte« – also kann das, was »an ihm« ist und das Wissen um seine Geschichte vermittelt, nicht irgend etwas in seiner materiellen Zuständigkeit als solcher Liegendes sein.

Also ist es im strengen Sinn des Wortes gar nicht »an« ihm. Es kann nur etwas »in bezug auf« ihn sein.

Hier nun treten die Lehren vom katalog- oder plantragenden Weltsubjekt und von den Monaden wieder auf den Plan. Anders gesagt, die Erklärungsversuche müssen den Boden materieller Hypothesen verlassen und zu »geistigen« Hypothesen übergehen.

Soviel erscheint jedenfalls als gesichert. Aber wie nun könnte solcher Übergang sich gestalten?

Es muß, wenn hier überhaupt ein Verständnis in Verbindung mit den Hypothesen, welche schon auf anderen Feldern der Parapsychologie erwuchsen, hergestellt und nicht ganz Neues eingeführt werden soll – und das wäre gegen eine gesunde wissenschaftliche Methodik –, es muß angenommen werden, daß das psychometrische Objekt entweder, im Sinn der Lehre vom Weltsubjekt, zu dessen »Katalogen« oder »Plänen« oder aber, im Sinn des Monadismus, zu den permanenten Monaden in Beziehung tritt.

Solche Beziehung könnte aber nur eine seelische sein.

Mit Recht hat Bozzano in seinem der Psychometrie gewidmeten Werk darauf hingewiesen, daß der Metagnom, wenigstens in den gut gesicherten und kontrollierbaren Fällen, ja doch nicht »die Geschichte des Objekts«, sondern die Erlebnisse seines früheren Besitzers paranormal erfasse. Mit ihm, sei er noch lebend oder nicht – Bozzano ist entschiedener Monadist –, oder aber mit etwas Überpersönlichem stelle sich durch Vermittlung des Objekts telepathische Verbindung her.

Im Rahmen der Hypothese vom Weltsubjekt hat ferner Mattiesen angenommen, daß in diesem überpersönlichen Subjekt, in dem der Metagnom ja »lesen« können soll, durch die ausdrückliche Beziehung einer lebendigen Seele zu einem bestimmten Objekt, nämlich dem, welches der Metagnom sieht oder berührt, »Assoziationen«, die sich auf eben dieses Objekt beziehen, wach würden; diese eben erfasse der Metagnom.

Denkt man monadisch, so würde die personale Seele, welche einmal mit dem Objekt zu tun hatte und die Vorstellung von ihm gedächtnismäßig bewahrt, auf den Plan gerufen und würde eben, telepathisch (?), dem Metagnomen ihr assoziativ neu belebtes Wissen »mitteilen«.

Mit seelischer Assoziation, freilich nicht im »irdischen« Sinn, arbeiten, wie man sieht, beide Theorien.

Eine endgültige theoretische Entscheidung in Sachen der Psychometrie ist heute unmöglich; ist Psychometrie doch wohl das Seltsamste unter dem vielen Seltsamen, das die neue Wissenschaft uns darbietet. Nur, daß eine normal-physikalische Deutung unmöglich ist, kann als gesichert gelten.

e) Abschluß

Nehmen wir alles, was wir über Hellsehen, mit und ohne Psychometrie, soeben gesagt haben, zusammen, so würde durch die zuletzt geschilderten Hypothesen insofern eine große Einheitlichkeit theoretischer Art auf dem Boden der gesamten mentalen Parapsychologie erzielt sein, als nun ja alles zusammenkommt, was nicht nur in erster Instanz, sondern sogar auf dem Boden der Erörterung, die wir auf Seite 59 eine Erörterung »zweiter Stufe« genannt haben, noch getrennt war: Wissensübertragung paranormaler Art und Hellsehen wären nicht mehr ganz grundsätzlich verschiedene Dinge; freilich unter gewissen Voraussetzungen über die Fähigkeiten der Seele.

Oberste Grundlage bleibt immer die Lehre, daß Leib und Seele zweierlei Wesen sind. Grundlehre bleibt ferner, daß Seelen paranormaler wechselseitiger Wissensübertragungen im *Seelenfeld* (Seite 111) fähig sind.

Geht diese Wissensübertragung deutlich zwischen lebenden Seelenpersonen vor sich, so haben wir die einfache »animistische« Telepathie und Gedankenübertragung.

Reicht der Animismus nicht zu, kommt aber doch nur das in Frage, was in erweitertem Sinn »Wissensübertragung« heißt, so ist entweder eine paranormale Verknüpftheit zwischen lebender Seele und Weltsubjekt oder zwischen lebender Seele und personaler abgeschiedener zu setzen.

Für räumliches Hellsehen ist die Exkursionshypothese heranzuziehen; die auf Zeit leibfreie Seele »sieht« dann unmittelbar Situationen, freilich paranormal.

Handelt es sich um, psychometrisch vermitteltes, Hellsehen in die Vergangenheit, so ist dieses, nach der dargelegten Theorie, eigentlich gar nicht Hell-»sehen«, sondern durch das Objekt assoziativ vermittelte Gedankenübertragung paranormaler Art, entweder zwischen lebender Seele und Weltsubjekt oder zwischen lebender Seele und personaler abgeschiedener.

Paranormale Wissensübertragung wird das grundsätzliche Urfaktum[1]), abgesehen vom »Sehen« beim räumlichen Hellsehen, vermittelt durch Exkursion.

Lassen wie Prophetie zu, so müssen entweder, selbst auf dem Boden des Monadismus, die »ewigen« Pläne im Weltsubjekt herangezogen oder es müssen die leibfreien Monaden mit einem das unsere weit übersteigenden »Berechnungs«-vermögen ausgestattet werden.

Soweit der Zusammenschluß aller Dinge auf parapsychischem Gebiet.

Was das Paraphysische angeht – seine Tatsächlichkeit zu-

---

1) Hierzu die Anm. über Pagenstecher auf S. 67.

gegeben –, so haben wir alle im Anschluß an einen lebendigen Menschen auftretenden Phänomene im Sinn einer Art Über-vitalismus, verbunden mit einer Erweiterung der Lehre von der Suggestion, aufgefaßt (Seite 100).

Hier wird also der lebenden Seele in gewissem Sinn eine »neue« Fähigkeit, dem Normalen gegenüber, zugeschrieben, eine Fähigkeit, die sich freilich an normal Bekanntes an-schließt. War doch, wie gesagt, auf mentalem Gebiet, auch die für das bloß räumliche Hellsehen benötigte Exkursion eine solche »neue« Fähigkeit – die übrigens, wie wir auf Seite 115 sagten, vielleicht schon bei tiefer Narkose sich äußern kann.

Gibt man Paraphysisches fern vom Leib eines lebenden Menschen zu (Phantome, Spuk), so müßte die »materiali-sierende« Fähigkeit irgendwie dem Weltsubjekt oder den ab-geschiedenen Monaden zugeschrieben werden; ebenso wie die-sen ja auf mentalem Gebiet Dinge zugeschrieben werden muß-ten, die man de facto nur bei lebenden personalen Seelen kennt. Der Übergang ist beide Male der vom Irdisch-Perso-nalen zu etwas anderem: bei der Weltsubjektlehre zum Nicht-irdisch-Überpersonalen, bei der Monadenlehre zum Nicht-irdisch-Personalen.

So ist denn also hypothetisch eine große Einheitlichkeit für das gesamte Feld des Parapsychologischen geschaffen.

Freilich – *hypothetisch* und zunächst nur im Sinn von Ar-beitshypothesen. Und man glaube ja nicht, daß man, selbst wenn für die Lehre vom Weltsubjekt mit seinen Plänen oder für die Monadenlehre eindeutig entschieden wäre, alles hätte, was man zum »Verstehen« braucht. Um nur einiges zu nen-nen: Die Prophetie hätte man doch nur in ganz schemenhafter Weise, und eigentlich gar nichts wüßte man ja doch auch über jene Frage, welche vielleicht nebensächlich erscheint, es aber keineswegs ist: wie denn in jedem paranormalen Übertra-gungsfall dieser bestimmte Agent und dieser bestimmte Perzi-pient (beziehungsweise beim Hellsehen dieses bestimmte para-normal perzipiente Objekt) nun eigentlich zusammenkom-men, wobei es gleichgültig ist, ob der Agent, also der sein Wis-sen Hergebende, ein »Plan«, eine lebende oder eine abgeschie-dene Monade ist. Und wieviel anderes Besondere weiß man auch sonst nicht!

Also keineswegs wäre mit einer grundsätzlichen Entscheidung für eine der großen Hypothesen die Theorie »fertig«! Wahrscheinlich wird ja jene Entscheidung erst möglich sein, wenn, umgekehrt, vieles an Einzelarbeit auf beschränkten Gebieten einigermaßen »fertig« ist. Das aber ist nur durch Tatsachenforschung zu erzielen.

Die strenge »gesicherte« Tatsachenforschung also wird auf unserem Feld noch auf lange das bei weitem Wichtigste sein. Aber Hypothesen sind erlaubt, wenn man sich bewußt bleibt, daß sie Hypothesen sind; ja, sie sind sogar erlaubt angesichts solcher Dinge, die, wie leider alles Paraphysische, in ihrer Tatsächlichkeit nicht streng genug gesichert sind, obschon sie in solchen Fällen nichts mehr als logische Möglichkeitserwägungen sind.

NACHWORT

Der Titel dieses Buches bezeichnet die Parapsychologie ausdrücklich als *Wissenschaft* und, in der Tat, sähe der Verfasser dieses Werkes sie nicht als Wissenschaft an, so hätte er sein Buch gar nicht geschrieben. Denn mit vagen Glaubenslehren hat er nichts zu tun.

Alle Wissenschaft nun ist rational; nicht zwar in dem Sinn, daß sie glaubte oder glauben dürfte, aus der »reinen Vernunft« empirische Wahrheiten hervorzaubern zu können, wohl aber derart, daß sie sich zutrauen darf, mit Hilfe jenes Instrumentes, welches Vernunft oder Verstand heißt, inmitten dessen, was »gegeben« ist, Typen der Ordnung, also das, was man gemeinhin Gesetze nennt, zu erfassen.

In diesem Sinn ist die Parapsychologie ganz ebenso rational wie etwa die Chemie. Daß sie neue, auf den ersten Blick seltsam anmutende Gesetze findet, liegt eben am »Gegebenen«. Dieses ist nun einmal in gewissen Bezirken der empirischen Wirklichkeit »seltsam« – das heißt nichts anderes als: spät mit Sicherheit als tatsächlich erfaßt und doch wenig durchschaut.

Um »Wunder« handelt es sich durchaus nicht; Wunder, wenn man sie zuläßt, sind einmalige Durchbrechungen der Naturgesetze. Gerade die Einmaligkeit ist ihre Wesenskennzeichnung. Alles Paraphysische aber ist ja gesetzlich.

Auch um »Mystik« handelt es sich ganz und gar nicht, es sei denn, man nenne alles, was man, da es auf »Gegebenem« ruht, nicht restlos versteht, mystisch – also auch die Chemie. Mystik im eigentlichen Sinn, wie einige Philosophen sie vertreten haben, ist eine besondere philosophische Haltung, ruhend auf dem Glauben, daß der Mensch begabt sei, das Wesen des Wirklichen ohne Vernunftarbeit schauend unmittelbar zu erfassen. Von wenig Dingen wissen gerade wir uns so fern wie von Mystik. Hat man übrigens doch auch gelegentlich, in völliger Verkennung der Bedeutung des Wortes, meinen Vitalismus »Mystik« genannt!

Als »Magie« mag man meinetwegen die Parapsychologie bezeichnen – das heißt aber dann nur, daß die Gegenstände, mit denen sich diese Wissenschaft beschäftigt, noch sehr wenig durchschaut sind und sehr wenig, sozusagen, in der Hand gehalten werden. Primitive Völker halten in diesem Sinn ja auch den Europäer, der sie photographiert, für ein »magisches« Wesen.

In Wahrheit ist Parapsychologie echte *Aufklärung*. Denn »aufklärend« ist jedes Wissen, das in der Welt, wie sie einmal ist, Formen der Ordnung, d. h. Gesetzlichkeiten, erfaßt.

Wie solche Gesetzlichkeiten beschaffen sein mögen, weiß kein Mensch ohne Erfahrung oder »a priori«, um den in der Philosophie üblichen Ausdruck zu gebrauchen. Wer da glaubt, solches Wissen zu besitzen, täuscht sich selbst (und leider oft auch andere). Nur die Sätze der allgemeinen Logik und Mathematik sind »a priori« für alles mögliche Wissen verbindlich – nur sie.

Möglich im logisch-mathematischen Sinn – Leibniz sagt: *possibile* – wäre also jede in sich nicht widerspruchsvoll gestaltete Welt; Sagen und Märchen geben uns solche »mögliche« Welten. Was sachlich möglich ist – Leibniz sagt: *compossible* –, lehrt uns nur die Erfahrung; und sie lehrt es uns immer nur in vorläufiger, verbesserbarer Weise, weil wir das Wirkliche nur in Bruchstücken kennen.

Gewiß, man wird vorsichtig sein gegenüber neu behaupteten Wirklichkeiten, die aufgrund des bisher erworbenen Erfahrungswissens nicht als sachlich möglich erschienen. Man wird ihre Tatsächlichkeit in größter Strenge zu »sichern« suchen, denn der Irrtums- und Täuschungsquellen sind viele. Gerade das haben wir ja im ersten Teil dieser Schrift getan.

Was aber unter dem unendlich vielen logisch Möglichen sachlich gesichert, also als »wirklich« und damit tatsächlich möglich erwiesen ist, das hat man auch anzunehmen, das darf man nicht beiseite schieben und nicht sehen wollen.

Wer da meint, von vornherein über sachlich Mögliches und Unmögliches entscheiden zu können, und sich dann noch gar dem als tatsächlich erwiesenen verschließt – der schädigt echte aufklärende Wissenschaft.

ZUR ENTWICKLUNG DER PARAPSYCHOLOGIE
von 1930–1950
von HANS BENDER
Professor der Psychologie, Freiburg i. Br.

Hans Driesch, der unvergeßliche Autor dieser ersten Methodenlehre der Parapsychologie, hat schon in seiner Schrift »Der Vitalismus als Geschichte und als Lehre« (1905) auf die philosophische Bedeutung der »okkulten Erscheinungen« hingewiesen. Auch in späteren Arbeiten streifte er immer wieder dieses Gebiet, bis ihn schließlich in den zwanziger Jahren persönliche Erfahrungen zu einer vertieften Beschäftigung mit diesen Phänomenen veranlaßten. Die 1926 erschienenen »Grundprobleme der Psychologie, ihre Krise in der Gegenwart« spiegeln schon diese intensive Zuwendung: den Fragen des Unbewußten und des Parapsychischen wird über ein Fünftel des Buches gewidmet. Seit dieser Zeit ist Driesch unbeirrbar und unermüdlich für die Einbürgerung der Parapsychologie in die akademische Forschung eingetreten, und dieses Anliegen mag ihn auch in erster Linie veranlaßt haben, mit seiner »Parapsychologie« 1932 einen Wegweiser für solche zu geben, die auf diesem Gebiet arbeiten wollen.

Es war dem 1941 in Leipzig verstorbenen Philosophen noch

vergönnt, die ersten Anzeichen einer Änderung in der ablehnenden Haltung der offiziellen Wissenschaft gegenüber dem neu erschlossenen Forschungsgebiet zu erleben. Viele der Forderungen, Wünsche und Hoffnungen, die er in seinem mutigen Werk ausgesprochen hatte, erfüllten sich bald nach dem Erscheinen der ersten Auflage. Auf die Initiative von William McDougall wurde an der Duke-Universität in Durham (North Carolina) ein parapsychologisches Laboratorium gegründet, dessen Leiter J. B. Rhine 1935 mit seinem Buch »Extra-Sensory Perception« einen ersten Bericht über umfassende, statistisch ausgewertete Massenuntersuchungen parapsychologischer Art an Studenten veröffentlichte. Telepathie und Hellsehen schienen nun mit experimentellen Methoden an einem so großen Material nachgewiesen, daß die Aufmerksamkeit auch bisher uninteressierter oder gegnerisch eingestellter Kreise der Wissenschaft erregt wurde. Driesch hat das Ergebnis dieser an Breite alle Vorgänger übertreffenden Untersuchungen noch selbst in einer Übersetzung von J. B. Rhines »New Frontiers of the Mind« unter dem Titel »Neuland der Seele« 1938 der deutschsprachigen Öffentlichkeit vorgelegt.

Auch in Deutschland hatte sich bald nach dem Erscheinen der »Parapsychologie« die von Driesch als unerträglich beklagte Sperrung der Universitäten gegen dieses Forschungsgebiet gelockert. Im Bonner Psychologischen Institut konnte ich 1933 die ersten positiven Hellsehversuche im akademischen Rahmen mit freundlicher Förderung Erich Rothackers anstellen[1]), eine Untersuchung, an der Driesch lebhaft Anteil nahm. Seine väterliche Sorge, daß einem jungen Wissenschaftler, der seiner Berufung, auf diesem Gebiet tätig zu sein, folgt, die Laufbahn der Hochschule verschlossen sein würde – wie in seiner Vorrede zur »Parapsychologie« äußerte er sie auch im persönlichen Gespräch –, hat sich als zu pessimistisch erwiesen. Diese von Verantwortungsgefühl für die akademische Jugend getragene Besorgnis spiegelte die Schwierigkeiten, denen Driesch bei seinem Kampf um die Durchsetzung der Parapsychologie als Universitätsforschung begegnete, wider.

1) H. Bender, Zum Problem der außersinnlichen Wahrnehmung, Z. f. Psychologie, Bd. 135, 1935.

Nach seiner Methodenlehre hat sich Driesch in dem 1935 erschienenen Buch »Alltagsrätsel des Seelenlebens« noch einmal eingehender mit parapsychologischen Fragen beschäftigt. Der kühne und überraschende Ansatz dieses Buches ist der Gedanke, ob für eine Klärung des Vorgangs der Wahrnehmung das »Hellsehen« nicht als das im Vergleich zur normalen, durch körperliche Vorgänge vermittelten Wahrnehmung, einfachere, das Verständnis erleichternde Phänomen betrachtet werden könnte. Ähnlich wird der Vorgang der Erinnerung mit paranormalen Erscheinungen in Beziehung gesetzt[1]).

Als seit 1937 das von J. B. Rhine und seinem Arbeitskreis herausgegebene »Journal of Parapsychology« (Duke University Press, Durham, N. C.) regelmäßig über den Fortgang der mit langem Atem angelegten parapsychologischen Experimentaluntersuchungen berichtete, kam zugleich das Gespräch über die Bedeutung dieser Ergebnisse in Gang. In steigendem Maß beteiligten sich Wissenschaftler aller Disziplinen – Physiker, Biologen, Psychiater, Philosophen – daran, die Beziehungen dieses neuen, nun akademisch eingeordneten Forschungszweiges zu ihrem Fachgebiet zu diskutieren. Auch an anderen amerikanischen Universitäten wurde die Parapsychologie offiziell als Forschungsgebiet aufgenommen: so im Psychologischen Institut des City College von New York, wo Gardner Murphy, der bekannte Sozialpsychologe, dieses Gebiet in seine Forschungen einbezieht, und an der Universität Pittsburgh, wo der Physiker McConnel experimentell arbeitet.

Auf dem europäischen Kontinent ging Holland der Entwicklung voraus: schon 1920 wurden im Psychologischen Institut der Universität Groningen von Heymans und Brugmans die ersten positiven telepathischen Versuche angestellt. Die Universitäten Leiden und Utrecht erteilten in den dreißiger Jahren schon Lehraufträge für Parapsychologie an Dr. Dietz und Dr. W. H. C. Tenhaeff. Kürzlich ist nun unter Leitung von Tenhaeff an der Reichsuniversität Utrecht ein offizielles parapsychologisches Laboratorium eröffnet worden.

1) Vgl. hierzu Alois Wenzl in »Hans Driesch, Persönlichkeit und Bedeutung für Biologie und Philosophie von heute«; hrsg. von A. Wenzl, Ernst-Reinhardt-Verlag, München-Basel, 1951, und R. Tischner, Hans Driesch in »Neue Wissenschaft«, Z. f. krit. Okkultismus, Jg. 50/51, H. 8.

Durch die wachsende Anerkennung der Parapsychologie von seiten der offiziellen Wissenschaft erfuhr die Tätigkeit der fast in allen Ländern bestehenden »Gesellschaften für psychische Forschung« eine Bestätigung. Stärker als früher strahlt die Forschungsarbeit der seit den achtziger Jahren des letzten Jahrhunderts bestehenden britischen und amerikanischen »Society for Psychical Research« in die Hochschularbeit ein, und auch auf dem Kontinent, vor allem in Italien, Österreich und Schweden, zeigt sich eine wachsende Zusammenarbeit der parapsychologischen Gesellschaften mit der Universität. In Frankreich hat das 1925 gegründete »Institut Métapsychique International« unter Leitung von M. R. Warcollier nach dem Krieg seine Arbeit wiederaufgenommen.

Während die parapsychologische Forschung sich in Amerika ungestört entwickeln konnte, wurde sie in Deutschland und anderen europäischen Ländern durch den Krieg stillgelegt. Hinzu kam die politische Verdächtigung und Verfolgung des »Okkultismus« durch das nationalsozialistische Regime, unter der auch die parapsychologische Forschung und ihre Einrichtungen, vor allem in den besetzten Gebieten zu leiden hatte. Die Nachkriegsjahre steigerten, wie dies immer in Zeiten seelischer Erschütterung der Fall ist, das Interesse der Öffentlichkeit für die »okkulten« Erscheinungen. Der Blick für das Ungewöhnliche wurde weiter geöffnet, sei es durch die in Gefahrenzeiten besonders zahlreichen persönlichen Erlebnisse, sei es als Reaktion auf den Zusammenbruch der gewohnten Ordnung. Dabei zeigt sich einerseits der verwirrende Aspekt eines »Dunstkreises des Okkulten« mit seinen sozialen Folgen der Fehleinstellung, der Flucht vor der Wirklichkeit, der Hoffnung auf Hilfe durch Wahrsager und Hellseher, anderseits ist unverkennbar ein tieferes Bemühen, den Fragenkreis des »Okkulten« darauf zu prüfen, ob er nicht doch Zeugnis von einer lang übersehenen Wirklichkeit des Seelischen ablege, die über kurz oder lang in das Bild von der Natur des Menschen und seiner Stellung in der Welt eingeordnet werden müsse.

Der negative Aspekt der auffälligen Hinneigung zum »Okkulten« in der Nachkriegszeit stellt der Parapsychologie eine Aufgabe, die in einer ähnlichen Situation, am Ende des Ersten

Weltkrieges, schon von Max Dessoir in seinem Vorwort zum »Jenseits der Seele« (1917) programmatisch ausgesprochen wurde. »Ich glaube nämlich«, schrieb Dessoir damals, »daß eine sozial-hygienische Arbeit für dieses geistige Gebiet ebenso nötig ist wie für die Gesundheitspflege des Körpers und daß der Wissenschaft angesonnen werden darf, sich beruhigend und warnend zu betätigen ...«. Dieser Forderung kann die Parapsychologie heute in einer anderen Weise Genüge leisten als vor drei Dezennien: sie kann auf sichere Ergebnisse der Tatsachenforschung hinweisen und von dieser induktiv gewonnenen Basis aus die pseudo-mystischen Übersteigerungen okkulten Erlebens und vor allem auch den gutgläubigen oder gar betrügerischen Mißbrauch wirklicher oder angeblicher paranormaler Fähigkeiten durch Wahrsager aller Richtungen entlarven. An einer solchen echten, weil sachkundigen Aufklärungsarbeit sind in zunehmendem Maß auch die Instanzen der Rechtsordnung interessiert, die eine neue, dem Stand der Forschung angepaßte gesetzliche Regelung des »Wahrsagerwesens« anstreben.

Die Verbindung der wissenschaftlichen und der sozialhygienischen Aufgabe der Parapsychologie führte 1950 in Deutschland zur Gründung einer Forschungsstätte, dem aus privater Initiative errichteten »Institut für Grenzgebiete der Psychologie und Psychohygiene« in Freiburg i. Br. und einer »Gesellschaft für Parapsychologie und Grenzgebiete der Psychologie«, in der sich ein Kreis von Forschern aller Disziplinen zusammengeschlossen hat. Damit sind die beiden Forderungen, die Driesch so nachdrücklich in seiner »Vorrede« gestellt hat, erfüllt. Andere Vereinigungen, wie etwa die von Anschütz in Hamburg ins Leben gerufene »Freie Forschungsgemeinschaft für Psychologie und Grenzgebiete des Wissens« und eine dem Vorkämpfer der Parapsychologie, Rudolf Tischner, in München nahestehende Gruppe pflegen ebenfalls die parapsychologische Forschung.

So ist nun auch in Deutschland der Rahmen für eine kontinuierliche parapsychologische Forschung geschaffen. Ob sie auf breiter Basis und auf lange Sicht arbeiten kann, hängt davon ab, ob Mittel verfügbar gemacht werden können, die es Wissenschaftlern ermöglichen, einen großen Teil ihrer Tätigkeit diesem Gebiet zu widmen. Es ist vor allem auch eine Frage des wissenschaftlichen Nachwuchses: erst wenn eine intensive Beschäftigung mit diesem Forschungsgebiet Möglichkeiten des Weiterkommens eröffnen, ist es zu verantworten, eine spezialistische Ausbildung auf diesem Gebiet zu veranlassen. Bisher ist es nur dem Parapsychologischen Laboratorium der Duke University gelungen, einen Stab von Mitarbeitern heranzubilden, und auch dies nicht unbelastet von der Sorge, was aus den vielen begeisterten Adepten dieser mühsamen und zeitraubenden Forschungstätigkeit werden soll, wenn die Lehr- und Wanderjahre in die gesicherte Existenz einmünden sollen.

Die durch den Krieg nicht unterbrochenen Untersuchungen des Rhineschen Arbeitskreises führten in einer zweiten Phase der Forschungstätigkeit zu überraschenden Ergebnissen, die Rhine 1947 in seinem Buch »The Reach of the Mind«[1] zusammenfaßte. Das Hellsehen in die Zukunft (Prophetie oder Präkognition) wurde nun auch aufgrund der Ergebnisse von Massenuntersuchungen als erwiesen betrachtet. Auch S. G. Soal, ein englischer Mathematiker an der Universität London, kam bei der Auswertung von Kartenexperimenten über außersinnliche Wahrnehmungen, die erst als negativ betrachtet wurden, zur Anerkennung experimentell demonstrierbarer Präkognition. Mit einem kühnen Griff hatte Rhine ein weiteres, umstrittenes paranormales Phänomen den massenstatistischen Untersuchungen unterworfen: die direkte psychische Wirkung auf materielle Vorgänge, das Problem der Telekinese, das bisher ausschließlich an den großen physikalischen Medien im Zwielicht der »Séancen« untersucht worden war.

Die folgende Übersicht über die Entwicklung der Parapsychologie von 1930–1950 werde ich, entsprechend der Verlagerung des Akzentes der Forschung von der Beobachtung auf das Experiment, mit den Ergänzungen beginnen, die sich aufgrund der experimentellen Resultate für die Methodik ergeben haben (I). Dann werden Probleme der »spontanen und erwartenden Beobachtung« (II), Aufgaben zukünftiger Forschung (III) und schließlich ein Ausschnitt aus der Weiterentwicklung der Theorie (IV) behandelt.

1) In deutscher Übersetzung, herausg. von R. Tischner: Die Reichweite des Geistes, Stuttgart 1950.

I. DIE EXPERIMENTELLE METHODE

Die raschen Fortschritte der Parapsychologie in den letzten zwanzig Jahren sind der systematischen Anwendung der experimentellen Methode zu verdanken. Auf die überragende Bedeutung des Experiments hat Driesch in dem vorliegenden Buch an verschiedenen Stellen hingewiesen. Seine methodischen Erörterungen über »spontane« und »erwartende« Beobachtung führen ihn sogleich zu der Bemerkung, daß das echte Experiment »das vollendetste Mittel bei der Erforschung der Gesetze der empirischen Wirklichkeit ist: es erlaubt die größte Sicherung gegen Täuschung und ist eben, seinem Wesen nach, beliebig wiederholbar«. (Seite 21)

Die Aufgabe, die sich Driesch mit seiner Methodik gestellt hatte, war – wie in der Vorrede präzisiert – die Sicherung des Tatsächlichen, die Frage, wie man absichtliche oder unabsichtliche Täuschungen vermeidet. Der theoretische Teil beschäftigt sich einmal mit der Frage nach der Zahl der »Urphänomene«, der Reduktion auf den ersten Blick verschiedener Erscheinungen auf »Ursachverhalte«, und zum andern mit der eigentlich letzten Theorie. Für beide wird die Frage des experimentum crucis, des entscheidenden Sachverhaltes, aufgeworfen. Das als gesichert anzunehmende Tatsächliche spielt in der Schrift Drieschs eine Nebenrolle. Es wird zwar erwähnt, aber es soll sich ergeben »aus der Behandlung der Frage nach der Sicherung« (Vorwort Seite 10). Ein Phänomen soll dann als gesichert anzunehmen sein, wenn alle in dem strengen »Täuschungskatalog« aufgezählten Sicherungen erfüllt waren. Dieser Ansatz mit der scharfsinnigen Erörterung der Täuschungsmöglichkeiten und den heuristischen Definitionen der Grundphänomene hat weit getragen. Erst in den letzten Jahren wurden im Zug der experimentellen Untersuchungen, vor allem des Rhineschen Arbeitskreises, Differenzierungen notwendig, die hauptsächlich das Problem betrafen, wie die heuristisch festgelegten parapsychischen Ursachverhalte »rein« demonstriert werden können. Die größten Schwierigkeiten bereitete der Sachverhalt der Telepathie. Nachdem die Prophetie als experimentell genügend erwiesen angenommen worden war, stellte sich das Problem, den telepathischen Versuch gegen die Möglichkeit zu sichern, daß der Empfänger durch präkognitives Hellsehen Kenntnis von dem Protokoll erwirbt, das der Sender von den zu übermittelnden Zeichen anfertigt. Damit diese Differenzierungen verständlich werden, muß auf die quantitative Methode Rhines, aus der diese Probleme erwachsen sind, näher eingegangen werden:

Rhine und die mit seiner Methode arbeitenden Forscher verwenden ein stets gleichbleibendes Versuchsmaterial: die Zeichen, Kreis, Kreuz, Rechteck, Stern und Wellenlinie, die sogenannten ESP-Karten (ESP = extra-sensory perception, außersinnliche Wahrnehmung, abgekürzt ASW). Das zu den Versuchen verwendete Spiel Karten besteht aus fünf von jedem dieser Zeichen, insgesamt 25 Karten. Bei einem rein zufälligen Erraten der Karten würde bei längeren Reihenversuchen im Durchschnitt ein Treffer bei fünf Aussagen erzielt, d. h. bei einem Spiel von 25 Karten wären durchschnittlich fünf Treffer als Zufallsergebnis zu erwarten. Wenn es einer Versuchsperson gelingt, in größeren Serien mehr als durchschnittlich fünf Treffer je Spiel zu erzielen, kann man schließen, daß die Abweichung der durchschnittlichen Trefferzahl von der zufälligen Erwartung auf eine parapsychische Fähigkeit zurückzuführen ist. Die Maßstäbe, die von den Experimentatoren des Rhineschen Forscherkreises an die Sicherung gegen Täuschungen angelegt werden, entsprechen den von Driesch aufgezählten Forderungen.

Welche parapsychische Fähigkeit in Funktion war, ergibt sich aus der Anlage des Experiments. Es werden viel allgemeine Typen von ASW-Tests unterschieden: 1. Allgemeine außersinnliche Wahrnehmung, ein Test, bei welchem entweder Telepathie oder Hellsehen, oder beide in Funktion sein können; 2. Hellsehen, der Test auf die außersinnliche Wahrnehmung eines Objektes; 3. Telepathie, der Test auf die außersinnliche Wahrnehmung der psychischen Tätigkeit einer anderen Person; und 4. Präkognition, der Test auf außersinnliche Wahrnehmung zukünftiger Vorgänge[1]).

1) Vgl. Betty M. Humphrey, Handbook of Tests in Parapsychology, Parapsychology Laboratory, Duke University, Durham, N.C., 1948.

Von diesen vier Grundversuchen zum Nachweis außersinnlicher Wahrnehmung stellt der erste, undifferenzierte, keine besonderen methodischen Anforderungen: der Experimentator betrachtet mit der Intention zur Übertragung einzeln die Karten eines sorgfältig gemischten Spieles; die Versuchsperson, die sich möglichst in einem andern Raum oder in noch größerer Entfernung befinden soll, notiert ihre Aussage beim Aufleuchten eines Signals oder zu vereinbarten, an synchronisierten Uhren feststellbaren Zeitpunkten. Die Anzahl der Treffer wird, wie in sämtlichen anderen Versuchsinstituten auch, mit Methoden der Wahrscheinlichkeitsrechnung ausgewertet und die Abweichung von der Zufallserwartung festgestellt[1]). Ist diese nach den von den Experten durchgearbeiteten mathematischen Operationen als positiv zu bewerten, kann aus dem Ergebnis geschlossen werden, daß es von einer nicht zu differenzierenden Form der außersinnlichen Wahrnehmung, also Hellsehen, Telepathie oder beide zusammenarbeitend, bewirkt wurde.

Die zweite Grundsituation: »reines Hellsehen« erfordert die Ausschließung der telepathischen Übertragungsmöglichkeit: es darf also niemand die Reihenfolge der Karten im Spiel kennen. Diese Forderung absoluter »Unwissentlichkeit« ist technisch ohne Schwierigkeit zu erfüllen. Der experimentelle Hellsehversuch ist daher auch die am einfachsten herzustellende Grundsituation, mit der die isolierte Darstellung einer parapsychischen Funktion erreicht werden kann. Hellsehen, mit der quantitativ-experimentellen Methode demonstriert, gilt heute als das am besten gesicherte parapsychische Phänomen. Zur Zeit der Abfassung der »Parapsychologie« von Driesch galt es noch als fraglich. Die wenigen, damals vorliegenden Experimente, mehr gelegentlich als systematisch mit begabten »Metagnomen« angestellt, hatten die Forderung der Unwissentlichkeit nicht völlig zweifelsfrei erfüllt. Mit dem damals überwiegenden Material aus spontanen und er-

1) Vgl. zu der von Rhine angewandten Wahrscheinlichkeitsrechnung: Greenwood, J. A., and Stuart, C. E., Mathematical techniques used in ESP research. J. Parapsychol., 1937, 1, 206–25. Ferner: Greenwood, J. A. The role mathematics has played in ESP research. J. Parapsychol. 1942, 6, 268–83.

wartenden Beobachtungen konnte der Nachweis nicht erbracht werden, daß die für die parapsychische Wahrnehmung in Frage stehenden »Weltsituationen« von niemandem gewußt wurden, so eindrucksvoll auch gewisse Fälle darauf hinzuweisen schienen, daß nicht nur Telepathie dabei im Spiel ist (vgl. Seite 72 f.).

Auch ein Moment des Vorurteils mag bei der langen Vernachlässigung des reinen Hellsehversuches mitgespielt haben: für viele Forscher galt Telepathie als mit dem naturwissenschaftlichen Weltbild noch vereinbar – die beruhigende Brücke zum Bekannten waren die »Wellentheorien« –, während Hellsehen als rahmensprengendes Novum unter die Kategorie von Erscheinungen fiel, die nicht sein können, weil sie nicht sein dürfen[1]).

Eine überraschende Umkehrung hat die relative Unbefangenheit gegenüber der Telepathie durch die wachsenden Schwierigkeiten erfahren, die sich im Zug ihrer experimentellen Demonstration herausstellten.

Die dritte Grundsituation: »reine Telepathie« wurde von dem Rhineschen Arbeitskreis in einer ersten Phase der Untersuchungen nur mit der Sicherung gegen eine mögliche Intervention von Hellsehen durchgeführt: materiell durften die Spielkarten nicht verwendet werden, der Sender hatte lediglich an die Zeichen zu denken. Fast fünfzig Jahre lang war diese Sicherung des Telepathieversuches gegen Hellsehen nicht berücksichtigt worden. Die mit dieser Hellsehen ausschließenden Technik erreichten Ergebnisse wurden früher als beweisend für Telepathie angesehen. In seinem ersten Bericht »Extra-Sensory Perception« 1934 stellte Rhine fest, daß bei jedem fünften Probanden Telepathie und Hellsehen nachgewiesen werden konnten, weiter, daß bei beiden Formen außersinnlicher Wahrnehmung annähernd die gleichen Trefferzahlen erreicht wurden und daß Leistungsschwankungen sowie die Wirkungen von Pharmaka ähnliche Werte aufwiesen. Die Distanz schien ohne Einfluß, das Resultat aber entscheidend

---

[1]) Die um 1925 in Deutschland verbreitete »telepathische« Richtung hatte ihren Wortführer in R. Baerwald, der in seinem Buch: »Die intellektuellen Phänomene«, 1925, Fälle anscheinenden Hellsehens räumlich naher Objekte auf Hyperästhesie der Sinnesorgane zurückzuführen versuchte.

von psychischen Faktoren, von der Einstellung, der Stimmung, bei der Telepathie darüber hinaus auch noch von der sozialen Beziehung und der sozialen Bindung der Versuchsperson abhängig.

In einer zweiten Phase der Untersuchungen wurde aufgrund von Reihenexperimenten in der vierten Grundsituation: »Hellsehen in die Zukunft« (Prophetie) auch die Präkognition als erwiesen betrachtet – zwar nicht mit so eindrucksvollen Abweichungen von der Zufallserwartung wie bei den andern Formen der außersinnlichen Wahrnehmung, aber mit eindeutigen Ergebnissen, die sich auf zeitliche Intervalle bis zu zwölf Tagen nach der Aussage beziehen. Die Probanden konnten also mit Trefferzahlen über der Zufallswahrscheinlichkeit Angaben über die Lage der Karten in einem Spiel machen, das erst nach den Aussagen zu festgelegten Terminen einer bestimmten Mischprozedur unterworfen wurde. Bei der Festlegung dieser Prozedur war die Gefahr zu berücksichtigen, daß die außersinnliche Wahrnehmung selber bei der Tätigkeit des Mischens eine Rolle spielte und half, die Karten so zu ordnen, daß die Reihenfolge zu den von der Versuchsperson bereits gemachten und protokollierten Voraussagen paßte[1]). Dieser Mischeffekt wurde tatsächlich, wenn auch nur in Spuren, nachgewiesen. Anstelle des Mischens mit der Hand trat das mechanische Mischen, bis auch hier wieder eine neue Komplikation sich erhob: die Möglichkeit einer psychokinetischen Beeinflussung des mechanischen Mischvorgangs. Denn mittlerweile war auch die Psychokinese, die psychische Beeinflussung materieller Vorgänge, nachgewiesen worden. Als eine Methode, jede direkte psychische Beeinflussung des Falles der Karten in der Mischmaschine zu vermeiden, wurde das Spiel Karten aufgrund der Zahlen für die höchste und niederste Tagestemperatur abgehoben, die aus einer bestimmten Zeitung an einem im voraus festgesetzten Tag zu entnehmen sein würde.

Der als evident betrachtete Nachweis präkognitiven Hellsehens zwang zu einer Revision der früheren Versuche in der

---

1) Vgl. hierzu J. B. Rhines Buch: Die Reichweite des menschlichen Geistes, S. 107 f.

Grundsituation »reine Telepathie«. Die damaligen Ergebnisse waren zwar unter Ausschluß möglichen Hellsehens erreicht worden. Sie waren aber nicht gesichert gegen die Möglichkeit, daß die Probanden durch Hellsehen in die Zukunft in Kontakt mit dem Protokoll der Versuche kamen. Positive Ergebnisse konnten ebensowohl telepathisch als präkognitiv oder als Mischphänomen entstanden sein. Es mußte also vermieden werden, daß zu irgendeiner Zeit ein schriftliches Protokoll des Telepathieversuches mit Verwendung der Zeichensymbole angefertigt wird. In diesem Sinn verbesserte Methoden wurden von Miß McMahan[1]), Birge[2]) und anderen angegeben und mit Erfolg angewandt.

Telepathie und Präkognition ließen auch die Denkmöglichkeit einer präkognitiven Telepathie zu. W. Carington macht in seinem Werk »Telepathy« (London, 1945) darauf aufmerksam, daß ein Proband bei Kartenversuchen in der »Hellsehsituation« nicht auf die Objekte selbst bezogen sein kann, sondern auf den geistigen Akt des Auszählens der Ergebnisse durch den Experimentator. Diese wären dann nicht auf Hellsehen, sondern auf präkognitive Telepathie zurückzuführen – eine These, zu der Carington als Anhänger einer Prävalenz der Telepathie neigt. Dagegen weist Rhine auf eine Reihe von Hellsehversuchen hin, die nicht mit dem Begriff präkognitiver Telepathie fraglich gemacht werden können: die Duke-Experimente, die als »matching tests« und »ESP shuffle« bekannt sind, und eine Reihe von Versuchen, die Tyrrell mit einer automatischen Testmaschine ausgeführt hat[3]).

Bei den »matching tests« werden die Karten gegen einen Satz von fünf offenen oder verdeckten Schlüsselkarten gelegt. Die Reihenfolge wird nicht festgehalten, so daß ein präkognitiv telepathischer Vorgriff auf die Kontrolle jeder einzelnen Aussage nicht möglich ist. Ähnliche Verhältnisse liegen bei der ESP-shuffle-Technik vor. Rhine kommt zu dem Schluß, daß

1) McMahan, E. A., An experiment in pure telepathy, J. Parapsychol. 1946, 10, 224–42.
2) Birge, W. R., A new method and an experiment in pure telepathy, J. Parapsychol., 1948, 12, 273–88.
3) Tyrell, G. N. M., Further research in extra-sensory perception, Proc. Soc. psych. Res., 1936, 44, 99–168.

»die Sachlage für das Hellsehen bei der Revision des gesamten Beweismaterials für die außersinnliche Wahrnehmung verhältnismäßig gut abschnitt«[1]).

Die durch den Nachweis des präkognitiven Hellsehens notwendig gewordene Revision der früheren Ergebnisse in Telepathie- und Hellsehversuchen stellt keineswegs die Evidenz des früheren Materials für die Tatsache einer undifferenzierten außersinnlichen Wahrnehmung in Frage. Diese bleibt in vollem Umfang bestehen. Es sind nur die methodischen Anforderungen an eine Differenzierung der »Urphänomene« im Sinne Drieschs seit dem Nachweis der Präkognition wesentlich komplizierter geworden.

Die quantitativ-statistische Methode ist, wie einleitend schon erwähnt wurde, von dem Duke-Laboratorium auch auf die Untersuchung der physischen Phänomene angewandt worden. Die als PK-Test bezeichneten Experimente zum Nachweis der Psychokinese (der bei Driesch Telekinese genannten direkten, nicht-mechanischen psychischen Wirkung auf materielle Systeme) sollten, ähnlich wie die Kartenexperimente, interessant, schnell zu handhaben, leicht zu kontrollieren und ohne Schwierigkeit einer standardisierten, statistischen Auswertung unterwerfbar sein. Als ideale Methode erschien das Werfen von Würfeln, zumal viele Menschen glauben, daß sie in günstiger Verfassung durch Konzentration den Fall der Würfel beeinflussen können, eine Einstellung, die sich anspornend auswirkt.

Bei dem PK-Test werden Würfel aus einem Becher oder mittels einer maschinellen Vorrichtung auf eine Polsterunterlage geworfen oder man läßt sie, mechanisch ausgelöst, eine schiefe Ebene herunterrollen. Als Standard-PK-Versuch wurden 24 Würfelablesungen festgesetzt, gleichgültig, wie viele Würfel auf einmal geworfen werden. Wenn z. B. je Wurf sechs Würfel verwendet werden, bilden vier Würfe einen Standard-Versuch oder »eine Runde«. Als Ziel kann eine bestimmte Würfelfläche gewählt werden, oder es wird auf »hohe Werte« (über sieben) oder »niedere Werte« (unter sieben), zuweilen auch auf »sieben« als Summe der Augenzahlen zweier

1) Rhine, J. B., Telepathy and human personality, J. Parapsychol. 1951, 15, 6–39.

Würfel gewürfelt. Wie bei den Kartenversuchen wird die Anzahl der Treffer mit der Zufallserwartung verglichen und aus der Abweichung in großen Reihen der Wahrscheinlichkeitsfaktor für eine psychokinetische Wirkung errechnet.

Die Sicherungsmaßnahmen beim PK-Test haben sich in erster Linie mit Ungleichmäßigkeiten des Würfelmaterials zu befassen. Da völlig fehlerlose Würfel nicht hergestellt werden können, mußte die Sicherung durch die experimentelle Methode gewährleistet werden. Werden einzelne Würfelflächen als Ziel gewählt, kann dies z. B. so erfolgen, daß innerhalb einer Serie alle sechs Würfelflächen nacheinander mit derselben Zahl von Würfen als Ziel gewählt werden. Materialbedingte Abweichungen von der Zufallserwartung gleichen sich dann in der Totalsumme der Treffer aus.

Schon bald zu Beginn der seit 1934 laufenden PK-Experimente wurde festgestellt, daß die Trefferzahl eine Tendenz aufwies, von einer Runde zur andern zu fallen. Wollte man das Ergebnis über dem Zufall halten, mußten die Art der Durchführung und die Versuchsperson häufig gewechselt werden. Diese Abfalltendenz (decline) erwies sich als prinzipiell bedeutsam. Bei der späteren Durcharbeitung der Befunde zeigte sich nämlich, daß in den zur Regel gewordenen Versuchsreihen aus zwei oder drei »Runden« die den Zufall übersteigenden Treffer fast ausschließlich in der ersten Runde zu finden waren. Da für alle Runden dieselben Würfel verwendet wurden, erbrachte dieser »Positionseffekt« zugleich den Beweis, daß die positive Abweichung nicht materialbedingt war. Die nachträgliche Entdeckung zeigt die Unabhängigkeit vom Experimentator, so daß angenommen werden darf, daß die bemerkenswerte Konstanz des Leistungsabfalls von der ersten zu den nächsten »Runden« auch nach Bekanntwerden des Effektes keine Suggestivwirkung ist. Ähnliche Positionseffekte finden sich auch bei den ASW-Versuchen, und zwar so regelmäßig, daß sie heute als eine der am besten gesicherten gesetzmäßigen Verhaltensweisen paraphysischer Funktionen gelten.

Der PK-Würfeltest ermöglicht ohne Schwierigkeit, mannigfaltige Variationen der physikalischen Bedingungen durchzuführen. So können Würfel verschiedener Größe, verschiedener Anzahl, aus verschiedenem Material usf. verwendet werden. Die Ergebnisse erwiesen sich bisher als unabhängig von den physikalischen Variationen. Auch die Distanz zwischen Experimentator und dem zu beeinflussenden Vorgang wurde verändert. Entfernungen bis zu acht Metern schienen ohne Einfluß. Auf größere Distanzen wurde bis 1947 verzichtet, da sie eine zweifelnde Einstellung der Versuchsperson zur Folge hatten.

Die ausschlaggebende Bedeutung der Einstellung zu den Experimenten hatte schon das reiche Erfahrungsmaterial der ASW-Versuche ergeben. Was bei den Kartentests beobachtet wurde, wiederholte sich beim Würfeltest: eine Verschlechterung der Ergebnisse oder das Zurückgehen auf reine Zufallswerte zeigte sich bei Ablenkung, etwa durch Präokkupationen oder durch störende Zuschauer, weiter bei Überdruß durch zu langes Experimentieren (psychische »Sättigung«) oder bei Entmutigung, etwa dadurch, daß eine Versuchsbedingung als hindernd angesehen wird oder durch die Anlage des Verfahrens die Verifikation zu lange herausgeschoben wird. Auch gedrückte Stimmung, Konflikte und körperliche Indispositionen wirkten störend. Gesteigert wurde die Leistung dagegen durch anspornende Wettstreit-Situationen, durch positive Erfolgserwartung, gespanntes Interesse, seelische und körperliche Frische, auch durch ermutigende hypnotische Suggestionen.

Parallelen zwischen den ASW-Tests und den PK-Tests zeigen sich auch in selteneren Effekten, die von verschiedenen Forschergruppen unabhängig voneinander beoachtet wurden: in der Tendenz mancher Versuchspersonen, als Antwort auf bestimmte als hemmend empfundene Bedingungen das Ziel abzulehnen und ständig unter der Zufallserwartung zu bleiben. Weiter in dem als »Verschiebung« (displacement) bekanntgewordenen Effekt, der – ähnlich wie der Leistungsabfall – nachträglich aus der Durcharbeitung des Versuchsmaterials der englischen Parapsychologen Whateley, Carington und S. G. Soal entdeckt wurde. Es stellte sich heraus, daß Probanden dazu neigten, ein dem eigentlichen Ziel benachbartes Ziel zu nennen, so daß sie etwa auf die in der Versuchsrunde kommende Karte oder Zeichnung präkognitiv vorauseilten oder, umgekehrt, auf die unmittelbar vorher dargebotenen Objekte zurückgingen. Auch andere Verteilungen des Verschiebungseffektes wurden festgestellt und auch im Duke-Laboratorium beobachtet. Soal stellte eine Abhängigkeit des Verschiebungseffektes von der Geschwindigkeit des Testens fest. Einen vergleichbaren Effekt sieht Rhine bei PK-Tests in der wiederholten Feststellung, daß beim Übergang der Zielwahl von »hohen Werten« zu »niederen Werten« sich eine auffallende Tendenz zur neutralen »sieben« zeigte – eine Verschiebung von dem beabsichtigten Ziel zu Augenkombinationen, die im Zahlenwert, nicht aber in den physikalischen Eigenschaften der Würfel benachbart sind.

Die innige Verschränkung der außersinnlichen Wahrnehmung mit der Psychokinese ergibt sich außer aus der Analyse der empirischen Parallelitäten auch aus der logischen Überlegung, daß die direkte Beeinflussung der Würfel, so gering sie auch sein mag, eine Steuerung voraussetzt. Die psychische Wirkung auf den Würfel findet während seines Fallens oder Rollens statt. Mit ihr verbunden muß eine steuernde Wahrnehmung sein, die durch den Gesichtssinn nicht vermittelt sein kann. Die Bewegung der Würfel ist – besonders in den maschinellen Versuchen – viel zu schnell, als daß sie sensorisch verfolgt werden könnte. Die Steuerung muß durch außersinnliche Wahrnehmung erfolgen, die daher ein untrennbarer Bestandteil der Psychokinese ist.

Im Hinblick auf die von Driesch entwickelten Gesichtspunkte läßt sich über die Ergebnisse der quantitativ-statistischen Untersuchungen zusammenfassend sagen: Die Aufgabe der »Sicherung erster Instanz«, nämlich die täuschungsfreie Feststellung außersinnlicher Wahrnehmungsleistungen in den Situationen: Telepathie, Hellsehen und Präkognition ist in einem Ausmaß bewältigt worden, wie es von früheren Versuchen nie erreicht wurde. Ganz neu ist die experimentelle Demonstration der Psychokinese. Der von Driesch aufgestellte »Täuschungskatalog« hat nach wie vor uneingeschränkte Gültigkeit. Die Ausschaltung der Fehlerquellen wie unwillkürliche Zeichen, bevorzugte Reaktionen, Sinneshyperästhesie und ähnliches in der Laboratoriumstechnik ist aber zu einer selbstverständlichen Routine geworden, deren peinlichste Beachtung durch das Prestige der Forscher und die langjährige Erfahrung gewährleistet ist. Dies schließt nicht aus, daß es hin und wieder ratsam erscheint, durch demonstrative Sicherungen, die auch den Versuchsleiter dem Sicherungssystem unterwerfen, eine Art »Sicherungsparade« vorzuführen. Zur Norm erhoben, würde der damit verbundene technische Aufwand die Arbeit zu sehr komplizieren und damit unbeweglich machen. Eine solche »Paradeserie«, gegen die keine Einwände geltend gemacht werden konnten, die irgendeine Form von Irrtum und Täuschung zum Gegenstand haben, war die Pratt-Woodruff-Serie von »ESP-matching-tests«[1]).

Die Aufgabe der »Sicherung zweiter Instanz«: die Frage nach den »isolierbaren Urphänomenen« ist gegenwärtig zum eigentlichen Problem geworden und beherrscht in den Rhine nahestehenden Forscherkreisen die Diskussion. Zunächst, wie dargelegt wurde, im Sinn der experimentellen Demonstrierbarkeit »reiner Telepathie«, »reinen Hellsehens« und »reiner Prophetie«. Auch für die »reine Psychokinese« ergaben sich Schwierigkeiten, die aber im Vergleich zu den Anforderungen der Isolierung der psychischen Phänomene von geringerer Bedeutung sind und daher hier nicht behandelt wurden. Verbunden mit dieser technisch-methodischen Frage stellte sich in einer empirisch besser fundierten Form aufs Neue das schon in den Vorhof der Theorie führende Problem, ob es sich bei den isolierbaren Formen parapsychischer Funktionen um »wahrhaft elementare, nicht aufeinander zurückführbare Urphänomene« handelt – wie Driesch die Frage nach den letzten Gegebenheiten verstanden wissen will – oder etwa um typenartige Erscheinungsformen einer im Grund einheitlichen Fähigkeit. Konstante Übereinstimmungen der Testergebnisse in den verschiedenen ASW-Situationen und gleichlaufende Veränderungen bei Variationen der Bedingungen (wie z. B. pharmakologische Tests, verschiedene Einstellungen der Versuchspersonen), die später auch bei den PK-Tests festgestellt wurden, legten nahe, eine einheitliche Funktion anzunehmen, die nach einem Vorschlag von Thouless und Wiesner »Psi-

1) Pratt, J. G., and Woodruff, J. L., Size of stimulus symbols in extrasensory perception, J. Parapsychol., 1939, 3, 121–58.

Funktion« oder »Psi-Aktivität« genannt wurde. Diese Psi-Aktivität wird als eine außerhalb der physikalischen Welt wirkende psychische Funktion bestimmt. Als Quintessenz der experimentellen Ergebnisse wird ihre Unabhängigkeit von den Dimensionen Raum und Zeit als gesichert angesehen und weiter ihre Fähigkeit, auf einem nicht-mechanischen Weg Wirkungen auf materielle Vorgänge auszuüben. Die Typen außersinnlicher Wahrnehmung nennt man die kognitive Funktionsäußerung der Psi-Aktivität, die Psychokinese die motorische.

Den letzten Schritt wagt J. B. Rhine mit der Behauptung: die außersinnliche Wahrnehmung und die Psychokinese, ASW und PK, seien so eng miteinander gekoppelt, daß sie als zwei Aspekte eines einzigen Prozesses betrachtet werden müßten, die sowohl in den kognitiven wie in den motorischen Funktionsäußerungen gleichzeitig und nur mit verschiedenen Gewichtsverteilungen wirken würden. In abgekürzter Sprache: wo ASW auftritt, müsse auch PK wirken, wo PK in Funktion ist, müsse ASW beteiligt sein. Dieses Argument ist zwingend für die psychokinetische Funktion: die fallenden Würfel könnten nicht beeinflußt werden, wenn nicht ihre physikalische Lage in irgendeiner Form wahrgenommen und dadurch die PK-Wirkung gesteuert würde. Insofern ist es plausibel, wenn Rhine sagt: keine PK ohne ASW. Aber besteht umgekehrt eine logische Notwendigkeit, beim außersinnlichen Wahrnehmungsprozeß einen in gleicher Weise zwangsläufig mit ihr verbundenen psychokinetischen Effekt anzunehmen? Rhine folgt einem sehr eigenwilligen Gedankengang, um die Beteiligung von PK bei ASW als Notwendigkeit zu begründen: beim Hellsehen, sagt er, muß das wahrgenommene Objekt irgendeine Veränderung in der wahrnehmenden Psyche bewirken. Auch bei diesem Vorgang kann es keine Wirkung ohne Gegenwirkung geben. Wenn A auf B wirkt, muß B auch auf A zurückwirken. Er schließt, daß beim Hellsehen »die Psyche etwas an dem Objekt tut, auch wenn dieses Etwas zu geringfügig ist, um nachgewiesen zu werden«. Wenn Hellsehen vorkommt, müsse also auch PK vorkommen[1]).

1) Vgl. die Besprechung von H. H. Price: J. B. Rhine, The Reach of the Mind, in »Mind«, Juli 1949 und J. Parapsychol. 14, 212–21.

Es liegt auf der Hand, daß es für diese Argumentation keine Analogie aus dem Bereich der normalen Wahrnehmung mit den Fernsinnen Gesicht und Gehör gibt. Wenn ich sehend oder hörend wahrnehme, bewirke ich dann irgend etwas an dem äußeren Objekt? Offenbar doch nicht, und warum sollte es bei der außersinnlichen Wahrnehmung anders sein, zumal deren kausale Relationen fraglich sind? So scheint mir die Bestimmung der Psi-Aktivität als eines fundamentalen ASW-PK-Prozesses, der sowohl in den kognitiven als in den motorischen Funktionsäußerungen immer wirksam wäre, im Sinn des eben Dargelegten eingeschränkt werden zu müssen.

Die Frage nach den »isolierbaren Urphänomenen« erscheint bei Rhine als Problem der »intra-parapsychologischen« Beziehungen. In einer »Bestandsaufnahme der Parapsychologie in der Jahrhundertmitte«[1] umreißt er, auf zwanzig Jahre eigener experimenteller Forschung zurückblickend, den gegenwärtigen Stand dieses Problems mit den Worten:

»Die Tatsache der Psi-Aktivität, der psychophysischen Wechselwirkung zwischen Subjekt und Objekt ohne sensomotorische Vermittlung ist ausgiebig nachgewiesen worden. Unter Bedingungen, die keinen vernünftigen Zweifel zulassen, sind sowohl kognitive als kinetische Psi-Effekte als tatsächliche Geschehnisse festgestellt worden. Die Bestandsaufnahme ergibt sowohl für die Psychokinese als für die außersinnliche Wahrnehmung eine völlig klare Lage. Wenn man die letztgenannte in ihre Typen aufteilt, kann man sagen, daß die Sache des Hellsehens wie des präkognitiven Hellsehens befriedigend gut ist, obwohl für beide noch Verbesserungsmöglichkeiten bestehen. Zur Zeit erscheint die Sache der Telepathie noch nicht eindeutig – was natürlich die Frage offen läßt«.

1) Rhine, J. B., Mid-Century inventory of parapsychology, J. Parapsych. 14, 227–43.

II. SPONTANE UND ERWARTENDE BEOBACHTUNG

Der nicht mehr zu bezweifelnde quantitativ-statistische Beweis für die Tatsächlichkeit der außersinnlichen Wahrnehmung hat die Forschung im Bereich der *spontanen und erwartenden Beobachtung* von dem Zwang entlastet, bei jeder einzelnen Untersuchung immer wieder aufs Neue die Grundlagenfrage zu stellen. Das heißt nicht, daß bei der Sammlung spontanen Materials die bekannten Täuschungsformen an Bedeutung verloren hätten. Zufällige Übereinstimmungen, Gedächtnismängel, Vieldeutigkeit der Aussage, Vorspiegelungen aus Geltungsbedürfnis usw. sind ebenso peinlich zu beachten wie früher. Aber man kann das spontane Material lockerer handhaben als zu einer Zeit, in der jeder berichtete Fall im Spannungsfeld der Kontroverse stand, ob es paranormale Erscheinungen gibt oder nicht gibt. Die Analyse der Erscheinungsform sicher oder vermutlich parapsychischer Spontanerlebnisse hat vor allem einen hinweisenden Wert: es können daraus Fragestellungen für künftige experimentelle Forschungen abgeleitet werden. Aber abgesehen davon, werden kasuistische Untersuchungen stets eine unverzichtbare Ergänzung der quantitativ-statistischen Methode bilden, die, als reines Leistungsexperiment angelegt, wenig Möglichkeiten zu einer selbstbeobachtend vorgehenden phänomenologischen Analyse gibt. Von systematischen phänomenologischen Untersuchungen sind wesentliche Aufschlüsse über die Einbettung der Psi-Prozesse in die Gesamtstruktur des seelisch-geistigen Erlebens zu erwarten. Ihr vorwiegend unbewußter Charakter gibt dem paranormal bedingten Erleben eine bestimmte Färbung, die es zu differenzieren gilt: so werden etwa telepathische Spontanübertragungen vom Empfänger als ein passives Geschehnis hingenommen: es fehlt das Lenkungsbewußtsein und die Möglichkeit einer Objektivierung. Das Realitätsurteil bleibt in der Schwebe, wobei alle Grade der Überzeugung von einem Wirklichkeitsbezug des Erlebten beobachtet werden können: manchmal ist nur ein unbestimmtes Gefühl feststellbar, daß es mit einem Traum »etwas auf sich hat«, in andern Fällen scheint der Perzipient zu wissen, daß sein Einfall, seine Vision, seine Ahnung, sein Traumbild einen Bezug zu einem Ereignis hat. Manchmal ist die telepathische oder, allgemeiner, außersinnliche Kommunikation nur aus dem Verhalten zu erschließen: wenn etwa jemand zwanghaft getrieben in unbewußter Reaktion auf eine paranormale Information handelt, ohne sich über die Motive seines Handelns Rechenschaft ablegen zu können.

Weiter ist phänomenologisch zu untersuchen die Gegebenheitsweise außersinnlicher Wahrnehmungen. Die klassischen »hallucinations veridiques«, die mit Todesfällen zusammenhängenden Erscheinungen, sind Beispiele visionärer Projektionen, die leibhaft im Raum gesehen werden und bekanntlich in der naiv-spiritistischen Interpretation als Geistermanifestationen mißdeutet werden. Diese Form der pseudohalluzinatorischen Veranschaulichung findet man auch beim »Zweiten Gesicht«. Wie die Untersuchungen von Schmeïng an niederdeutschen Spökenkiekern gezeigt haben[1]), scheint diese visionäre Form der »Paragnosie« eine eidetische Veranlagung vorauszusetzen. In einer demnächst erscheinenden Arbeit über »Experimentelle Visionen« konnte ich zeigen, daß auch Versuchspersonen, die nicht manifest eidetisch veranlagt sind, durch das Betrachten glänzender oder transparenter Gegenstände (z. B. einer »Schusterkugel«) zu lebhaften Visionen angeregt werden können. Solche »Kristallvisionen« erwiesen sich aber als abhängig von bestimmten typologisch feststellbaren Strukturen und Merkmalen gesteigerter visueller Aktivität. Vermutlich ist die pseudohalluzinatorische Form paragnostischer Erlebnisse an ebensolche Strukturen und Merkmale gebunden, was an kasuistischem Material zu untersuchen wäre. Auch emotionale Faktoren beeinflussen den Grad der Anschaulichkeit des bildhaften Erlebens: die affektive Erschütterung bei Erscheinungen, die mit gefühlsbetonten Ereignissen zusammenhängen, scheint die Anschaulichkeit zu steigern und in manchen Fällen bis zur leibhaften Vergegenständlichung treiben zu können.

Die phänomenologische Analyse spontanen und in erwar-

1) Karl Schmeïng, Das »Zweite Gesicht« in Niederdeutschland, Leipzig, 1937.

tender Beobachtung gewonnenen Materials wird in vielen Fällen zu einer »tiefenpsychologischen« hinführen. Vor allem sind hier Träume mit paranormal erworbenem Inhalt zu nennen, die das paragnostisch Erlebte in archaischer Form zu Bewußtsein bringen. Die Darstellungsmittel des Traumes, konkretistische Veranschaulichungen, Verdichtungen, Verschiebungen, Symbole usw., kurz: die Sprache des Unbewußten, scheinen die adäquateste Äußerungsform der durch die Psi-Prozesse vermittelten Eindrücke zu sein. Die objektivierende Vergegenständlichung gelingt bekanntlich auch bei wachbewußten paranormalen Leistungen nur in seltenen Fällen. Physiognomisch-anschauliche Aspekte herrschen vor, wie sie etwa in dem urtümlichen Wahrnehmungsverhalten von Primitiven und Kindern beobachtet werden, affektiv Zusammengehörendes wird zu Sinnbildern amalgamiert, emotional ausgelöste Phantasiebilder schießen zusammen mit dem paranormal erworbenen »Wissen«, objektbezogene Wahrnehmung und subjektbedingte Vorstellung sind kaum zu trennen. Eine besondere Form paragnostischer Träume sind die sog. telepathischen Doppelträume, wie sie Stekel[1]) und Tenhaeff[2]) beschrieben haben. Dieses gar nicht seltene eigentümliche Kommunikationsphänomen, das noch zu wenig untersucht ist, vollzieht sich meist zwischen Menschen persönlicher Bindungen. Die Unterscheidung eines »Agenten«, der seinen seelischen Inhalt bewußt oder unterbewußt aktiv hergibt und eines rein passiv »empfangenden Perzipienten« (Seite 64) muß hier durch das Modell einer Wechselwirkung ersetzt werden, das vielleicht auch bei Fällen einseitiger telepathischer Übertragungen die Beziehungsverhältnisse richtiger darstellt als die Annahme eines aktiven Hergebens und passiven Empfangens.

Eine solche telepathische Wechselwirkung wurde hin und wieder auch in der analytischen Beziehung zwischen Psychotherapeut und Patient beobachtet – neben einseitigen Übertragungen, die Freud nach langem Zögern veranlaßt hatte,

1) Stekel, W., Der telepathische Traum, Pfullingen, o. J. (etwa 1920).
2) Tenhaeff, W. H. C., Over telepathische dubbeldromen, Tijdschrift voor Parapsychologie, XVII.

zuzugeben, daß im analytischen Traummaterial in manchen Fällen telepathische Anteile zu entdecken seien[1]). Systematische Beobachtungen in der psychotherapeutischen Praxis fehlen, trotz anregender Hinweise von Helene Deutsch (Imago 1926), C. Bruck (Zeitschr. f. Parapsychol. 1932, Seite 85), Peerbolte (Tijdschr. voor Paraps. X) und andern. Über ein reiches Erfahrungsmaterial scheint C. G. Jung zu verfügen, der die fundamentale Bedeutung der parapsychischen Fähigkeiten für die Wirklichkeit der Seele schon früh erkannt und an vielen Stellen seines Werkes erwähnt hat[2]).

Eine Zwischenstellung zwischen erwartender Beobachtung und echtem Experiment nehmen Untersuchungen ein, die mehr oder weniger freie paragnostische Leistungen zum Gegenstand haben. Stehen etwa die Fähigkeiten eines professionellen Hellsehers in Frage, wie das z. B. bei forensischen Gutachten der Fall ist, so wird man ihn zunächst nach seiner gewohnten Methode vorgehen lassen, und den gesamten Verlauf möglichst auf Tonband aufnehmen. Schnell wird man ein Bild gewinnen, ob der »Hellseher« sich an Ausdruckserscheinungen des Klienten orientiert, ob er angelnde Fragen einstreut, sich von zustimmenden oder ablehnenden Reaktionen beeinflussen läßt oder sich unabhängig davon äußert. In positiven Fällen beobachtet man meist das von Driesch als »Gedankenabzapfen« bezeichnete Phänomen: der paragnostisch Begabte (der »Metagnom« in dem nicht gebräuchlich gewordenen Ausdruck von Driesch) schildert aktuelle und vergangene Lebenssituationen – Personen, räumliche Umgebung, affektive Erlebnisse und dergleichen – meist fragmentarisch und ohne präzise zeitliche Stellenwerte. Unbewußte Inhalte

1) Freud, S., Traum und Okkultismus, in »Neue Folge der Vorlesungen über Psychoanalyse«. Gesammelte Werke XV, London, 1949.

2) Kürzlich hat C. G. Jung in einer Vorrede zu F. Moser, Spuk, Baden bei Zürich 1950, auf die Bedeutung der komplexeren parapsychischen Phänomene für die Erforschung der Zuständlichkeit des Unbewußten hingewiesen, deren individuelle Natur die Anwendung des statistischen Gesichtspunktes verbiete: »Wir sind daher in dieser Beziehung ganz und gar auf den wohlbeobachteten und -beglaubigten Einzelfall angewiesen« (S. 11); vgl. auch C. G. Jung: Synchronizität als ein Prinzip akausaler Zusammenhänge, in »Naturerklärung und Psyche«, Studien aus dem C. G. Jung-Institut Zürich IV, 1952.

scheinen bevorzugt abgezapft zu werden, wie im Traum über-
wiegt Bildhaftes das Begriffliche, so daß man wohl besser von
»Erlebnis« als von »Gedanken«abzapfung sprechen sollte.
Meist erreichen die Aussagen nicht die Stufe sachlicher Vergegenständlichung, und zwar auch dann nicht, wenn der
»Klient« den übertragenen Erlebnisinhalten eine präzise begriffliche Objektivierung zu geben vermag. Atmosphärisches,
unverstanden Anschauliches, Stimmungsmomente, emotionale
Reaktionen werden – besonders bei einer durchschnittlichen
paragnostischen Begabung – leichter abgezapft als Begriff-
liches. Neben solchen, die Norm bildenden Verläufen beobachtet man in selteneren Fällen erstaunlich präzise Angaben,
die immer wieder die Hoffnung erwecken, paragnostische In-
formationen verläßlich für praktische Zwecke, z. B. krimi-
nalistischer Art, heranziehen zu können. Für die Qualität der
Leistungen scheint der »Rapport« von Bedeutung zu sein,
weiter scheint es Menschen zu geben, die besonders schwer
oder besonders leicht telepathisch anzapfbar sind. Mit welchen besonderen Persönlichkeitsmerkmalen diese Eigenschaft
verbunden ist, harrt noch der Klärung.

Ich verfolge weiter eine solche aus der Praxis herausgegriffe-
ne Untersuchung: der ratsuchende Klient will nun nicht nur
Gegenwart und Vergangenheit, sondern vor allem Zukünftiges wissen. Die prognostischen Angaben des »Hellsehers«
können, was leicht feststellbar ist, kombinatorisch erschlossen
sein. Vielfach überläßt er sich aber gutgläubig seinen anscheinenden prophetischen Fähigkeiten und sagt künftige Ereignisse, Gesundheit und Krankheit, Partnerschaftsbeziehungen,
Finanzielles, Glück oder Unglück voraus. Kontrolliert man
solche Prognosen, so erweist sich, daß sie teilweise nichts anderes als die Spiegelung telepathisch abgezapfter bewußter
oder unbewußter Einstellungen, Wünsche, Hoffnungen oder
Befürchtungen des Fragestellers sind, um von reinen Phanta-
sieprodukten gar nicht zu reden. In anderen Fällen zeigt sich,
daß ein vorausgesagtes Ereignis nicht als wirklicher Vorgang
eintritt, sondern vielleicht als eine sich zwar abzeichnende,
aber nicht realisierende Möglichkeit. Der »Hellseher« verfügt
über keinerlei Kriterium, mit der er die verschiedenen Spiel-
arten seiner Aussagen – Phantasie, telepathische Kommuni-

kationen und echt Präkognitives unterscheiden könnte. Der Klient ist durch die zutreffenden Schilderungen seiner gegenwärtigen und vergangenen Lebensverhältnisse gewöhnlich tief beeindruckt. Diese affektive Erschütterung verstärkt seine ohnedies schon vorhandene Glaubensbereitschaft, so daß die Gefahr besteht, daß die Prognosen sich nach Art posthypnotischer Suggestionen als determinierende Tendenzen auswirken und die Erfüllung des Prophezeiten unbewußt oder auch bewußt arrangieren, soweit es vom eigenen Verhalten abhängt. Aus diesem Komplex echte Prophetie zu sichern, ist schwierig und bedarf vorsichtigster Analyse, worauf Driesch ja eindringlich hingewiesen hat. Nach meinen Erfahrungen finden sich auch nach peinlichster Berücksichtigung aller Täuschungsquellen in dem Material solcher praktischer Untersuchungen evidente Fälle von Präkognition. Ich brauche nicht weiter auszuführen, daß die Bedingungen solcher Untersuchungen sukzessive verschärft werden müssen und daß besondere Methoden erforderlich sind, um das Material auszuwerten[1]).

Gut gesicherte Fälle von Prophetie hat W. H. C. Tenhaeff in seinem neuen Buch »Oorlogsvoorspellingen« (Kriegsprophezeiungen, den Haag 1948) veröffentlicht. Sie haben einen besonderen dokumentarischen Wert, da sie auf Material beruhen, das vor dem Zweiten Weltkrieg auf Veranlassung des Autors durch die holländische »Studievereeniging voor ›Psychical Research‹« gesammelt worden war. Es enthält Hinweise auf Kriegsereignisse in Holland (Zerstörung von Rotterdam, kommissarische Verwaltung u. a.). In der Hauptsache handelt es sich um präkognitive Träume und paranormale Aussagen mittels eines psychometrischen Objektes, die Tenhaeff in Übereinstimmung mit Osty auf präkognitive Telepathie zurückführt. Wie schon früher beobachtet, aber noch nicht so eindrucksvoll nachgewiesen wurde, spiegeln sich die präkognitiv erfaßten kollektiven Ereignisse in Vorahnungen persönlicher Erlebnisse wider. Auszüge finden sich in dem Zeitschriften-Aufsatz von Gerda Walther: »Spontane und

---

1) Vgl. hierzu Pratt, J. G., Towards a method of evaluating mediumistic material, Bull. 23, Boston Soc. Psych. Res., 1936, und Pratt, J. G., and Birge, W. R., Appraising verbal test material in parapsychology, s. Parapsychol., 1948, 12, 236–56.

experimentelle Prophezeiungen und ihre Erforschung«[1]).

Von den physischen Phänomenen, die Driesch in seiner Methodenlehre behandelt (Telekinese, Levitation, Raps, Materialisationen) ist bisher durch die Würfelexperimente Rhines nur die Psychokinese in Spurenwirkungen dem Experiment unterworfen worden. Während in der Einstellung zu den kognitiven Formen der Psi-Aktivität der quantitativ statistische Nachweis eine größere Sicherheit im Umgang mit dem kasuistischen Material bewirkt hat, ist dies im Gebiet des Parapsychischen nicht der Fall. Mit Ausnahme vielleicht der Beurteilung des Spuks hat sich, scheint es mir, die Sachlage seit der Darstellung von Driesch nicht verändert. Es scheint in allen Ländern an »großen Medien« zu mangeln, an die die noch immer umstrittenen paraphysischen Phänomene massiverer Art gebunden sind. Wären heute Medien wie Home oder Eusapia Paladino verfügbar, könnten durch die neuesten technischen Sicherungsmittel wie etwa die Verwendung infraroter Strahlen zur Abschirmung und Photographie wesentlich günstigere Versuchsbedingungen für die suspekten Dunkel- und Rotlichtséancen als früher hergestellt werden. Osty hat bekanntlich im »Institut Métapsychique« den Anfang mit solchen neuen Methoden der Sicherung gemacht.

Für das gesamte Gebiet der physischen Phänomene mit Ausnahme des psychokinetischen Effektes ist auch heute noch die Hauptsache die »Sicherung erster Instanz«, die Aufgabe, unter Ausschluß aller Täuschungsmöglichkeiten festzustellen, »ob es die vielen behaupteten Dinge überhaupt gibt oder nicht« (Driesch, Seite 83).

Von den spontanen Erscheinungen im paraphysischen Bereich spielt nur der objektive Spuk eine Rolle. In den Nachkriegsjahren, die ein gesteigertes Interesse der Öffentlichkeit und der Presse für okkulte Erscheinungen mit sich brachten, ist eine größere Zahl von angeblichen Spukfällen bekanntgeworden, als es im gleichen Zeitraum früher der Fall war. Die Diskussion über das Problem »Spuk« ist weiter angeregt worden durch die in einem ersten Band erschienene Materialsammlung von F. Moser, die – wie mir die Autorin mitteilt –

[1]) Neue Wissenschaft, Jahrgang 1950–51, H. 6.

ihr eine Fülle von Berichten über Spukphänomene eingebracht hat. Leider erreichen solche Berichte den für die Untersuchung bereiten Wissenschaftler meist zu spät: die Phänomene haben schon aufgehört, und man ist auf die Sicherung post factum angewiesen. In nachträglichen Untersuchungen hat sich mir der methodische Kunstgriff bewährt, die Phänomene rekonstruieren zu lassen und die Rekonstruktionen zu photographieren. Waren mehrere Augenzeugen bei den behaupteten Vorgängen zugegen, kann der Meinungsaustausch bei der Rekonstruktion wertvolle Hinweise auf die Glaubwürdigkeit und Präzision der Aussagen geben. Doch ist immer damit zu rechnen, daß sich durch vielfach wiederholte Erzählungen Versionen der behaupteten Vorgänge fixieren, die dann natürlich übereinstimmend bestätigt werden. Bei der Konfrontation mit der anschaulichen Situation werden diese Fabeln manchmal wieder aufgelöst und visuelle Gedächtnisbilder wieder freigelegt. Eine große Hilfe für die Beurteilung sind Tonprotokolle der Zeugenaussagen. Ausdruckswerte des Sprechens, der emotionale Gehalt, werden beim wiederholten Abhören der Schallaufnahmen aus kritischer Distanz viel deutlicher als im vitalen Bezug des aktuellen Gesprächs. Sehr wertvoll sind psychodiagnostische Untersuchungen der »Spukbetroffenen« und anderer Zeugen. Graphologische Analysen, Rorschach-, Wartegg- und andere Tests ermöglichen belegbare Urteile über Beobachtungsfähigkeit, Phantasietätigkeit, Suggestibilität, Geltungsverlangen, hysterische Züge usw., die wesentlich für die Bewertung der Aussagen sind. Weiter müssen die Aussagen bezogen werden auf das soziale Feld, in das die Spukphänomene eingebettet sind. Geben die Erscheinungen den Betroffenen durch das Interesse, das sie erregen, einen Zuwachs an Geltung oder, umgekehrt, gefährden sie, wie ich es meist in dörflichen Gemeinden beobachtet habe, die soziale Valorisation? Als vorläufig heuristischer Gesichtspunkt (unter Voraussetzung der Wahrscheinlichkeit echten Spuks) hat sich bei meinen Untersuchungen eine tiefenpsychologische Untersuchung der Struktur der spukbetroffenen Gruppe (Familie, Hausbewohner) bewährt, die gewöhnlich neurotische Symptome aufweist. Verdrängte Aggressionen, sexuelle Spannungen, Ressentiment und andere Formen gestörten seelischen

Gleichgewichts einer Gruppe scheinen sich spukhaft zu entladen. Man hat manchmal den Eindruck, als stamme beim »personengebundenen Spuk« die »mediale Kraft« von einer bestimmten Person, die unterbewußte intelligente Steuerung hingegen von anderen Mitgliedern der Gruppe nach dem Modell des »Polipsychismus« beim Tischrücken oder automatischen Buchstabieren. Doch sind dies nur Hypothesen, Wege ahnenden Verständnisses, aber noch weit entfernt, psychologisch bewiesen werden zu können. Vor aller psychologischer Deutung steht vorläufig noch der Tatsachennachweis des »spontanen, objektiven, photographierbaren« Spuks (Driesch S. 81 f.). Spukerscheinungen im Vollzug zu photographieren bzw. zu filmen oder akustische Phänomene mit einer Tonaufnahme festzustellen, hat allerdings mit der Schwierigkeit zu rechnen – die noch fragwürdige Tatsächlichkeit einmal zugelassen –, daß sich die Phänomene anscheinend dem kritischen Zugriff entziehen. Der Eindruck drängt sich geradezu auf, daß die intelligenten Kräfte den Beobachter foppen und gerade da eine Erscheinung produzieren, wo man sie nicht festhalten kann. Dem oberflächlichen Skeptiker genügt dies als Beweis für die Unechtheit, aber so einfach liegen die Dinge nicht. Mit schußfertiger Kamera wird man kaum etwas erreichen, eher noch mit automatisch auslösbaren, dem Charakter der Phänomene angepaßten, Film- und Tonaufnahmevorrichtungen.

Damit diese dokumentarischen Wert haben, müßten sie angesichts der noch vorherrschenden prinzipiellen Zweifel auch gegen den Experimentator gesichert sein, etwa in der Weise, daß Räume, in denen automatisch ausgelöste Aufnahmen erfolgen sollen, durch Polizeiorgane verschlossen und gesichert werden.

Aber ein solcher demonstrativer Aufwand an Kontrolle hindert natürlich beträchtlich das psychologisch einfühlende, Gelegenheitskontrollen unmerklich einschleichende Verfahren, das dem Wesen der Erscheinungen viel angemessener zu sein scheint.

Bei jedem personengebundenen Spuk müßte, wenn es die Verhältnisse gestatten – versucht werden, durch posthypnotische Suggestionen das Auftreten der Erscheinungen zu beeinflussen, wie es der schwedische Arzt Poul Bjerre im Fall »Karin« anscheinend mit Erfolg getan hat[1]).

III. AUFGABEN KÜNFTIGER FORSCHUNG

Driesch skizzierte in einem kurzen Abschnitt »nächste Aufgaben der Forschung« (Seite 83–87) eine Reihe von Gesichtspunkten für zukünftige Untersuchungen. Als wichtigste Voraussetzung bezeichnet er die »Vermehrung der Zahl der Metagnomen«, weil dadurch ein größeres Material erhalten werden könne. Er denkt an Suggestion oder chemische Mittel, um den beim »normalen« Menschen im Unterschied zum »Metagnomen« wahrscheinlich unbewußt bleibenden paranormalen Fähigkeiten zum Durchbruch zu verhelfen. Die quantitativ-experimentelle Forschung ist zunächst andere Wege gegangen. Die Parapsychologen der Duke-Universität haben mit einem relativ hohen Teil der Gesamtbevölkerung experimentiert, ohne zunächst besondere Methoden anzuwenden, die geeignet sein könnten, die Äußerung der unbewußt wirkenden Funktionen zu begünstigen. Dies hatte zur Folge, daß die durchschnittliche Trefferzahl relativ gering war und zudem durch das Heranziehen jeder beliebigen, also auch der »refraktären« Versuchspersonen viel Zeit verlorenging. In einem Symposium »Die nächsten zehn Jahre Forschung«, das mit Beiträgen einer Reihe von Parapsychologen 1948 im Journal of Parapsychology veröffentlicht wurde[2]), war daher auch viel von einer Überwindung dieser praktischen Schwierigkeit die Rede. Wie Driesch schlägt Thouless die Verwendung von Pharmaka mit der Empfehlung vor, daß es »unwahrscheinlich ist, daß durch zufälliges Ausversuchen dieses oder jenes Pharmakons der Erfolg erreicht wird, sondern vielmehr durch die Feststellung, welche besonderen normalen Funktionen ausgeschaltet oder enthemmt werden müssen und durch eine … den gewünschten Effekt herbeiführende Wahl des Pharmakons oder einer Kombination von Pharmaka«[3]).

1) Vgl. Moser, Okkultismus, Bd. II, S. 844 ff.
2) J. Parapsychol., 1948, 12, S. 83–123.   3) a. a. O., S. 115.

Es versteht sich von selbst, daß die hier in Frage stehende praktisch-versuchstechnische Schwierigkeit nur durch eine vertiefte Einsicht in das Wesen der Psi-Phänomene überwunden werden kann. Anhaltspunkte in der von Thouless vorgeschlagenen Richtung scheinen Versuchsergebnisse Urbans aus der Psychiatrisch-neurologischen Klinik der Universität Innsbruck zu geben, der eine Zunahme der Trefferzahl nach Elektroschock, also nach Schwächung der kortikalen Steuerung feststellte.

Ein anderer Weg ist die Selektion von Versuchspersonen nach Persönlichkeitsmerkmalen, die regelmäßig mit relativ hohen Trefferzahlen, oder allgemeiner, mit einer überdurchschnittlichen paragnostischen Begabung korreliert sind. Auch hier ist der praktische Aspekt des Problems nur ein Teil der übergeordneten prinzipiellen Frage nach der Einbettung der Psi-Phänomene in die Struktur der Persönlichkeit. Dies ist eine der wesentlichen Aufgaben zukünftiger Forschung, zu deren Lösung schon erfolgversprechende Vorarbeiten vorliegen. So hat Gertrude Schmeidler verschiedene Syndrome im Rorschach-Test nachgewiesen, die es ermöglichen, bessere und schlechtere Ergebnisse in ASW-Tests vorauszusagen, ein in bezug auf Hellsehtests mit New Yorker Schulklassen gewonnenes Resultat. In welchem Ausmaß es generalisiert werden kann, steht noch offen, wie G. Schmeidler selbst in einer Reihe von Fragen zur Diskussion stellt[1]): Daß die verschiedenen Formen der ASW mit Persönlichkeitsmerkmalen verschieden korrelieren, glaubt Betty Humphrey mit einem Zeichentest festgestellt zu haben: mit dem unterscheidenden Merkmal der Expansion und der Kompression ergaben sich verschiedene, quantitativ belegte Zuordnungen für Hellsehen einerseits und für die undifferenzierte außersinnliche Wahrnehmung andererseits[2]).

Außer den konstanten Strukturmerkmalen spielen bei den paragnostischen Leistungen erfahrungsgemäß auch vorüber-

1) Schmeidler, G. R., Rorschach variables in relation to ESP, J. Amer. Soc. Psych. Res., 1947, 41, 35–64, und: Research projects in parapsychology, J. Parapsychol., 1948, 12, 107–13.

2) Humphrey, B. M., Success in ESP as related to form of response drawings; I. Clairvoyance experiments, J. Parapsychol. 1946, 10, 78–106.

gehende Stimmungsfaktoren eine Rolle, um deren Erfassung sich G. Schmeidler mit Hilfe des Thematic Apperception Test bemühte: die Versuchspersonen mußten während der Bildbeschreibung ASW-Versuche ausführen, deren Ergebnisse dann in eine Beziehung zu den emotionalen Reaktionen auf die Testbilder gesetzt wurden. Zu dem Komplex dynamischer Faktoren, von denen die Entfaltung der Psi-Funktionen abzuhängen scheint, gehört auch die Einstellung zu den Untersuchungen, die soziale Atmosphäre und innerhalb dieser insbesondere die Beziehung zum Experimentator. Genauso wie es gute und schlechte Versuchspersonen gibt, scheint es gute und schlechte Versuchsleiter zu geben, für die charakteristische Persönlichkeitsmerkmale zu ermitteln ebenfalls eine Aufgabe zukünftiger Forschung ist. Eine genaue Kenntnis der personalen und interpersonalen dynamischen Faktoren mag das parapsychologische Experiment dem vorläufig noch nicht zu verwirklichenden Ziel der Wiederholbarkeit näherbringen, das offensichtlich durch die Wiederholung äußerer Versuchsbedingungen nicht erreicht werden kann.

Die von Driesch geäußerte Vermutung, daß paranormale Fähigkeiten bei den meisten Menschen im Unbewußten »stekkenbleiben«, daß es sich also bei den Verschiedenheiten paragnostischer Leistungen vielleicht um Unterschiede der Bewußtseinsschwelle handle, wird durch die Erfahrungen mit spontanen Erlebnissen bekräftigt. Diese vollziehen sich fast ausnahmslos in Zuständen eines »abaissement du niveau mental«, sei es in der Zerstreutheit, beim Dösen, in der Ermüdung, im Traum oder, in Sonderfällen, im Trancezustand. Man sollte daher die in der Frühzeit der »psychischen Forschung« häufig verwendeten psychischen Automatismen: das automatische Schreiben, das Kristallsehen[1]) oder, wie es die Parapsychologen der Duke-Universität schon getan haben, automatische Reaktionen stärker heranziehen. Auch die freisteigenden Bilder im Zustand der »konzentrativen Selbstentspannung« (autogenes Training nach I. H. Schultz) scheinen

---

1) Das Kristallsehen erzeugt nicht nur, wie Driesch meint, einen leicht somnambulen Zustand, sondern ermöglicht die Projektion unbewußter Bilder, die zu Trägern paranormaler Leistungen werden können.

sich für eine Befreiung der unbewußten Psi-Funktionen zu eignen.

Driesch nennt in seiner Skizze der nächsten Forschungsaufgaben in bezug auf die Telepathie als »Hauptträtsel« die Fragen: Wie findet der Agent gerade diesen bestimmten Perzipienten? Wie kommt bei Gedankenabzapfung der Perzipient gerade an diesen bestimmten Seeleninhalt des Agenten? Für die Klärung der zweiten Frage scheinen mir experimentelle Zugänge möglich zu sein: bei Experimenten über freie Assoziationen eines professionellen Mediums bei Nennung von Daten persönlicher Erlebnisse habe ich beobachtet, daß Interferenzerscheinungen auftraten, als ein beim Versuch anwesender Mitarbeiter mit dem von mir genannten Datum ein anderes, mich betreffendes Erlebnis verknüpfte, als ich es im Sinn hatte. Das Ergebnis war eine Amalgamierung der beiden Inhalte mit deutlichen Zeichen vorübergehender Konkurrenz. Man könnte aus dieser Zufallsbeobachtung ein absichtlich angelegtes Experiment machen und mit zwei oder mehreren Agenten gleichzeitig arbeiten, und es ist wohl zu erwarten, daß diese Versuchssituation in den dabei möglichen Variationen Material zum Problem der interpersonalen Richtung des telepathischen Prozesses liefern würde[1]).

Ein Hauptanliegen zukünftiger Forschung werden die Probleme sein, die sich an den Tatsachennachweis der Präkognition und der Psychokinese knüpfen. Besteht die Behauptung des Arbeitskreises von Rhine zu Recht, das Hellsehen in die Zukunft sei abhängig von der Zeit und die Psychokinese unabhängig von physikalischen Bedingungen? Es mag Kritiker, denen diese Schlüsse übereilt erscheinen, beruhigen, daß Rhine selbst in einem Artikel »Research aims for the decade ahead«[2])

1) Ich stelle nachträglich fest, daß S. G. Soal und F. Bateman mit ihrer paragnostisch sehr begabten Versuchsperson Mrs. Stewart ASW-Tests mit »Sendern in Opposition und Zusammenarbeit« (Agents in opposition and conjunction) durchgeführt haben. Es zeigte sich, daß Mrs. Stewart in den Oppositionstests unbewußt einen einzigen Sender auswählte und auch während der »conjunction-tests« ausschließlich auf diesen reagierte (J. Parapsychol., 1950, 14, 168–92). Es scheint mir, daß freies paragnostisches Material, wie bei meiner Spontanbeobachtung, mehr Möglichkeiten zur Untersuchung der Interferenzerscheinungen gibt, wenn auch die Schwierigkeit der Auswertung größer ist als bei Standard ASW-Tests.

2) J. Parapsychol. 1948, 12, 101–07.

weitere Untersuchungen zu diesen Fragen ankündigt. Wenn bedeutsame Ergebnisse bei Präkognitionsversuchen über zwölf Tage erzielt wurden, kann man den Termin auf einen Monat, ein Jahr oder noch größere Zeiträume steigern? Lassen sich Techniken entwickeln, bei denen die psychologische Belastung solcher langen Verifikationstermine aufgefangen wird? Weiter zur Wesensfrage der Präkognition, »dem isoliertesten und unerklärlichsten Vorkommnis in den Annalen der Wissenschaft« (Rhine, Seite 105): »Ist die Präkognition eine Form der ASW, so daß wir sowohl präkognitive Telepathie als präkognitives Hellsehen haben, oder ist sie eine allgemeine psychische Fähigkeit, so daß man auch aktuell ›vorausgehen‹ und in der Gegenwart erfahren kann, was man später als Ergebnis sinnlicher Wahrnehmung erleben wird? Dies würde eine Art Umkehrung des Gedächtnisses sein und könnte ›reine Präkognition‹ genannt werden« (Seite 105).

Als Variation der PK-Experimente schlägt Rhine Versuche mit anderen Systemen als fallenden Würfeln und Scheiben (eine von englischen Parapsychologen durchgeführte Variation) vor: andere bewegte Körper, chemische Reaktionen und selbst biologische Prozesse. Aber auch der Würfelversuch ist, wie er selbst sieht, nicht erschöpfend durchgeführt. Allein die Vergrößerung der Entfernung des Experimentators ist noch eine Aufgabe sorgfältigster Untersuchung. Spielen physikalische Momente keine Rolle, müßten auch Versuche über den Atlantik zum Erfolg führen, vorausgesetzt, daß die psychologischen Hemmungen überwunden werden können. Wie ist die Auffassung Rhines von der Unabhängigkeit des psychokinetischen Effektes von physikalischen Faktoren in Einklang zu bringen mit den vielfach bei Sitzungen mit physikalischen Medien gemachten Beobachtungen, daß die telekinetische Kraft nur in einem gewissen Umkreis des Leibes (Driesch sagt wiederholt: »im Anschluß an den Leib«) des Mediums zu wirken vermöge, ihre Tatsächlichkeit einmal angenommen? Bestehen vielleicht Brücken zu den angeblichen Strahlungen, die von den deutschen Forschern Wüst und Wimmer, auch von Dannert und anderen im Zug der Untersuchung der Wünschelrutenphänomene festgestellt wurden? Die Wiederbelebung der heuristischen Hypothesen des »animalen Magnetismus« in einer dem modernen Stand der Physik angemessenen Form erschien F. Moser als ein so aussichtsreicher Weg weiterer Forschung, daß sie das Schlußkapitel ihres Werkes »Okkultismus« diesem Gedanken widmete.

Nur als Möglichkeit zukünftiger Forschung sei die Frage erwähnt, ob Psi-Funktionen auch bei Tieren festgestellt werden können. Bisher liegen nur ganz wenige Untersuchungen auf diesem Gebiet vor. So hat der russische Neurophysiologe W. Bechterew 1924 in der »Zeitschrift für Psychotherapie« einen Bericht über erfolgreiche telepathische Experimente mit zwei dressierten Hunden veröffentlicht. Weiter liegt eine Untersuchung von J. B. Rhine und L. E. Rhine über die telepathischen Fähigkeiten eines Pferdes vor (1927).

Nach den gesicherten Ergebnissen der Parapsychologie drängte sich die Frage geradezu auf, ob nicht unerklärliche Orientierungsleistungen von Tieren wie etwa das Heimfinden von Hunden oder Vögeln oder der Richtungs»instinkt« der Zugvögel und mancher Fische, die durch Ozeane hindurch ihre Laichplätze im selben Fluß wiederfinden, auf der ASW analoge Fähigkeiten zurückgeführt werden können. Die Frage bleibt offen, solange es nicht gelingt, sie dem Experiment zu unterwerfen. Die Tierpsychologen haben bisher eine Diskussion über die Möglichkeit der ASW bei Tieren mit dem Hinweis vermieden, daß unsere Kenntnis sensorischer Orientierungsfunktionen noch keineswegs erschöpft sei. Doch scheinen neueste Ergebnisse über Orientierungsleistungen geblendeter Mäuse (Neuhaus, Vogelberg) einer Erklärung durch sensorische Funktionen bekannter oder unbekannter Art so erhebliche Schwierigkeiten zu bereiten, daß die Einführung neuer Arbeitshypothesen, wie sie die Parapsychologie vorschlägt, vielleicht nicht mehr auf prinzipiellen Widerstand stoßen wird.

IV. WEITERENTWICKLUNG DER THEORIE

Unter den parapsychologischen Theorien, die seit der Abfassung des Werkes von Driesch entwickelt worden sind, nimmt der die parapsychischen Funktionen zusammenschließende Entwurf von R. H. Thouless und H. P. Wiesner[1]) eine die Diskussion zur Zeit beherrschende Stellung ein. Er geht in der Hauptsache von den quantitativen Ergebnissen der Parapsychologen der Duke-Universität aus – ohne allerdings spontanes Material und umstrittene Phänomene wie die Materialisationen und das angebliche »psychic healing« (eine Interpretation psychogener Heileffekte) zu vernachlässigen. Rhine hat die von den beiden Autoren vorgeschlagene Terminologie und die theoretischen Gesichtspunkte weitgehend akzeptiert. Zu einem Teil sind sie in diesem Nachtrag schon entwickelt worden: außersinnliche Wahrnehmung und Psychokinese werden als zwei Aspekte eines hypothetischen basalen ASW-PK-Prozesses aufgefaßt. Für den kognitiven Psi-Prozeß wird die Abkürzung psi-gamma vorgeschlagen, für den motorischen psi-kappa. Der theoretische Ansatz geht von zwei Hypothesen aus, die teilweise ähnliche Gesichtspunkte verfolgen, wie sie Driesch in seinen »Alltagsrätseln des Seelenlebens« entwickelt hat: es wird erstens behauptet, daß man beim normalen Denken und Wahrnehmen in derselben Beziehung zu Vorgängen im sensorischen Teil des Gehirns und Nervensystems steht wie der erfolgreiche »Metagnom« zu äußeren Geschehnissen und daß diese Beziehung durch dieselben Mittel, nämlich psi-gamma, bewirkt wird. Zweitens soll die Steuerung der Tätigkeit des Nervensystems (und indirekt von Tätigkeiten wie die Körperbewegungen und der Vollzug des Denkens) mit denselben Mitteln erfolgen, mit denen die erfolgreiche psychokinetische Versuchsperson den Fall von Würfeln oder anderen Objekten steuert, nämlich durch psi-kappa. Das bewirkende Agens ist die Psyche (soul). Da aber dieser Begriff Bestimmungen aufweist, die über das für den Entwurf der Autoren Benötigte hinausgehen, ziehen sie es vor, eine unbelastete Abkürzung zu gebrauchen: den hebräischen Buchstaben Shin. ASW und PK sind in dieser Konzeption keine ihrem Wesen nach abnormen Prozesse, sondern erscheinen nun als exosomatische Formen von Prozessen, die normal endo-somatisch sind. In der etwas kuriosen Symbolsprache ausgedrückt: Shin

---

1) Thouless, R. H., und Wiesner, B. P., Psi-processes in normal and »paranormal« psychology, P.S.R.P., 1947, XLVIII, 177–196.

steuert durch die postulierten normalen psi-kappa-Prozesse die motorischen Funktionen des Nervensystems und wird durch die normalen psi-gamma-Prozesse über sensorische Vorgänge des Nervensystems informiert. Durch die »paranormalen« psi-Prozesse steht Shin ohne Vermittlung des Nervensystems in direkter Beziehung zu äußeren Objekten, seien diese nun Gegenstände oder Sachverhalte der äußeren Welt, fremde Nervenprozesse oder fremde »Shins«. Aus der Erfahrung, daß starke willentliche Anspannung paragnostische Leistungen zu verhindern scheint, wird vermutet, daß diese die Psi-Funktionen in ihren normalen Wirkungsweg der Beziehung mit dem Nervensystem leitet. Während die normalen Wahrnehmungsvorgänge durch Bedingungen beschränkt werden, die in Eigenschaften der Reize und Sinnesorgane sowie in psychologischen Faktoren wie Aufmerksamkeit und Interesse begründet sind, tritt beim Kurzschluß der »paranormalen« Wahrnehmung ein anderer Prozeß der Auswahl ein, dessen determinierende Faktoren noch wenig bekannt sind. Die Autoren sprechen von »Singularisation«: nicht irgendein Päckchen Karten wird im Hellsehversuch paranormal wahrgenommen, sondern ein bestimmtes, nicht irgendein Mensch ist Empfänger einer telepathischen Übertragung, sondern ein bestimmter. Manchmal dient ein Gegenstand, der in physischer Beziehung zu den paragnostisch zu erfassenden Situationen oder Personen stand, zur Herstellung der »Singularisation«. Man hält jedoch diesen »Psychometrie« genannten paragnostischen Wissenserwerb für nicht verschieden von den anderen Formen außersinnlicher Wahrnehmung.

Neue Gesichtspunkte entwickeln Thouless und Wiesner für die Interpretation der Telepathie. Sie nennen vier Möglichkeiten: erstens die Kommunikation von Gehirn zu Gehirn, also zweier materieller Systeme, die nur durch einen physikalischen Zwischenträger miteinander korrespondieren können. Diese Interpretation würde eine »Strahlungshypothese« erfordern[1]), die aber aus den bekannten, von Driesch S. 103 ff.

---

1) Der Jenenser Psychiater Berger, Entdecker der Hirnaktionsströme, legte 1940 in der Schrift »Psyche« eine »Strahlungshypothese« der Telepathie vor, ähnlich der von Crookes, Ostwaldt u. a. vorgeschlagenen.

erschöpfend behandelten Gründen von den Autoren als äußerst unwahrscheinlich, wenn nicht endgültig widerlegt, abgelehnt wird. Zweitens kommt als Möglichkeit in Frage der direkte Kontakt von Psyche zu Psyche, die »klassische Konzeption Myers« des »direct mind-to-mind transfer«, in der Terminologie von Thouless und Wiesner: ein »Shin« in Kommunikation mit einem andern »Shin«. Wahrscheinlicher erscheint den beiden Autoren aber eine dritte bzw. vierte Möglichkeit: daß die Telepathie ein Prozeß ist, bei dem ein »Shin« psychokinetisch auf ein fremdes Nervensystem wirkt oder extrasensorisch von einem fremden Nervensystem beeinflußt wird. Dieser Erklärungsversuch würde also zwei mögliche Formen von Telepathie zulassen: A sei der Agent und B der Perzipient. In dem einen Fall könnte ein kognitiver Prozeß auf der Seite von B mit A in Beziehung treten (»Shin B durch psi-gamma in kognitiver Beziehung mit den Vorgängen in A's Nervensystem«). Dieser Fall wird als gamma-Telepathie bezeichnet und in Beziehung gesetzt zu dem von Driesch herausgearbeiteten Sachverhalt des »Gedankenabzapfens«. Im andern Fall könnte ein motorischer Prozeß in B von A hervorgerufen werden (»Shin A beeinflußt durch psi-kappa die motorischen Teile von B's Nervensystem«). Dies ist die kappa-Telepathie, die mit Drieschs »Telepathie« identisch sein soll.

Die Unterscheidung von gamma- und kappa-Telepathie wird von den beiden Autoren auf das Problem der Aktivität und Passivität in der telepathischen Kommunikation angewandt, dem Driesch so viel Aufmerksamkeit widmete (»bei Telepathie ein aktiver, freilich meist ›unbewußter‹ Sender und, jedenfalls in allen ›spontanen‹ Fällen, ein schlicht nehmender Perzipient. Beim Gedankenabzapfen ein durchaus passiver, um das Abgeben seiner Wissensinhalte in keiner Weise wissender Sender und ein Perzipient, der, wenn auch unterbewußt, abzapfen will. In echten Experimentalfällen freilich eine Aktivität auf beiden Seiten.« Seite 66 f.) Was Thouless und Wiesner zur Veranschaulichung hierzu darlegen, geht an der Wirklichkeit unbewußter psychischer Prozesse, der überwiegenden Erscheinungsform der Psi-Funktionen, vorbei: die häufig gemachte Erfahrung, daß ein Perzipient Gedächtnisinhalte eines Agenten »abzapft«, an die der Agent im Augenblick der Übertragung nicht denkt, wird dahin interpretiert, »daß der Perzipient anscheinend direkt das Nervensystem des Agenten anzapft und nicht sein Bewußtsein« (Seite 190), eine Auffassung, die aus der überwundenen Bewußtseinspsychologie zu stammen scheint, die psychisch und bewußt identifizierte. Psi-kappa-Telepathie scheint den Autoren durch das »willing-game« repräsentiert zu werden, bei dem eine von A bestimmte Aktion von B ausgeführt wird, aber auch durch Fälle spontaner Telepathie, bei denen ein kritisches Erlebnis von A die telepathische Erfahrung von B ausgelöst zu haben scheint. A ist dann wahrscheinlich der aktive Teil und affiziert die Gedanken B's durch eine psi-kappa-Wirkung auf dessen Hirnprozesse.

Auf demselben Verkennen des Wesens unbewußter psychischer Funktionen scheint mir auch ein weiteres Argument für die Unterscheidung von gamma- und kappa-Telepathie zu beruhen, das aus der Experimentalsituation entnommen wird: wenn bei Kartenexperimenten oder bei der Reproduktion telepathisch übertragener Zeichnungen die Versuchsperson (wie es die Regel zu sein scheint) richtige Antworten gibt, ohne zu wissen, ob sie richtig oder falsch sind, wird dies als ein gewichtiger Hinweis für die Funktion der kappa-Telepathie gewertet, denn bei einem kognitiven Prozeß (gamma-Telepathie) müsse doch der Perzipient das Objekt bemerken. Da es zweifellos schon im normalen Verhalten häufig »unbemerkte« Wahrnehmungen gibt (z. B. von Ausdruckserscheinungen oder im peripheren Sehen), die nicht zu Bewußtsein kommen, aber etwa in Träumen als unbewußt kognitive Erlebnisse nachgewiesen werden können, ist das Argument der beiden Autoren nicht stichhaltig. Die Erfahrungstatsache, daß paranormale Wahrnehmungen in der Regel nicht objektiviert werden können, nicht »verstanden« werden, zeigt nur den vorwiegend unbewußten Charakter der Psi-Funktionen.

Der theoretische Entwurf von Thouless und Wiesner läßt Telepathie nicht mehr als »Urphänomen« zu: gamma-Telepathie, bei der ein Perzipient einen Eindruck von dem Nervensystem oder von den motorischen Begleiterscheinungen psychischer Vorgänge erhält, wäre hiernach also auf Hellsehen zurückzuführen, kappa-Telepathie als direkte psychische

Wirkung auf einen fremden Organismus, auf Psychokinese[1]).

Der Ansatz, paranormale Phänomene als exo-somatische Manifestationen von Psi-Prozessen zu betrachten, die normal endo-somatisch wirken, führt die beiden Autoren bei der theoretischen Deutung der Materialisation (für deren Tatsächlichkeit ihnen wenige sichere Beobachtungen zu sprechen scheinen) in Gedankengänge, die mit Driesch übereinstimmen. Materialisationsphänomene werden aufgefaßt als »verhältnismäßig seltene Beispiele von Prozessen, deren normale und vertraute Form in den Wachstumserscheinungen der Organismen zu finden sind« (Seite 191), also die Annahme einer Erweiterung der ordnenden Wirkung des vitalen Agens (der »Entelechie« oder, in der Terminologie der Autoren: von »Shin«) über die Grenzen des normalen Wirkens hinaus. Das Eingreifen von »Shin« in materielle Vorgänge, insbesondere die formbildende Wirkung, wird als »psi-epsilon« bezeichnet, das möglicherweise mit psi-kappa identisch sei. Die Autoren verweisen ausdrücklich auf die entsprechende Anregung von Driesch, Materialisationsphänomene als »paranormale Embryologie« zu deuten (»Shin« A).

Weiter wird die Möglichkeit erwogen, daß eine Person A durch psi-epsilon auch auf fremde Organismen einwirkt und etwa Heilprozesse hervorruft (»psychic healing«), oder, wie angeblich in den Praktiken der schwarzen Magie früherer Zeiten oder heutiger Primitiver, degenerative, krankmachende Prozesse auslöst. Diese wären dann nicht durch Suggestiveffekte, sondern durch eine direkte psychokinetische Wirkung zu erklären, deren Grenzen übereinstimmen würden mit den Steuerungsfunktionen, die »Shin« im eigenen Organismus ausüben kann. Zur Bekräftigung dieser Hypothese wird darauf hingewiesen, daß bei der Suggestion der Patient durch die normalen sensorischen Wege (gewöhnlich durch das Gehör) beeinflußt werden müsse; »sie könne nicht gelingen, wenn der Patient unbewußt ist oder nicht bemerkt, was der Suggestor tut«. – Eine Behauptung, die die Tatsache der larvierten Suggestionen und der Mentalsuggestion nicht berück-

[1] Vgl. dazu Drieschs Fußnote über Pagenstecher, der schon 1930 die Meinung äußerte, ein Perzipient könne hellsehend das Retinabild eines Agenten erfassen.

sichtigt, die schon in den klassischen Versuchen von Janet nachgewiesen worden ist.

Der kühne Versuch von Thouless und Wiesner, das Fundamentalproblem der leib-seelischen Wechselwirkung durch die Hypothese »normaler« endo-somatischer Psi-Funktionen zu lösen, liegt zweifellos in der Linie der Fragestellungen, die wesentlichstes Anliegen der parapsychologischen Forschung sind. Zum ersten Male in der Geschichte der exakten Wissenschaft wird mit den Mitteln des Experiments versucht, die Beziehung psychischer Systeme zu materiellen Systemen zu erforschen. Ob die psychokinetische Beeinflussung fallender Würfel allerdings als ein grobes Modell der Beziehung der Psyche zu Hirnprozessen aufgefaßt werden kann – eine Annahme, die Rhine als heuristische Hypothese geäußert hat –, erscheint sehr fraglich, wenn man den extremen mind-matter-Dualismus, den dieser Gesichtspunkt spiegelt, nicht akzeptiert. Diese dualistische Position führt Rhine auch dazu, psychosomatische Heilprozesse wie Thouless und Wiener als eine Form von PK aufzufassen. Wenn die Beseitigung von Warzen oder das Erscheinen von Stigmen ein PK-Effekt sein soll, müßten auch minder massive, Psychisches äußernde, vegetativ gesteuerte Prozesse PK-Effekte sein, wie z. B. das Rotwerden aus Scham oder andere Ausdruckserscheinungen. Dann ist Pk – wie Thouless und Wiesner es offensichtlich postulieren – das Prinzip der Umsetzung von Psychischem in körperliche Vorgänge vegetativer und motorischer Art, psi-kappa statt des »Eingreifen Gottes« der Okkasionalisten. In einer schon erwähnten Besprechung des Buches von Rhine »The Reach of the Mind« unterstellt H. H. Price – ich kann nicht beurteilen, ob mit Recht – Rhine diese generalisierte Auffassung, daß »die Aktion der Psyche auf das Gehirn ein Fall von PK ist«. Er weist darauf hin, daß die notwendige Verknüpfung von PK mit ESP beim Würfelversuch, analog übertragen, zur Annahme führen müsse, daß meine Psyche bei einer Bewegung meines kleinen Fingers die Ganglien in den motorischen Zentren unbewußt und hellseherisch »wahrnehmen« müsse, um die psychische Energie in die geeigneten nervösen Bahnen zu lenken. Auch ein Vitalist älterer Richtung (zu dessen Gunsten die Existenz der Psychokinese einiges in die Wagschale werfe) würde doch wohl kaum sagen, daß das »vitale Agens« perzipieren müsse, um etwa Stoffwechselvorgänge steuern zu können. Wenn das vitale Agens in dieser »anthropomorphen« Weise wirken solle, sei es ein homunculus, dessen innere Organisation wiederum eine Erklärung heische[1]).

Ich erwähne diese polemische Bemerkung, weil sie Folgerungen der Theorie der Psi-Funktionen berührt, die für den Vitalismus Drieschs von besonderer Bedeutung sind. Rhine hat meines Wissens zu der Kritik von Price nicht ausdrücklich Stellung genommen, doch gebraucht er in seinem grundlegenden Aufsatz »Telepathie and human personality« Formulierungen in bezug auf das Leib-Seele-Verhältnis, die eine Abschwächung der strikten dualistischen Auffassung erkennen lassen. Er schreibt dort im Zusammenhang mit der Diskussion der alten Myersschen Auffassung der Telepathie als eines »mind-to-mind-transfer« und der von Thouless und Wiesner vorgeschlagenen Hypothesen: »Es ist notwendig, denke ich, einen Schritt über die Thouless-und-Wiesner-Analyse hinauszugehen und uns daran zu erinnern, daß es keinen angemessenen Grund gibt, auch nur anzunehmen, daß die Psyche (mind) weder des Empfängers noch des Senders direkt mit dem Körper des andern in Wechselwirkung treten kann (interact). . . . Das Hauptproblem der Parapsychologie ist, festzustellen, ob es eine Teilung der Persönlichkeit gibt, die distinkt nach ihren eigenen Prinzipien als eine Psyche (a mind) operiert. Nur wenn dies festgestellt ist, kann der Begriff einer solchen Teilung – die Psyche als selbständige Einheit – mit Recht verwendet werden, um die experimentell nachgewiesene Person-zu-Person-Übertragung von Wissensinhalten zu erklären. Es kann durchaus möglich sein, daß die Person nur als eine Leib-Seele-Einheit wirken kann, selbst wenn das größere System Kräfte besitzt, über die der physische Körper allein nicht verfügt – eine Art zusätzlicher Kräfte, die aber noch nicht genügend differenzierbar und trennbar sind, um die Bezeichnung einer Psyche (mind) zu rechtfertigen« (Seite 21). An anderer Stelle wird diese vorsichtige Zurückhaltung durch weitere Perspektiven gelockert: »Es kann sich herausstellen, daß

---

1) J. Parapsychol. 1950, 14, S. 218 f.

diese fragmentarischen Phänomene von ASW und verwandter Fähigkeiten, die wir gegen die physikalischen Dimensionen von Raum und Zeit zu messen imstande sind, nur ein Aufblitzen einer großen Welt extra-physikalischer oder spiritueller Wirklichkeit sind, die für uns so verborgen ist, wie es die Welt der Atome vor hundert Jahren war« (Seite 24).

Man kann darauf gespannt sein, was die Physiker dazu sagen. Bisher sind nur wenige Stellungnahmen bekannt geworden. So äußerte sich der Physiker McConnel (Universität Pittsburg) über den Ort der psychokinetischen Erscheinungen in der Physik. Er stellt drei Fragen: 1. Kann PK durch die Physik erklärt werden? 2. Gehört PK zum Bereich der Physik? und 3. Verletzt PK irgendein fundamentales Prinzip der Physik? Die erste Frage wird verneint, da kein bekanntes physikalisches Prinzip für die Erklärung herangezogen werden könne. Die zweite wird bejaht: PK gehört zur Psychologie und zur Physik, denn »fallende Würfel kontrollieren, heißt im Bereich der Physik operieren.« Die dritte wird mit der Begründung verneint, daß die physikalische Wissenschaft nicht abgeschlossen ist. Ein Randphänomen, wie es PK darstellt, müsse vorläufig als eine hochgradige Abweichung akzeptiert werden, die nur unter besonderen Bedingungen beobachtet werden kann[1]).

Der deutsche Physiker Pascual Jordan, der 1947 in seinem Buch »Verdrängung und Komplementarität« eine Theorie der parapsychischen Erscheinungen entwickelte, akzeptiert dagegen PK nicht, sondern hält nur ASW in ihren drei Formen Telepathie, Hellsehen und Präkognition für erwiesen. Im Unterschied zu McConnel klammert er die Psi-Funktionen aus der Physik mit der Begründung aus, daß von ihr der Gesamtbereich der Energieformen erfaßt worden sei und diese Erklärung nicht ermöglichten. Die Parapsychologie habe daher auf die Physik als Erklärungsgrundlage endgültig zu verzichten[2]). Eine Deutung versucht Jordan vom Standpunkt der

1) Round table discussion on the topic »The nature of psi processes«. J. Parapsychol. 1949, 13, 47–62.
2) Einen gegenteiligen Standpunkt nimmt der Heidelberger Physiologe Hans Schäfer ein in seinem Artikel »Parapsychologie«, Ärztliche Praxis, Jg. III, Nr. 48, 1951.

positivistischen Erkenntnistheorie aus: die paranormalen Erscheinungen seien als empirisches Anzeichen dafür anzusehen, daß die Erlebniswirklichkeit hinausreicht über die Gültigkeitsgrenzen der Theorie der absoluten Realität. Der physikalische Raum umfasse nur einen engen Ausschnitt der erfahrbaren Wirklichkeit: den kollektiven Bewußtseinsraum. Diesem stehe in komplementärer Gleichberechtigung der Raum des kollektiven Unbewußten gegenüber, des eigentlichen Ortes der parapsychischen Erscheinungen, aber auch der Halluzinationen und Träume, die nach positivistischer Auffassung nicht durch ein absolutes Kriterium von objektiv ausgelösten Erlebnissen unterschieden werden können. Die parapsychischen Erscheinungen werden durch die Jordansche »Zwischenstufentheorie« in die unbehagliche Atmosphäre positivistischer Überlegungen hineingezogen, die den Unterschied zwischen einem sinnlich wahrgenommenen und einem nur geträumten Stuhl aufzulösen bemüht sind[1]).

Der theoretische Zusammenschluß aller Erscheinungen auf parapsychischem Gebiet erfolgte bei Driesch auf der »obersten Grundlage«, daß »Leib und Seele zweierlei Wesen sind«. Weiter bezeichnete er als Grundlehre, daß »Seelen paranormaler wechselseitiger Wissensübertragung im Seelenfeld fähig sind« (Seite 139). Für das Hellsehen bevorzugte er die Exkursionshypothese: »die auf Zeit leibfreie Seele ›sieht‹ dann unmittelbar Situationen, freilich paranormal« (Seite 139). Von diesem Ansatz aus, der die temporär »leibfreie« Wirksamkeit der Seele beim lebenden Menschen zugab, gewann Driesch den Zugang zu einer wohlwollenden Diskussion der Hypothese des Spiritismus, der Frage des Überlebens der Person nach dem Tod und ihrer Bedeutung für die parapsychologische Theorienbildung. Die Argumente, die Driesch bei aller Betonung der Unmöglichkeit einer Entscheidung zugunsten der »Monadentheorie« vorbringt, setzen bei den Leistungen der »großen Medien« (Mrs. Piper, Mrs. Leonard u. a.) an, von deren erstaunlichen Darbietungen William James sagte, daß ihm die spiritistische Deutung bei allem Widerstreben als die un-

---

1) Vgl. die Besprechung des Buches von Jordan durch P. Brugger in »Stimmen der Zeit«, Bd. 139, November 1946.

gekünstelste erschiene. Dieses Material, auf dessen Gewinnung und Analyse in früheren Jahren der Forschung die hauptsächlichen Energien verwandt wurden, ist in den letzten Dezennien an Bedeutung zurückgetreten. Die gesicherten Ergebnisse der quantitativen Forschung haben die Zahl der Gegenhypothesen gewichtiger gemacht, die von der spiritistischen Theorie ausgeschlossen werden müßten, um evidente Beweise für ein Eingreifen der Seelen Verstorbener zu erbringen. Ich glaube, daß auch Driesch heute, wo Hellsehen als am besten gesicherte Tatsache anerkannt ist, die Akzente bei der Bewertung des mediumistischen Materials anders legen würde. Sie stehen noch ganz im Zeichen der Präponderanz der Telepathie. Wenn etwa im Fall Chaffin ein Wahrtraum zur Entdeckung eines Testaments führte, dessen sehr versteckter Ort nur dem vor Jahren Verstorbenen bekannt war (Seite 131), liegt es heute nahe, ohne weitere Diskussion Hellsehen anzunehmen, eine Möglichkeit, die für alle sich spiritistisch gebärdenden paranormalen Äußerungen gilt. Wenn eine Äußerung, die sich auf etwas bezieht, was nur ein Verstorbener wußte, überhaupt verifiziert werden kann, muß die Verifikationsquelle entweder telepathisch oder hellseherisch, also im Rahmen der »animistischen Deutung«, erreichbar sein. Ich halte einen strengen Beweis der spiritistischen Hypothese methodisch für ausgeschlossen, Rhine hält es zumindest für gegenwärtig unmöglich, aufgrund unseres bisherigen Wissens ein experimentum crucis für die spiritistische Hypothese anzugeben[1]). Nach seiner Auffassung wäre es erst dann sinnvoll, auf ein solches experimentum crucis hinzuarbeiten, wenn sich erweist, daß die extraphysischen Psi-Funktionen nicht nur Prozesse einer Wechselwirkung von Leib und Seele als untrennbarer Einheit sind, sondern sich Anzeichen verstärken, die darauf schließen lassen, daß eine distinkte Einheit in der menschlichen Persönlichkeit fähig ist, getrennt vom sensomotorischen System des Individuums zu wirken. Diese Einschränkung spiegelt das in den neueren Veröffentlichungen der Parapsychologie der Duke-Universität erkennbare Be-

[1]) Telepathy and human personality, S. 28. Mid-century-inventory of parapsychology, S. 241.

mühen, von »trends of thought« freizuwerden und sich der Hypothese einer selbständigen Psyche gegenüber als reine Empiriker zu verhalten, obwohl deren Nachweis wohl »oberste Grundlage« ihres Forschungsinteresses ist.

Diese Entwicklung der parapsychologischen Forschung zur reinen Empirie liegt ganz im Sinn dessen, was Driesch von ihr als Wissenschaft forderte. Seine »Parapsychologie« war ein Wegbereiter der neuen Erkenntnisse, ein Ansporn zur reinen Tatsachenforschung auf dem Horizont theoretischer Erklärungsmöglichkeiten, deren Tragweite für die Wissenschaft vom Menschen und seiner Stellung in der Welt unabsehbar und des größten Einsatzes wert ist.

Zur Entwicklung der Parapsychologie

von 1950–1975

Von Hans Bender, Freiburg

Nachworte zur »Parapsychologie« von Hans Driesch ergänzen nicht die Substanz dieses zeitlosen methodologischen Überblicks, sondern bestätigen und illustrieren vielmehr seine Gültigkeit.

Die so eindringlich ausgesprochene Forderung Drieschs nach Einbürgerung der Parapsychologie in die akademische Forschung hat in den mehr als zwei Dezennien, die seit der Niederschrift meines ersten Nachworts verstrichen sind, weitere Fortschritte gemacht. An der Universität Freiburg wurde 1954 ein Lehrstuhl für Psychologie und Grenzgebiete der Psychologie errichtet, dem 1968 eine gleichnamige Abteilung des Psychologischen Instituts angeschlossen wurde. Neben dem persönlichen, 1973 errichteten und mit einem Institut ausgestatteten Lehrstuhl von W. H. C. Tenhaeff, dem holländischen Pionier der parapsychologischen Forschung, wurde an der Reichsuniversität Utrecht im Rahmen des Psychologischen Instituts ein Ordinariat mit einem parapsychologischen Laboratorium begründet, das Martin Johnson übertragen wurde. Zum Erstaunen der Skeptiker eröffnete der Physiologe Leonid Wassiliew 1960 an der Universität Leningrad ein Institut für Bio-Information – der sowjetische Name für Telepathie –, das allerdings mit seinem Tode 1966 an Bedeutung verlor. Neue Laboratorien entstanden in den USA, wo die Parapsychologie Ende 1969 in die Spitzenorganisation der amerikanischen Wissenschaft, die »American Association for the Advancement of Science« aufgenommen wurde. An vielen anderen Stellen wird Parapsychologie im Rahmen der Universität betrieben, doch ist die Zahl der »full-time«-Parapsychologen immer noch sehr gering. Es zeichnet sich aber eine neue Entwicklung ab, die für die Zukunft der parapsychologischen Forschung von Bedeutung werden kann: Die

Beziehungen zu anderen Wissensgebieten – zur Physik, Medizin, Ethnologie, Volkskunde, Religionswissenschaft u. a. – werden in fruchtbarer Wechselwirkung zunehmend intensiver und dem entspricht ein wachsendes Interesse vorwiegend junger Wissenschaftler, sich mit Methoden, Ergebnissen und Problemen der Parapsychologie vertraut zu machen, um dann in ihrem Forschungsbereich diesen neuen Aspekten nachzugehen.

In der Öffentlichkeit ist es zu einer »okkulten Explosion« gekommen, zu einer überstarken Hinwendung zum Irrationalen, Magischen, Außergewöhnlichen. Symptome sind eine wahre Überschwemmung mit okkulter Literatur, ein Zunehmen der spiritistischen Bewegung und esoterischer Weltdeutungen, Massenreaktionen auf das »Löffelbiegen« des Israeli Uri Geller, die außergewöhnliche Wirkung des okkulte Motive einsetzenden Films »Der Exorzist«, phantastische Hoffnungen auf »Psi-Heilungen«, um nur einiges zu nennen. Hier wird die Parapsychologie erneut zu einer psychohygienischen Arbeit aufgerufen, die auf Grund ihrer Tatsachenforschung die okkulte Spekulation – Folge des Sinnverlustes, Folge des Zweifels an der Effizienz der technischen Zivilisation und der sich daraus ergebenden Unsicherheit – in einen Raum der Besonnenheit zurückführt. Nicht zu übersehen ist, daß diese »okkulte Welle« eine Gegenwelle provoziert hat: Es häufen sich Angriffe auf die junge Wissenschaft der Parapsychologie, eine Wiederholung bald hundertjähriger Taktiken, deren Ergebnisse auf Täuschung, Leichtgläubigkeit und Betrug zurückzuführen sind. Hinter der anscheinenden Gleichförmigkeit der Für- und Wider-Kontroverse stehen aber unverkennbar die Zeichen einer Tendenzwende: einer Abkehr von einer offenen oder larvierten mechanistischen Weltauffassung, die eine unüberwindliche Barriere für die Anerkennung von Psi ist. Die Bereitschaft, Psi zu akzeptieren, kommt in Fragebogen-Erhebungen zum Ausdruck, wie z. B. einer von der englischen Zeitschrift *New Scientist* in ihrer Ausgabe vom 25. Januar 1973 veröffentlichten Umfrage. Durch eine Stichprobe bei 1500 Lesern, vorwiegend Naturwissenschaftlern und Ingenieuren, von denen 63% einen akademischen Grad hatten, wurde ermittelt, daß 70% der Befragten die Existenz der außersinnlichen Wahrnehmung entweder bejahen oder als sehr wahrscheinlich einschätzen.[1]

Der spürbare Fortschritt in der Anerkennung der paranormalen Tatsache ist natürlich nicht nur ein Zeichen der Tendenzwende, er wird auch getragen von dem Fortschritt der Forschung selbst und ihrer Spiegelung in der wissenschaftlichen und breiteren Öffentlichkeit. Die seit 1957 stattfindenden jährlichen Kongresse der von J. B. Rhine ins Leben gerufenen »Parapsychological Association«, einer vorwiegend amerikanischen, aber doch international ausgerichteten Vereinigung akademischer Parapsychologen, geben einen Querschnitt durch den Stand der Forschung.[2]

Unterscheidet man als drei Hauptforschungsquellen der Parapsychologie das »Rohmaterial« der spontanen Phänomene, die quantitativ-statistischen Laboratoriumsuntersuchungen mit beliebigen Versuchspersonen und die experimentelle Arbeit mit Sensitiven, mit Personen also, bei denen Grund zur Vermutung besteht, daß sie über besonders ausgeprägte paranormale Fähigkeiten verfügen, lassen sich in Kürze folgende Umrisse skizzieren:

1. An einer umfangreichen Sammlung spontaner Fälle hat Louisa E. Rhine in den fünfziger Jahren Untersuchungen über die Verteilung der verschiedenen Psi-Formen, die Erscheinungsweise, (Ahnung, Visionen, Halluzination, Traum etc.), den Bewußtseinszustand, das Bedeutungserleben u. a. m. durchgeführt[3].

Aus dem Arbeitskreis des Freiburger Instituts haben G. Sannwald an einer Stichprobe von 1000 Fällen und E. Hanefeld an ca. 2000 Berichten ähnliche Verteilungen gefunden und zum Teil differenziert[4]. In einem seit 1953 währenden Untersuchung in »erwartender Beobachtung« der Träume einer Schauspielerin, Christine Mylius, die sie in kurzen

1) Vgl. *Zeitschr. f. Parapsychologie u. Grenzgebiete der Psychologie,* 2/1974, S. 111–114.

2) vgl. Die Proceedings der Kongresse.

3) vgl. *Journal of Parapsychology* und L. E. Rhine: *Hidden Channels of the Mind,* New York 1961.

4) G. Sannwald in *Zeitschr. f. Parapsychologie u. Grenzgebiete der Psychologie,* 1/1959 und 2/3, 1960 und E. Hanefeld, ebenda 2/1971.

Abständen regelmäßig dem Institut zuschickte, haben H. Bender und J. Mischo sehr auffällige Übereinstimmungen zwischen Trauminhalten und späteren Realsituationen nachweisen können, die den Schluß auf Praekognition im höchsten Grade wahrscheinlich machen.[5]

Die Untersuchung der umstrittenen Spukphänomene, die meist als eine Art *skandalon* betrachtet werden, hat seit zwei Dezennien etwa einen immer deutlicher werdenden Auftrieb erhalten. In seinen vorsichtigen Bemerkungen über die physischen Paraphänomene in dem Abschnitt »Die gesicherten Tatsachen« schrieb Driesch noch: »Spontaner ... Spuk scheint mir ... das Prädikat »wahrscheinlich echt« zu verdienen. Heute zweifelt kein Parapsychologe mehr an der Realität des Spuks, für den in der amerikanischen Parapsychologie die Bezeichnung RSPK (recurrent spontaneous psychokinesis, widerkehrende spontane Psychokinese) vorgeschlagen wurde. Der Durchbruch erfolgte in den USA durch Untersuchungen von J. G. Pratt (Seaford-Fall) und W. Roll[6], in Deutschland war es vor allem der international bekannt gewordene »Spuk« in einer Anwaltskanzlei in Rosenheim (1967), der das Eis brach. Hier hatte sich ein ganzer Stab von Technikern an der Untersuchung beteiligt, da zunächst angenommen wurde, daß Störungen in der Stromversorgung der Kanzlei die Ursache wäre. Die Physiker Dr. F. Karger und Dipl. Phys. G. Zicha wiesen nach, daß unerklärliche Ausschläge von Kontroll-Meßinstrumenten physikalisch nicht erklärbar waren und auf die Einwirkung einer unbekannten Energie zurückzuführen sein müßten[7].

Das »Rohmaterial«, das Anregungen und Hinweise für Anlage von Experimenten gibt, ist neuerdings bereichert worden durch die Sammlung von Berichten über das Psi-Verhalten von Tieren. J. B. Rhine und S. Feather haben besonders

5) H. Bender: »Der Fall Gotenhafen«, Zur Frage praekognitiver Träume und ihrer Motivation. In: *Verborgene Wirklichkeit*, Olten/Freiburg, [2]1973 und Christine Mylius: *Traumjournal*, Experiment mit der Zukunft, Stuttgart. DVA 1974.

6) W. Roll: *The Poltergeist*, New York 1972.

7) vgl. H. Bender: »Neue Entwicklungen in der Spukforschung« In: *Telepathie, Hellsehen und Psychokinese*, Serie Piper, [3]1974.

eindrucksvolle Fälle über das sogenannte »Psi-trailing« veröffentlicht – das Auffinden eines vom Wohnsitz entfernten Herrn durch Katzen, Hunde und Vögel[8], Ute Pleimes hat in einer Enquête des Freiburger Instituts dem Warnverhalten vor Gefahren besondere Aufmerksamkeit gewidmet.

Unter die spontanen, z. T. in erwartender Beobachtung bemerkten Phänomene sind in jüngster Zeit die eingangs erwähnten, teilweise anscheinend ernst zu nehmenden Berichte über verbogene Besteckteile und wieder tickende Uhren zu rechnen, die – wenn sie gesichert werden können – eine erstaunliche Häufigkeit früher als extrem selten angesehener paraphysischer Phänomene anzeigen würden.

2. Die von J. B. Rhine zur Zeit der ersten Veröffentlichung des Buches von H. Driesch entwickelte Methode der standardisierten Karten-Experimente wird auch weiterhin vielfach bei Laborexperimenten verwendet. Rhine und Pratt veröffentlichen 1957 eine zusammenfassende Darstellung (*Parapsychology.* Frontier Science of the Mind), ein methodischer Leitfaden und eine Darstellung wesentlicher Ergebnisse zugleich, die in einer zur Zeit vergriffenen deutschen Übersetzung demnächst im Walter-Verlag, Olten/Freiburg wieder erscheinen wird. Eine große Zahl von Arbeiten, die sich einer zusammenfassenden Darstellung entziehen, sind in Zeitschriften und Kongreßberichten erschienen. Der englische Mathematiker G. S. Soal veröffentlichte 1954 sein bedeutendes Werk *Modern Experiments in Telepathy,* aus dem vor allem vieldiskutierte Versuche mit dem Sensitiven Shackleton bekannt geworden sind, bei dem Soal einen »Verschiebungseffekt« – das Nennen einer erst Sekunden später durch das Los gewählten Karte festgestellt hat. Als radikaler Skeptiker hat der englische Parapsychologie-Kritiker C. Hansel diese und andere Versuche angegriffen.

Neue Fragestellungen wurden untersucht: der Einfluß des Versuchsleiters, die Beziehung zwischen Psi-Leistungen und veränderten Bewußtseinszuständen, die Abhängigkeit der Resultate von der Einstellung – die weithin bekannt gewordenen

8) In: *Parapsychologie,* hrg. von H. Bender, Wissenschaftliche Buchgesellschaft Darmstadt, 1974.

Untersuchungen von Gertrude Schmeidler (City College, New York) über Schafe (sheep = Psi-Gläubige) und Böcke (goats = Psi-Ungläubige), wobei sich herausstellte, daß den überzufälligen Ergebnissen der »Schafe« unterzufällige der Böcke gegenüberstanden. – Dieser sogenannte »Psi-missing«-Effekt wurde interpretiert als eine paranormale Unterdrückung von Treffern; er zeigt die Bedeutung affektiver Vorentscheidungen für die Psi-Manifestationen. Vorentscheidungen können sich ändern – doch gibt es auch stabile Persönlichkeitsfaktoren, die mit Psi-Leistungen verbunden sind, wie etwa Extraversion und Neurotizismus. Über neuere Forschungen auf diesem Gebiet berichtet der indische Parapsychologe K. R. Rao in einem Artikel »Psi and Personality« in dem von John Beloff (Edinburgh) herausgegebenen Sammelband: *New Direction in Parapsychology* (1974).

In der ersten deutschen Habilitationsschrift über das Thema *Außersinnliche Wahrnehmung* (1972) berichtet J. Mischo (Freiburg) über »multivariate« experimentelle Untersuchungen, bei denen gleichzeitig mehrere Faktoren untersucht werden wie etwa der individuell verschiedene Aufforderungscharakter der Zielobjekte, die an der Einstufung in eine Stimmungsskala zu erfassende aktuelle Disposition, die soziale Beziehung der Partner bei Telepathie-Versuchen u. a. m. Zugleich unternimmt Mischo statistische Grundlagen-Untersuchungen über die Zufallsmäßigkeit der Zielreihen – eine Voraussetzung für die statistische Auswertung – und den Einfluß von Rategewohnheiten auf die Signifikanz positiver Ergebnisse. Seit Angriffen von Spencer Brown (1953) auf die Tragfähigkeit der wahrscheinlichkeitstheoretisch fundierten Statistik in der Parapsychologie ist die Kontroverse über diese Probleme nicht zur Ruhe gekommen. Empirische Untersuchungen über diese Fragen auf breiter Datenbasis werden neuerdings durch die Verwendung elektronischer Geräte ermöglicht, bei denen die Zielobjekte durch einen Zufallsgenerator erzeugt und die Wahlen der Versuchspersonen direkt auf Lochstreifen gestanzt werden, die eine rasche Auswertung durch einen Computer ermöglichen.

Die quantitativ-statistische Forschung auf dem Gebiet der Psychokinese bedient sich seit den im Parapsychology Laboratory der Duke Universität 1934 begonnenen Würfelversuche zahlreicher neuer Verfahren. Es seien hier nur die Beeinflussung des Zerfalls radioaktiver Substanzen (Rémy Chauvin) erwähnt und die Untersuchungen des in dem neuen Rhine'schen »Institute for Parapsychology« in Durham tätigen deutschen Physikers Helmut Schmidt, der z. B. mit Anordnungen arbeitet, bei denen von einem Zufallsgenerator gesteuerte elektrische Lampen überzufällig zum Aufleuchten gebracht werden sollen (vgl. Schmidt in *Psi und Psyche*, Festschrift für Hans Bender, Stuttgart 1974).

Ein rascher Fortschritt der experimentellen Forschung durch systematische Einführung von Variabeln (z. B. Veränderung der Distanz bei psychokinetischen Versuchen) wird erschwert durch die mangelnde Wiederholbarkeit der Psi-Manifestationen und durch eine Reihe anderer Merkmale (wie etwa die Unmöglichkeit, die »Null-Hypothese« zu interpretieren), die dem parapsychologischen Experiment eine Sonderstellung geben.

3. Unter den vorwiegend qualitativen Experimenten der dritten Forschungsquelle (Untersuchungen mit besonders begabten Sensitiven) haben erst 1959 bekannt gewordene Versuche eines sowjetischen Forscherteams unter Leitung des Physiologen Leonid L. Wassiliew in den dreißiger Jahren Aufsehen erregt. Ziel der mit drei Versuchspersonen durchgeführten Experimente mit »hypnogener Methode« war die Überprüfung der Hypothese, daß die telepathische Information durch elektromagnetische Gehirnwellen übertragen wird. Wie schon der französische Psychopathologe Pierre Janet 1886 demonstriert hatte, gelang es, die Versuchspersonen auf Distanz »mentalsuggestiv« in Hypnose zu versetzen und sie in den Wachzustand zurückzuführen. Dann schirmte man den Hypnotiseur und die Versuchsperson durch Faraday'sche Käfige ab in der Erwartung, daß nun der telepathische Effekt ausbliebe. Die Abschirmung war jedoch ohne Wirkung: Die telepathische Suggestion erwies sich weiter als wirksam.[9] Durch die Veröf-

9) L. L. Wassiliew: *Untersuchungen zur Mentalsuggestion*. Deutsch 1963.

fentlichung dieser Ergebnisse wurde in der Sowjetunion ein lebhaftes Interesse für das »Bio-Information«, später »Psychotronik« genannte Forschungsgebiet der Parapsychologie erweckt. Über zahlreiche Untersuchungen auf dem Gebiet der außersinnlichen Wahrnehmung und der Psychokinese berichtete in sensationeller Aufmachung das Buch der beiden amerikanischen Journalistinnen (Sh. Ostrander und L. Schroeder: *Psychical Discoveries Behind The Iron Curtain*, deutsch: *Psi, Die wissenschaftliche Erforschung und praktische Nutzung übersinnlicher Kräfte des Geistes und der Seele im Ostblock.* (!), 1971). Dieses Buch hat einen Teil der nicht-akademischen Informanten so geschadet, daß Verfolgungen einsetzten und die Forschung nun unter die Kuratel von Schulpsychologen gestellt wurde.

Telepathische Traumexperimente unter Laborbedingungen mit den Methoden der neurophysiologischen Schlaf-Traumforschung wurden von Inge Strauch, Calvin Hall und in mehr als zehnjährigen Untersuchungen im »Dream Laboratory« des Maimonides Medical Center, Brooklyn, (New York) durchgeführt.[10]

Die wohl eindrucksvollsten Ergebnisse auf dem Gebiet der qualitativen Praekognitionsforschung erzielte der holländische Sensitive Gerard Croiset mit dem sog. »Platz-Experiment«. Bei diesen, von W. H. C. Tenhaeff schon Ende der Vierziger Jahre begonnenen und dann teilweise mit H. Bender weitergeführten Versuchen unternimmt es Croiset, vorauszusagen, wer bei einer späteren Demonstration auf einem frei oder durch das Los bestimmten Stuhl sitzen wird. Er beschreibt die äußere Erscheinung der Zielperson und nennt meist affektiv betonte Begebenheiten aus ihrem Leben, die sie charakterisieren sollen. Die methodische Schwierigkeit dieser Experimente liegt in der Führung des Nachweises, daß die Zielperson durch diese Angaben eindeutig gekennzeichnet ist. Von H. Bender und später U. Timm wurden quantitative

10) Über die letztgenannten berichten M. Ullman und Stanley Krippner in *Dream Studies and Telepathy*, An Experimental Approach, Parapsychological Monographs 12, New York 1970; vgl. dazu H. Bender, *Unser sechster Sinn*, Stuttgart 1973.

Auswertungsverfahren entwickelt, um das Problem der Eindeutigkeit statistisch in den Griff zu bekommen[11].

Tenhaeff und Bender haben beobachtet, daß Croiset stärker auf eine zukünftige Zielperson anspricht (auf dem Wege einer praekognitiv hergestellten telepathischen Verbindung), wenn affektive Ähnlichkeiten zwischen seinen und ihren Erlebnissen besteht. Eine tiefenpsychologische Analyse des Materials scheint darauf hinzuweisen, daß sich das Phänomen der Praekognition hier – ähnlich wie bei Spontanerlebnissen – in einem »affektiven Feld« vollzieht, dessen Spannung den »Sprung über die Zeit« begünstigt.[12]

Die Bedeutung des »affektiven Feldes« als Ermöglichung besonderer paranormaler Leistungen zeichnet sich auch bei einem in jüngster Zeit untersuchten jungen englischen Sensitiven, Matthew Manning, ab, der neben bemerkenswerten, an »Spuk«-Phänomene anknüpfenden psychokinetischen Leistungen vor allem auch Zeichnungen mit einem komplexen Psi-Hintergrund produziert.[13]

Auf dem Gebiet der qualitativen Psychokinese sind die Leistungen des sowjetischen »physikalischen Mediums« Nina Kulagina weithin bekannt geworden. Die in Leningrad lebende Frau eines Ingenieurs, wurde 1966 zunächst von L. L. Wassiliew und dann in Moskau, auch unter Kontrolle bedeutender Physiker wie etwa Terletzky, mehrfach untersucht, wobei auch im Westen gezeigte Dokumentarfilme hergestellt wurden. Nina Kulagina kann Gegenstände aus den verschiedensten Materialien, die vor ihr auf einem großen Tisch liegen, bewegen, vorwiegend zu sich hin. Während der psychokinetischen Manifestationen wurden die Hirnaktionsströme aufgezeichnet und ein starkes Hervortreten niederer Frequenzen beobachtet, die für die Tätigkeit des Stammhirns charakteristisch sind. (Ähnliche Beobachtungen wurden von einer Forschungsgruppe der »New Horizons Foundation«,

11) H. Bender: »Praekognition im qualitativen Experiment«. In: *Parapsychologie,* Wiss. Buchgesellschaft, Darmstadt, 1974.

12) vgl. hierzu W. H. C. Tenhaeff: »Der tiefenpsychologische Hintergrund spontaner paragnostischer Phänomene« in: *Psi und Psyche,* hrsg. von Eberhard Bauer, DVA, Stuttgart 1974.

13) Matthew Manning, *Der Psychokinet.* Freiburg 1974.

Leiter Dr. Owen, Toronto, Kanada, mit Matthew Manning und einem anderen Medium gemacht).[13]

Viel diskutiert und von Skeptikern ohne ausreichende Information vorschnell als Trick disqualifiziert wird die »Psychophotographie« des Chicagoer Mediums Ted Serios. Der Denver Psychoanalytiker und Parapsychologe Jule Eisenbud hat den ehemaligen Liftboy seit 1964 einige Jahre in sein Haus aufgenommen und ihn zusammen mit Kollegen der Colorado Universität untersucht. In einer 1967 erschienenen Monographie *The World of Ted Serios*[14] versucht er, anhand umfangreichen Materials zu belegen, daß Ted es offenbar vermag, Bilder seiner Vorstellung – spontaner und provozierter – auf dem Film einer automatisch entwickelnden Polaroid-Kamera zu erzeugen. Die Verwendung eines »Gismo« genannten Pappröhrchen, das Ted zwischen sich und die Kamera hält, hat Anlaß gegeben, die trickhafte Vortäuschung durch einen darin verborgenen Mini-Projektor zu behaupten. Neben zahlreichen dagegen sprechenden Begleitumständen, die im Einzelnen berücksichtigt werden müssen, wird von den Verfechtern der Betrugshypothese geflissentlich übersehen, daß Ted bei Kontrolluntersuchungen (J. G. Pratt u. a. im Parapsychological Laboratory der State University of Virginia) Erfolge auch ohne Gismo erzielte.

Ein akustisches Gegenstück zur »Gedanken- oder Psychophotographie« – vermutlich eine psychokinetische Bewirkung – sind die »Stimmen auf Tonband« – unerklärliche Schallereignisse, die von den Experimentatoren (Friedrich Jürgenson, Konstantin Raudive und viele andere) Verstorbenen zugeschrieben werden. Dieses neuartige »Hereinragen der Geisterwelt in die unsere« im technischen Gewande stellt dem Parapsychologen zunächst die Frage, ob die Behauptung unerklärlicher Schallereignisse einwandfrei verifiziert werden kann. Bender berichtet über Fehlerquellen und die Ergebnisse erster Erkundungsexperimente, die für die Realität unerklärlicher

13) vgl. U. Timm, »Die statistische Analyse qualitativer paragnostischer Experimente« in *Zeitschr. f. Parapsychologie u. Grenzgebiete der Psychologie* 8, 1965, S. 78–122.

14) Deutsch unter dem Titel *Psi-Fotos des Ted Serios* im Aurum-Verlag, Freiburg i. Br., 1975.

Stimmen sprechen, in *Verborgene Wirklichkeit* (1973). Was die spiritistische Interpretation anbelangt, gilt der prinzipielle Einwand, daß zwingende Beweise nicht möglich sind, solange die als Beweis in Anspruch genommenen Phänomene auch auf Fähigkeiten Lebender (die animistische Hypothese) zurückgeführt werden können. Eine systematische Untersuchung des Stimm-Phänomens würde unter anderem eine Klärung der Frage erfordern, auf welche Funktionsteile der Aufnahmeapparatur der vermutlich psychokinetische Einfluß ausgeübt wird.

Zur Weiterentwicklung der Theorie ist vor allem auf die berühmte Abhandlung von C. G. Jung »Synchronizität als ein Prinzip akausaler Zusammenhänge« (In: *Naturerklärung und Psyche*, 1952) hinzuweisen. In Zusammenarbeit mit dem Physiker Wolfgang Pauli entwickelte Jung mit Hilfe des Tatsachenmaterials paranormaler Phänomene, »sinnvoller Zufälle« – die Wilhelm von Scholz als »Anziehungskraft des Bezüglichen« zu deuten versuchte und anderen außergewöhnlichen Erscheinungen, die Hypothese einer sinngemäßen, vom raumzeitlichen Kontinuum unabhängigen Gleichartigkeit in verschiedenen, kausal nicht verbundenen Ereignissen. Diese Gleichsinnigkeit, die sich in übereinstimmenden Erlebnissen räumlich getrennter Psychen (Telepathie) oder in sinngemäßen, d. h. den gleichen Sinn ausdrückenden Koinzidenzen zwischen der Psyche und einem äußeren, unabhängigen Naturereignis offenbaren kann, ist der Gehalt der Bezeichnung »Synchronizität«. Die häufigste Voraussetzung für dieses Offenbarwerden einer »magischen Realität« sieht Jung in einer besonderen gefühlsmäßigen Spannung der Psyche, die auf die wirksame Gegenwart eines Archetypus (einer Disposition des kollektiven Unbewußten) zurückzuführen ist. In seiner Schrift *Vom Wesen des Bewußtseins* deutet Jung – in Erweiterung seiner Synchronizitätstheorie – als metaphysische Spekulation an, daß es so aussähe, als bestünde zwischen den hinter dem beobachtbaren physikalischen Phänomen, der Beobachtung nicht mehr zugänglichen Vorgängen und den hinter den psychischen Ereignissen wirkenden psychoiden Vorgängen kein Unterschied, sie seien seiner Ansicht nach vermutlich weder physisch noch psychisch, sondern ein neutrales Drittes. In dieser Auffassung einer einheitlichen Welt (unus mundus der Alchemie) erscheint die Dualität von Materie und Psyche–Geist aufgehoben.

Als Bilanz der sich mehrenden Stellungnahmen führender Naturwissenschaftler, vor allem theoretischer Physiker, zum Problem der Einordnung der paranormalen Phänomene in das Weltverständnis der Naturwissenschaft, wird deutlich, daß mit den gegenwärtigen Konzepten kein Denkmodell für die gesuchte Integration genannt werden kann. Doch wird dieses Problem mehr und mehr als eine nicht mehr zu umgehende Aufforderung gewürdigt. Eine von der »Parapsychology Foundation« im August 1974 in Genf veranstaltete Tagung »Quantenmechanik und Parapsychologie«[15] legte davon Zeugnis ab. In seinem Buch *Die Wurzeln des Zufalls* (1972) berichtet Arthur Koestler über die Beziehungen zwischen Physik und Parapsychologie. Er erwähnt in dieser Schrift den berühmten Ausspruch, den der Physiker Sir James Jeans noch in seinen jungen Jahren tat: »Heute ist man sich ziemlich einig darüber, und auf der physikalischen Seite der Wissenschaft fast ganz einig, daß der Wissensstrom auf eine nichtmechanische Wirklichkeit zufließt; das Weltall sieht allmählich mehr wie ein großer Gedanke als wie eine große Maschine aus.« Konvergenz zwischen Physik und Parapsychologie?

15) Vgl. J. H. Whiteman, »Parapsychologie und Quantentheorie«, in *Zeitschr. f. Parapsychologie u. Grenzgebiete der Psychologie*, 16, 1974.

INHALT

Studienausgaben

BURGHARD BEHNCKE
Psychoanalyse in der Erziehung
160 Seiten

JOHN BOWLBY
Bindung
Eine Analyse der Mutter-Kind-Beziehung
Ca. 352 Seiten (erscheint im Juni '75)

EDRITA FRIED
Der intensive Mensch
264 Seiten

H. GOETZE / W. JAEDE
Die nicht-direktive Spieltherapie
220 Seiten

IWAN PETROWITSCH PAWLOW
Die bedingten Reflexe
248 Seiten

JOSEF RATTNER
Psychoanalyse und Gruppenpsychotherapie der Angst
196 Seiten

CARL R. ROGERS
Die nicht-direktive Beratung
(Counseling and Psychotherapy)
360 Seiten

CARL R. ROGERS
Die klient-bezogene Gesprächstherapie
(Client-Centered Therapy)
474 Seiten

H. F. SEARLES
Der psychoanalytische Beitrag zur Schizophrenieforschung
(Collected Papers on Schizophrenia and Related Subjects)
276 Seiten

B. F. SKINNER
Wissenschaft und menschliches Verhalten
(Science and Human Behavior)
428 Seiten

B. F. SKINNER
Die Funktion der Verstärkung in der Verhaltenswissenschaft
(Contingencies of Reinforcement)
262 Seiten

D. W. WINNICOTT
Die therapeutische Arbeit mit Kindern
(Therapeutic Consultations in Child Psychiatry)
328 Seiten mit 351 Zeichnungen

verlegt bei Kindler

Psyche des Kindes

Herausgegeben von Dr. Jochen Stork

JULIEN BIGRAS
Gute Mutter — Böse Mutter
Das Bild des Kindes von der Mutter
Ca. 224 Seiten, Paperback (erscheint im April '75)

EDWARD DE BONO
Kinderlogik löst Probleme
Ca. 220 Seiten, Paperback (erscheint im Juni '75)

MELANIE KLEIN/JOAN RIVIERE
Seelische Urkonflikte
Liebe, Haß und Schuldgefühl
156 Seiten, Paperback

MELANIE KLEIN
Der Fall Richard
Das vollständige Protokoll einer Kinderanalyse
durchgeführt von Melanie Klein
Ca. 700 Seiten, Paperback Sonderband (erscheint im Juni '75)

HANNA SEGAL
Melanie Klein
Eine Einführung in ihr Werk
180 Seiten, Paperback

DANIEL WIDLÖCHER
Was eine Kinderzeichnung verrät
Methode und Beispiele psychoanalytischer Deutung
244 Seiten, Paperback

D. W. WINNICOTT
Reifungsprozesse und fördernde Umwelt
(Maturational Processes and Facilitating Environment)
376 Seiten, Paperback

---

verlegt bei Kindler